"Um livro muito oportuno e cativante para todos os que se preocupam profundamente com a missão da igreja em nossos dias. Repetidas vezes, eu me vi balançando a cabeça em concordância quando os autores ressaltaram um ensino crucial com base na Escritura ou quando notei a relevância de uma passagem para a missão da igreja. Recomendo este livro, não apenas como alimento para a mente, mas, acima de tudo, como uma chamada à ação obediente e biblicamente instruída."

Andreas Köstenberger, *professor de Novo Testamento e Teologia Bíblica, diretor de estudos de PhD, Southeastern Baptist Theological Seminary*

"No que parece ser uma tensão crescente a respeito do que a missão da igreja abrange, DeYoung e Gilbert escrevem um livro equilibrado que pode corrigir, restaurar e ajudar, independentemente de como você se apoia ou confia em todas as coisas 'missionais'. Achei especialmente proveitosos os capítulos sobre justiça social e sobre nossa motivação nas boas obras. Quer você esteja envolvendo, ativamente, pessoas ao seu redor com o evangelho e servindo o mínimo dessas pessoas, quer você esteja hesitante em relação a qualquer coisa 'missional', este livro o ajudará a descansar no plano de Deus para reconciliar consigo mesmo todas as coisas, em Cristo."

Matt Chandler, *pastor, The Village Church, Highland Village, Texas*

"Cristo é a mensagem mais importante no mundo. Apresentar esta mensagem é a missão mais importante. Estamos perdendo nosso foco? Estamos sendo distraídos, às vezes até por coisas boas? Hoje, cristãos zelosos discordam profundamente sobre a missão e o ministério da igreja. Kevin DeYoung e Greg Gilbert nos levam de volta às primeiras coisas, em uma época de distração e morosidade em missões. Oferecendo sabedoria equilibrada, este livro nos dá não apenas encorajamento, mas também desconforto exatamente onde todos nós precisamos. Este é o tipo de sensatez bíblica que precisamos neste momento."

Michael Horton, *professor de Teologia Sistemática e Apologética, Westminster Seminary California*

"Kevin DeYoung e Greg Gilbert escreveram um livro importante sobre um assunto importante. Correto, perspicaz e honesto, este livro está repleto de exegese cuidadosa. Os versículos não são apenas citados; eles são considerados no contexto. A amplitude de uma ideia é considerada desde a sua expressão na igreja local até à sua fonte na Escritura. O resultado é um livro discernente e claro, proveitoso e agradável de ler. E isso não é algo insignificante para dois jovens pastores-teólogos que já se tornaram vozes confiáveis. Abra este livro e você desejará abrir a sua Bíblia e abrir a sua mente para tudo, desde justiça a capitalismo, desde misericórdia a amor."

Mark Dever, *pastor, Capitol Hill Baptist Church, Washington DC*

"DeYoung e Gilbert removem o nevoeiro que tem encoberto a natureza da missão da igreja. O tom que eles empregam é gracioso, o estilo é acessível. Contudo, o mais importante é que este livro se caracteriza por fidelidade à revelação bíblica e ao evangelho de Jesus Cristo. Os autores foram bem sucedidos no que nos exortam a fazer: eles mantiveram a coisa principal como a coisa principal."

Thomas R. Schreiner, professor de Interpretação do Novo Testamento, The Shouthern Baptist Theological Seminary

"Entre os muitos livros que apareceram recentemente a respeito de missões, este é o melhor, se você está procurando por definições sensíveis, pensamento claro, redação agradável e habilidade de lidar com a Bíblia sem usar textos isolados para apoiar um argumento. Oro para que Deus o use a fim de trazer muitos a uma compreensão renovada do que é o evangelho e de como o evangelho se relaciona, por um lado, com a teologia bíblica e, por outro lado, com o que somos chamados a fazer."

D. A. Carson, professor de Novo Testamento, Trinity Evangelical Divinity School

"DeYoung e Gilbert oferecem clareza para algumas das questões contemporâneas mais complexas com as quais a igreja se depara. Focalizando-nos exatamente na natureza redentora do evangelho, os autores nos mostram não somente a missão da igreja, mas também maneiras práticas de entendê-la e vivê-la. O resultado é um livro que será de grande proveito para pastores, missiólogos, teólogos e os que fazem missões."

M. David Sills, *professor de Missões Cristãs e Antropologia Cultural, diretor do Programa de Doutorado em Missiologia e Ministérios da Grande Comissão, The Southern Baptist Theological Seminary*

"DeYoung e Gilbert nos tornam seus devedores por sua exposição clara, bíblica, teológica e pastoral da missão do povo de Deus. Essa missão, que eles entendem corretamente no enredo de toda a Bíblia, é resumida na Grande Comissão e envolve a proclamação do evangelho e o fazer discípulos. Este livro excelente estimulará seus leitores a 'irem ao mundo e fazerem discípulos, por anunciarem o evangelho de Jesus Cristo, no poder do Espírito, e reunirem estes discípulos em igrejas, para que eles obedeçam a Jesus Cristo e o adorem, agora e na eternidade, para a glória do Pai'."

Peter O'Brien, *docente emérito, Moore College, Austrália*

Kevin DeYoung & Greg Gilbert

QUAL A *Missão* DA IGREJA?

Entendendo a
Justiça Social e a
Grande Comissão

FIEL
Editora

Dados Internacionais de Catalogação na Publicação (CIP)
(Câmara Brasileira do Livro, SP, Brasil)

DeYoung, Kevin
   Qual é a missão da Igreja? : entendendo a justiça social, a Shalom e a grande comissão / Kevin DeYoung & Greg Gilbert . -- São José dos Campos, SP : Editora Fiel, 2012.

   Título original: What is the mission of the Church? : social justice, Shallon and the great comission.
   ISBN 978-85-8132-017-5

   1. Justiça social - Aspectos religiosos - Cristianismo 2. Missão da Igreja I. Gilbert, Greg, 1977-. II. Título.

12-04913   CDD-262

   Índices para catálogo sistemático:
   1. Missão da Igreja : Eclesiologia 262

Qual É a Missão da Igreja? - Entendendo a Justiça Social e a Grande Comissão
Traduzido do original em inglês
What is the mission of the Church
por Kevin DeYoung & Greg Gilbert
Copyright © 2010 by Crossway Books

■

Publicado por Crossway Books,
Um ministério de publicações de Good News Publishers. 1300 Crescent Street Wheaton, Illinois 60187, U.S.A

Copyright©2011 Editora FIEL.
1ª Edição em Português: 2012
Reimpressão: 2016

Todos os direitos em língua portuguesa reservados por Editora Fiel da Missão Evangélica Literária
PROIBIDA A REPRODUÇÃO DESTE LIVRO POR QUAISQUER MEIOS, SEM A PERMISSÃO ESCRITA DOS EDITORES, SALVO EM BREVES CITAÇÕES, COM INDICAÇÃO DA FONTE.

■

Diretor: James Richard Denham III
Editor: Tiago J. Santos Filho
Tradução: Francisco Wellington Ferreira
Revisão: Marilene A. S. Ferreira
Diagramação: Rubner Durais
Capa: Rubner Durais
ISBN: 978-85-8132-017-5

Caixa Postal, 1601
CEP 12230-971
São José dos Campos-SP
PABX.: (12) 3919-9999
www.editorafiel.com.br

A Collin, Josh, Justin e Tullian
agradecemos por nos aprimorarem, sorrirem conosco
e compartilharem conosco o seu Crazy Bread.

Sumário

Agradecimentos..11

PARTE 1: ENTENDENDO NOSSA MISSÃO

1 – Uma palavra comum que necessita de uma definição cuidadosa..15

2 – O que Jesus nos envia a fazer no mundo?.............35

PARTE 2: ENTENDENDO NOSSAS CATEGORIAS

3 – Toda a história
Vendo a narrativa bíblica do topo do Gólgota.............87

4 – Não compreendemos todo o evangelho?
Entendendo as boas novas..121

5 – Reis e reinos
Entendendo o governo redentor de Deus..................151

6 – Entendendo a justiça social
Exposição..185

7 – Entendendo a justiça social
Aplicação..229

8 – Buscando a shalom
Entendendo os novos céus e a nova terra...................261

PARTE 3: ENTENDENDO O QUE FAZEMOS E POR QUE O FAZEMOS

9 – Zelosos de boas obras
Por que e como fazemos o bem, como pessoas e como igrejas...299

10 – A missão da Grande Comissão
O que significa e por que é importante.....................323

EPÍLOGO:
Você está pensando em começar um novo tipo de igreja?
Conselho para o jovem, motivado e missional..........335

Agradecimentos

É prazeroso escrever agradecimentos porque dizer "obrigado" traz alegria. Mas isso é também difícil porque não podemos dizer "obrigado" a todos para os quais deveríamos dizê-lo. Eis uma lista abreviada.

Somos gratos a todas as boas pessoas da Crossway, que se mostraram entusiasmadas com este livro e dispostas a transformar um conceito interessante em uma leitura atraente.

Agradecemos a Andrew Wolgemuth por sempre nos ajudar, provendo conselho e apoio sábio.

Amamos nossas igrejas: University Reformed Church, Third Avenue Baptist Church. É um privilégio estar em missão com e por vocês.

Milhares de agradecimentos a Justin Taylor. Você é um grande amigo, editor, pensador e encorajador. Não é exagero dizer que sem você este projeto não teria acontecido.

Somos felizes por ter bons amigos como Collin, Tullian, Josh e Justin, que nos aprimoram e nos fazem sorrir.

Agradecemos a Mark Dever, D. A. Carson e Tim Keller por lerem o manuscrito e oferecerem sugestões preciosas. Muitos outros leram porções do manuscrito. O livro ficou mais consistente por causa das boas críticas de muitas pessoas inteligentes. É claro que não podemos afirmar o apoio delas em todos os detalhes.

Por último, agradecemos às nossas famílias. Amamos vocês profundamente, mas ainda não os amamos tão bem como deveríamos.

PARTE 1
Entendendo Nossa Missão

CAPÍTULO 1

Uma Palavra Comum que Necessita de Uma Definição Cuidadosa

"Se tudo é missão, nada é missão."
STEPHEN NEILL

SE VOCÊ ESTÁ LENDO ESTE LIVRO, talvez você seja um cristão. E, se você é um cristão, provavelmente se interessa pela igreja. Estando envolvido em uma igreja, talvez você se pergunte de vez em quando: "O que estamos tentando fazer?" Como pastor, talvez você já se perguntou: "Se todos estão interessados em seu próprio programa e apaixonados por sua própria obra, estamos todos almejando a mesma coisa?" Como um empresário cristão ou uma mãe que permanece no lar, talvez você já tenha pensado: "Sei que devo glorificar a Deus. Mas, neste sentido, o que Deus quer que nossa igreja faça?"

Em essência, estas perguntas querem saber a mesma coisa: *qual é a missão da igreja?*

A pergunta é complexa e potencialmente divisora. Para quem está começando a pensar nesse assunto, o que pretendemos dizer com a palavra *missão*? E, se pode ser estabelecido esse conceito, nos deparamos com outras questões difíceis. A missão da igreja é *fazer discípulos*, ou fazer *boas obras*, ou ambas as coisas? A missão da igreja é a missão de Deus? A missão da igreja é distinta das responsabilidades dos cristãos individuais? A missão da igreja é uma continuação da missão de Jesus? Se isso é verdade, qual era a missão de Jesus?

Relacionadas a estas perguntas, há outras: qual deveria ser o papel da igreja em buscar *justiça social*? Estamos certos em usar essa frase, o que pretendemos dizer ao usá-la? Deus espera que a igreja mude o mundo, realize a obra de transformar suas estruturas sociais? E que pensamos quanto ao *reino*? Como edificamos o reino de Deus? Ou somos mesmo capazes de edificar o reino? Como o reino se relaciona com o *evangelho*? Como o evangelho se relaciona com *todo o enredo da Bíblia*? E como tudo isso se relaciona com *missão*?

Apesar de todas estas perguntas, há algumas coisas nas quais os evangélicos podem concordar no que diz respeito à missão: o evangelho é, no mínimo, as boas novas da morte e da ressurreição de Jesus; a proclamação é essencial ao testemunho da igreja; o céu e o inferno são reais; as pessoas estão perdidas sem Jesus; o corpo é tão importante quanto a alma; e boas obras como o fruto de vidas transformadas não são opcionais.

No entanto, se queremos achar uma concordância robusta e duradoura sobre a prática e as prioridades da missão, precisamos deixar de lado as generalidades e estabelecer nossa teologia de missão usando as categorias corretas e os componentes corretos. Em outras palavras, quando assimilamos conceitos como reino, evangelho e justiça social, somos mais capazes de articular um entendimento cuidadoso e biblicamente fiel da missão da igreja. E, igualmente importante, seremos capazes de seguir a obediência a Cristo de uma maneira que é mais realista, mais libertadora e, a longo prazo, mais frutífera.

O QUE É MISSÃO?

Antes de prosseguirmos para responder a pergunta formulada no título deste livro, devemos reconhecer a dificuldade na própria pergunta. Uma grande parte do problema em definir a missão da igreja é definirmos a palavra *missão*. Visto que missão não é uma palavra bíblica como *aliança*, *justificação* ou *evangelho*, determinar seu significado para os crentes é especialmente difícil. Poderíamos fazer um estudo da palavra *evangelho* e chegar a algumas conclusões bíblicas consistentes sobre "o que é o evangelho?". E faremos isso depois neste livro.[1] Por um lado, o verbo latino *mittere* corresponde com a palavra grega *apostellein*, que ocorre 137 vezes no Novo

---

1 Ver também Greg Gilbert, (São José dos Campos, SP: Fiel, 2011) e D. A. Carson, "What Is the Gospel? – Revisited", em *For the Fame of God's Name: Essays in Honor of John Piper*, ed. Sam Storms e Justin Taylor (Wheaton, IL: Crossway, 2010), 147-70.

Testamento. Portanto, missão não é exatamente extrabíblica. Mas, como substantivo, missão não aparece na Bíblia, e isso torna o assunto deste livro mais difícil.

A resposta à pergunta "Qual é a missão da igreja?" depende, em grande parte, do que significa "missão". Alguém poderia argumentar que *glorificar a Deus e gozá-lo para sempre* é a missão da igreja, porque esse é o nosso principal objetivo como crentes redimidos. Outro poderia afirmar que *amar a Deus e amar o próximo* é a melhor descrição de nossa missão, porque estes são os principais mandamentos. Ainda outro poderia recorrer a um hino do século XIX e argumentar que crer e obedecer é a essência de nossa missão, porque essa é a grande chamada da mensagem do evangelho. Em certo sentido, seria tolice debater com qualquer destas respostas. Se missão é apenas um sinônimo de viver uma vida cristã fiel, há inúmeras maneiras de responder a pergunta "Qual é a missão da igreja?".

No entanto, não é sábio almejar uma definição mais precisa de uma palavra tão comum? Nunca encontramos um cristão verdadeiro que fosse contra a missão. De fato, toda igreja que conhecemos diria que é apaixonada por missão. Não devemos tentar ser claros quanto às coisas que defendemos? Há muito tempo os cristãos têm visto a importância de definir cuidadosamente outras palavras teológicas, como Trindade, essência e inerrância.[2]

---

2 *The End for Which God Created the World*, distinguiu entre um fim *principal*, um fim *crucial*, um fim *inferior* e um fim *subordinado*. Ver John Piper, *God's Passion for His Glory: Living the Vision of Jonathan Edwards* (Wheaton, IL: Crossway, 2006).

A teologia não irá longe sem atenção cuidadosa a distinções e definições. Então, por que não elaboramos uma definição de *missão*? Os cristãos falam comumente sobre viagens missionárias, campos missionários e obra missionária. Seria uma boa ideia tentar, pelo menos, definir sobre o que estamos falando. É verdade que o significado das palavras podem mudar, e talvez não seja possível reter o significado de *missão* depois de 50 anos de expansão. Mas nos parece que uma definição mais precisa é necessária, ao menos pela convicção de que o gracejo de Stephen Neill é correto: "Se tudo é missão, nada é missão."[3]

Onde podemos começar para elaborar uma definição? Em seu livro influente *Transforming Mission* (Missão Transformadora), David Bosch argumenta corretamente: "Desde os anos 1950, tem havido entre os cristãos um aumento notável do uso da palavra 'missão'. Isso tem sido acompanhado de uma ampliação significativa de seu conceito, pelo menos em certos círculos".[4] Costumava acontecer que a palavra *missão* se referia muito restritamente a cristãos enviados a outras culturas a fim de converter os não cristãos e plantar igrejas. Agora, porém, *missão* é entendido muito mais amplamente. Administração do ambiente é missão. Renovação da comunidade é missão. Abençoar a vizinhança é mis-

---

3   Citado em Keith Ferdinando, "Mission: A Problem of Definition", *Themelios 33*, n. 1; hhttp://thegospelcoalition.org/publications/33-1/missiona-a-problem-of-definition.
4   David J. Bosch, *Transforming Mission: Paradigm Shifts in Theology of Mission* (Maryknoll, Ny: Orbis, 1991), 1.

são. Missão é aqui. Missão é lá. Missão é em todo lugar. Todos somos missionários. Como diz Cristopher Wright, discordando da citação de Neill: "Se tudo é missão... *tudo é missão*".[5] A ambiguidade do termo *missão* é aumentada pela recente proliferação de termos como *missional* e *missio Dei*. Não é surpreendente que Bosch conclua, algumas páginas depois: "Em última análise, missão permanece indefinível".[6]

No entanto, uma definição comum não é ainda uma causa perdida. Antes de apresentar uma definição, Bosch reconhece que *missão*, pelo menos no uso tradicional, "pressupõe alguém que envia, uma pessoa ou pessoas enviadas por ele, aqueles aos quais a pessoa é enviada e uma tarefa".[7] Embora esta teologia ampla de missão é bem diferente do que proporemos neste livro, e embora ele não goste muito das maneiras pelas quais este entendimento tradicional foi empregado, Bosch está de acordo com algo neste livro. Em seu aspecto mais elementar, o termo *missão* implica dois aspectos para muitas pessoas: (1) ser enviado e (2) receber uma tarefa. A primeira ideia é coerente porque a palavra *missão* vem de uma palavra latina (*mittere*) que significa "enviar". A segunda ideia

---

5   Cristopher J. H. Wright, *The Mission of God's People: A Biblical Theology of Church's Mission* (Grand Rapids: Zondervan, 2010), 26; ênfase acrescentada. A discordância não deve ser exagerada. Neill admite um grande escopo de atividades cristãs, mas colocaria estas atividades numa teologia correta de *igreja* e numa teologia correta de *ministério*. Em outras palavras, missão não é tudo, mas isso não significa que a igreja faça somente uma coisa. Agradecemos a David Reimer por chamar nossa atenção a este fato.
6   Ibid., 9.
7   Ibid., 1.

está implícita na primeira. Quando somos enviamos em uma missão, somos enviados para fazer *alguma coisa* – e não *tudo*; recebemos uma tarefa específica.

Em um nível popular, as pessoas sabem o que missão significa. Por exemplo, o antigo programa de TV *Mission: Impossible* (Missão: Impossível) sempre envolvia um alvo específico que Peter Grove devia realizar. As empresas gastam milhões de dólares todo ano aprimorando sua "declaração de missão". Até os restaurantes de lanches rápidos fixam um quadro "Nossa Missão" na parede para garantir aos clientes que se focalizam em servir às pessoas os melhores sanduíches da cidade. Mesmo no mundo à nossa volta, todos entendem que uma missão é aquela coisa primária que você se propõe realizar. A maioria de todas as organizações tem *uma coisa*, oposta a outras coisas, que elas fazem ou devem fazer; e entendem tal coisa como sua missão. Pensamos que isso também é verdadeiro em relação à igreja.

Em seu estudo de missão no evangelho de João, Andreas Köstenberger propõe uma definição neste mesmo sentido: "Missão é a tarefa ou propósito específico que uma pessoa ou grupo de pessoas procura realizar".[8] Observe novamente os conceitos fundamentais de ser enviado e de receber uma tarefa. De modo semelhante, John Stott

---

8 Andreas J. Köstenberger, *The Missions of Jesus and the Disciples according to the Forth Gospel: With Implications for the Forth Gospel's Purpose and the Mission of the Contemporary Church* (Grand Rapids: Eerdmans, 1998), 199. A citação inteira diz: "Missão é a tarefa ou propósito específico que uma pessoa ou um grupo de pessoas procura realizar, envolvendo vários modos de atividade, seja enviar ou ser enviado, vir ou ir, descer ou subir, reunir por chamar outros a seguir ou seguir".

argumentou que missão não é tudo que a igreja faz, mas, antes, missão descreve "tudo que a igreja é enviada a fazer no mundo".[9] Estamos convencidos de que, se você perguntar à maioria dos cristãos: "Qual é a missão da igreja?", eles o entenderão como se perguntasse: "Qual é a tarefa ou propósito específico que a igreja é enviada a realizar no mundo?" Esta é a nossa definição operante de *missão* e o que pretendemos perguntar com o título deste livro.

UMA CORREÇÃO À CORREÇÃO

Nossa esperança sincera é que este livro seja uma contribuição positiva para a discussão sobre missão prevalecente e tão necessária no mundo evangélico. Queremos ser um tom positivo. Queremos edificar, em vez de destruir. Mas, inevitavelmente, uma boa medida de nosso trabalho nestes capítulos será corretiva.

Algo que desejamos corrigir é uma definição superexpansiva que entende missão como toda coisa boa que um cristão pode fazer como participante com Deus em sua missão de redimir todo o mundo.[10] Todavia, não somos *antimissionais*.[11] *Missional* significa apenas estar "em

---

9 J. W. R. Stott, *Christian Mission in the Modern World: What the Church Should Be Doing Now!* (Downers Grove, IL: InterVarsity, 1975), 30.

10 Por exemplo, Reggie McNeal diz: "A igreja missional é *o povo de Deus participando com Deus em sua missão redentora no mundo*". *Missional Renaissance: Changing the Scorecard for the Church* (San Francisco: Jossey-Bass, 2009), 24.

11 Esperamos que, sem dizermos, entendam que não somos contra os nossos irmãos das redes de ministério Atos 29 e Redeemer. Este livro não foi escrito para criticá-los e cremos que eles compartilham de nosso desejo de tornar a proclamação do evangelho e o fazer discípulos os elementos centrais na missão da igreja.

missão" – conscientes de como tudo que devemos fazer contribui para a missão da igreja, sendo amáveis, centrados no próximo e semelhantes ao bom samaritano para com os que estão fora da comunidade da fé, e tendo uma estratégia santificada de sermos intencionais e "atracionais" para com aqueles que não conhecem a Cristo. Isso é frequentemente uma maneira abreviada de dizer "saia de sua multidão santa e vá envolver sua comunidade com o evangelho". Todos somos a favor disso. Todo cristão deve ser. Nosso objetivo não é criticar severamente qualquer cristão que ouse ser *missional* com o propósito de missão. Tampouco queremos lançar censuras em muitos de nossos amigos que usam com alegria a palavra e pretendem dizer frequentemente coisas muito boas com ela.

No entanto, não é errado investigar a palavra *missional*. Ela é um grande porta-malas que pode conter indevidamente muita coisa indesejada. Suspeitar da própria menção da palavra não é bom, mas é sábio ter preocupações a respeito de como a palavra é usada às vezes.

Com isso em mente, registramos algumas preocupações a respeito de como o pensamento missional tem se desenvolvido na conversa sobre a missão da igreja:

1. Preocupa-nos o fato de que bons comportamentos são, às vezes, recomendados, mas em categorias erradas. Por exemplo, muitas boas obras são promovidas sob o nome de *justiça social*, quando pensamos que "amar o seu próximo" é uma categoria melhor. Ou, pessoas falam sobre transformar o mundo, quando pensamos que

"presença fiel" é a melhor maneira de descrever o que tentamos fazer e podemos realmente fazer no mundo. Ou, às vezes, cristãos bem intencionados falam sobre "edificar o reino" ou "edificar *para* o reino", quando, de fato, os verbos associados com o reino são quase sempre passivos (entrar, receber, herdar). Seria melhor falarmos em viver como cidadãos do reino, em vez de dizermos às pessoas que edifiquem o reino.

2. Preocupa-nos o fato de que, em nosso recém-descoberto zelo missional, colocamos sobre os cristãos os árduos "temos de", quando deveríamos convidá-los aos "podemos". *Temos de* fazer alguma coisa a respeito do tráfico humano. *Temos de* fazer algo sobre a AIDS. *Temos de* fazer algo a respeito da falta de boa educação pública. Quando dizemos "temos de", pretendemos dizer que, se a igreja não persegue esses problemas, estamos sendo desobedientes. Achamos que seria melhor convidar os cristãos como indivíduos, em harmonia com seus dons e vocação, a tentar solucionar esses problemas, em vez de acusar a igreja por "não se importar".

3. Preocupa-nos o fato de que, em toda a nossa paixão por renovar a cidade ou enfrentar problemas sociais, corremos o risco de marginalizar a única coisa que torna cristã a missão cristã, ou seja, fazer discípulos de Jesus Cristo.

Antes de prosseguirmos na estrada de correção do missional, talvez seja proveitoso deixar claro, logo no início, o que queremos e o que não queremos fazer com este livro.

Não queremos:

- Que os cristãos sejam indiferentes para com o sofrimento ao seu redor e no mundo;
- Que os cristãos pensem que a evangelização é a única coisa na vida que realmente tem valor;
- Que cristãos que arriscam sua vida e se sacrificam pelos pobres e desamparados pensem que sua obra é de alguma maneira suspeita ou é digna de louvor somente se ela resulta em conversões;
- Que cristãos se retraiam em ajuntamentos santos ou fiquem alegremente despreocupados em trabalhar duro e causar impacto em qualquer campo ou carreira para a qual o Senhor os chama;
- Que os cristãos parem de sonhar com maneiras criativas e corajosas de amar seu próximo e impactar suas cidades.

Queremos salientar todos estes pontos, enfatizá-los, destacá-los e gravá-los em nosso coração. É muito fácil ter a mente certa, mas as mãos e o coração errados.

Havendo dito tudo isso, eis algumas coisas que queremos:

- Queremos assegurar-nos de que o evangelho – as boas novas da morte de Cristo pelo pecado e sua subsequente ressurreição – é de primeira importância em nossas igrejas.

- Queremos cristãos livres de falsa culpa – de pensar que a igreja é responsável pela maioria dos problemas no mundo ou responsável por solucionar esses problemas.
- Queremos que a nítida e única tarefa da igreja – fazer discípulos de Jesus Cristo para a glória de Deus Pai – seja colada à frente e no centro e não fique perdida num turbilhão de interesses censuráveis.
- Queremos que os cristãos entendam a narrativa bíblica e pensem mais criticamente sobre textos específicos desta narrativa.
- Queremos que as igrejas se lembrem de que há algo pior do que a morte e algo melhor do que a prosperidade humana. Se esperamos por cidades renovadas e corpos sarados nesta vida, somos as pessoas mais infelizes no mundo.

Ao corrigir certos aspectos de alguns pensamentos missionais, compreendemos que o pensamento missional está, ele mesmo, se esforçando para corrigir abusos da missiologia tradicional. Ambas as correções podem ser necessárias às vezes. Felizmente, nenhum evangélico diria (ou pensaria): "Ah! Deixa tudo se destruir. Quem se importa com comida ou água para os pobres? Quem liga para o HIV? Vamos dar-lhes o evangelho para a alma e ignorar as necessidades do corpo". O pensamento missional é *contra* isso. E, de modo semelhante, esperamos que nenhum evangélico diga (ou pense) o contrário: "Compartilhar o evangelho é ofensivo e deve ser evitado. Se os pobres têm trabalho, cuidados médicos e educação, isso é suficiente. O mundo precisa de mais comida, e não de mais sermões". Cremos que o pensamento missional *não é a favor disso*.

UMA ORAÇÃO POR HUMILDADE E ENTENDIMENTO

A verdade é que ambos os lados têm coisas importantes a dizer um ao outro. E devemos ser cuidadosos em nossa correção mútua para que não fazermos compensações exageradas. No seu melhor, os pensadores missionais estão advertindo a igreja contra indiferença negligente e insensível para com os problemas e as oportunidades potenciais ao redor de todos nós, uma desconsideração dualista para com a pessoa em sua totalidade. Por outro lado, um grupo diferente de cristãos teme sonhos utópicos e excessivamente otimistas, uma perda da centralidade de Deus e um abrandamento da mensagem urgente da igreja, a mensagem de Cristo crucificado por pecadores merecedores do inferno.

Ambos os perigos são reais. Admitimos que somos mais sensíveis ao segundo perigo. E, de fato, um dos alvos deste livro é proteger a igreja destes erros. Mas entendemos plenamente que muitos cristãos, talvez até nós dois, estão em perigo de passar ao largo do homem caído na estrada de Jericó. Um dos desafios deste livro – talvez o maior desafio – é que sejamos vistos como (ou sejamos realmente!) dois autores que apenas afirmam as boas obras, mas não as praticam. Embora esperemos que este livro dê aos cristãos melhor manuseio de textos debatidos e melhores categorias para pensarem sobre seu serviço no mundo, ficaríamos desapontados se descobríssemos, um ano depois, que nossa obra serviu para desencorajar o amor radical e a generosidade para com pessoas sofridas.

Nós dois, embora longe de sermos exemplos perfeitos, temos ajudado pessoas sofridas e apoiado organizações e indivíduos que trabalham para aliviar o sofrimento de outros. Ambas as nossas igrejas estão envolvidas em ministério de misericórdia, tanto em nosso país como no exterior. Tudo isso para dizer: queremos ser – e queremos que os congregados de nossas igrejas e todos os nossos leitores sejam – o tipo de "pessoa justa" que Tim Keller descreve como alguém que leva "uma vida de honestidade, equidade e generosidade em cada aspecto de sua vida".[12]

No entanto, este livro não é sobre "justiça generosa". É sobre a missão da igreja. Queremos ajudar os crentes a articularem e viverem sua opinião de missão da igreja em maneiras que são mais teologicamente fiéis, expressam exegese cuidadosa e são sustentáveis no nível pessoal.

---

12 Timothy Keller, *Generous Justice: How God's Grace Make Us Just* (New York: Dutton, 2010), 17.

UMA ABORDAGEM PASTORAL

No começo de um livro, é frequentemente proveitoso entender que tipo de obra você está lendo. Este não é um livro escrito por e para eruditos bíblicos e teológicos. Lidaremos com muitos textos e interagiremos com muita teologia (e espero que o façamos com responsabilidade), mas não estamos tentando elaborar uma monografia erudita sobre uma teologia bíblica de missão. Não estamos procurando dizer aos diretores de missões o que eles devem fazer, nem instruindo missionários em como fazer sua obra, embora desejemos pensar que este livro pode ser útil para ambos os grupos.

Somos pastores que escrevem para o cristão "normal" e o pastor "comum" e tentamos dar sentido a toda uma série de questões missiológicas. Com base em muitas conversas impressas, ou veiculadas na internet, ou pessoais, nosso sentimento é o de que todo este assunto de missão (juntamente com os assuntos relacionados, como reino, justiça social, shalom, mandato cultural e cuidado dos pobres) é o assunto mais confuso, mais discutido, mais incitante e mais potencialmente divisor na igreja evangélica contemporânea. Isto é certamente uma falha no chamado movimento reformado jovem e incansável.

Ao fazermos pesquisas para este livro, lemos muitos blogs e artigos e grande quantidade de livros. Ocasionalmente, citaremos estes livros de modo explícito, a fim de interagirmos com pessoas reais e suas ideias. Mas deixaremos muito de nossa pesquisa em segundo plano. Fazemos isso por duas razões: (1) não distrair o leitor com inúmeras notas de rodapé; (2) não dar qualquer impressão de que estamos tentando julgar a igreja missional. Não tentamos definir *missional* e não estamos tentando dividir o cenário missiológico em mocinhos e bandidos. Não queremos que este livro seja uma obra do tipo nós contra eles. Todavia, queremos responder às potenciais objeções e interagir com abordagens missiológicas diferentes. Por isso, tentamos fazer nossa leitura relacionada à missão profunda e ampla.[13]

---

[13] Entre os livros que lemos, no todo ou em parte, estão: Stott, *Christian Mission in the Modern World*; Lesslie Newbigin, *The Gospel in a Pluralist Society* (Grand Rapids: Eerdmans, 1990); Newbigin, *The Open Secret: An Introduction to the Theology of Mission* (Grand Rapids: Eerdmans, 1994); Bosch, *Transforming Mission*; Peter T. O'Brien, *Gospel and Mission in the Writings of Paul: An Exegetical and Theological Analysis* (Grand Rapids: Baker, 1995); Darrel Guder, ed., *Missional Church: A Vision for the Sending of the Church in North AmericaThe Missions of Jesus and the Disciples according to the Forth Gospel*; James F. Engel e William A. Dyrness, *Changing the Mind of Missions* (Downers Grove, IL: InterVarsity, 2000); Köstenberger e Peter T. O'Brien, *Salvation to the Ends of the Earth: A Biblical Theology of Mission* (Downers Grove, IL: InterVarsity, 2001); Mark R. Gornik, *To Live in Peace: Biblical Faith and the Changing Inner City* (Grand Rapids: Eerdmans, 2002); Cornelius Plantinga, *Engaging God's World: A Christian Vision of Faith, Learning, and Living* (Grand Rapids: Eerdmans, 2002); Eckhard J. Schnable, *Early Christian Mission*, 2 vols. *Creation Regained: Biblical Basic for a Reformational WorldviewParadigms in Conflict: 10 Key Questions in Christian Mission TodayBreaking the Missional Code: Your Church Can Become a Missionary in Your CommunityThe Mission of God: Unlocking the Bible Grand Narrative* (Downers Grove, IL: InterVarsity, 2006); Craig Van Gelder, *The Ministry of the Missional Church: Community Led by the Spirit* (Grand Rapids: Baker, 2007); Alan Hirsch, *The Forgotten Ways: Reactivating the Missional Church* (Grand Rapids: Brazos, 2007); McNeal, *Missional Renaissance*; James Davidson Hunter, *To Change the World: The Irony, Tragedy, and Possibility of Christianity in the Late Modern World* (New York: Oxford University Press, 2010); Keller, *Generous Justice*; John Piper, *Let the Nations Be Glad!, The Supremacy of God in Missions*, 3rd ed. (Grand Rapids: Baker, 2010); David Platt, *Radical: Taking Back Your Faith from the American Dream* (Colorado Spring: Multnomah, 2010); M. David Sills, *Reaching*

DE VOLTA À NOSSA PERGUNTA

Qual é a missão da igreja? Deixamos você em suspense por muito tempo. Em resumo, argumentaremos que a missão da igreja é resumida nas passagens da Grande Comissão[14] – as últimas ordens de Jesus comunicadas no final dos evangelhos e no começo de Atos dos Apóstolos. Cremos que a igreja é enviada ao mundo para testemunhar de Jesus, por proclamar o evangelho e fazer discípulos de todas as nações. Esta é a nossa tarefa. Esta é a nossa chamada, única e central.

Isto é o que procuraremos argumentar no próximo capítulo, examinando tanto as passagens da Grande Comissão como diversos outros textos que são frequentemente sugeridos como comissões alternativas ou adicionais para a igreja. Os seis capítulos posteriores (parte 2) exploram vários dos grandes conceitos teológicos que são sempre envolvidos nestas discussões sobre missão. O capítulo 3 mostra qual é o principal conceito do enredo bíblico e como isso afeta nosso entendimento da missão da igreja. O capítulo 4 procura entender a estrutura e o conteúdo do evangelho e pergunta se o

---

and Teaching: A Call to Great Commission Obedience (Chicago: Moody, 2010); Timothy Tennent, *Invitation to World Mission: A Trinitarian Missiology for the Twenty-first Century* (Grand Rapids: Kregel, 2010); David VanDrunen, *Natural Law and the Two Kingdoms: A Study in the Development of Reformed Social Thought* (Grand Rapids: Eerdmans, 2010); Wright, *The Mission of God's People*; Michael Horton, *The Gospel Commission: Recovering God's Strategy for Making Disciples* (Grand Rapids: Baker, 2011).
14   Mt 28.16-20; Mc 13.10; 14.9; Lc 24.44-49; At 1.8. Quanto a uma discussão destas passagens, ver o capítulo 2.

evangelho de perdão dos pecados por meio de Jesus é "muito insignificante". O capítulo 5 considera a ensino bíblico sobre o reino de Deus e como nos relacionamos com o reino. Os capítulos 6 e 7 formam um par, explorando a ideia de "justiça social" e olhando com atenção vários textos bíblicos que se relacionam à justiça. No capítulo 8, pensamos sobre a intenção de Deus de refazer o mundo e consideramos o que isso significa para a atividade da igreja no mundo. O capítulo 9 é a nossa tentativa de pensar em termos práticos sobre o que tudo isso significa. Se a missão da igreja é proclamar e fazer discípulos, qual é a motivação teológica para as boas obras? E como uma igreja local pode pensar sobre o que ela deveria estar fazendo? Por fim, o capítulo 10 oferece uma perspectiva concludente e um encorajamento para que todos nós nos dediquemos novamente à grande obra que nosso Senhor nos deu.

Uma última palavra antes de começarmos: queremos dizer mais uma vez que apoiamos fortemente igrejas que realizam ministérios de misericórdia em suas comunidades. Ambas as nossas igrejas têm programas e apoiam missionários que têm como alvo atender às necessidades físicas, enquanto também esperam compartilhar o evangelho sempre que possível. Embora não creiamos que a missão da igreja é edificar o reino ou ser cooperadora de Deus em refazer o mundo, isso não significa que somos contrários ao envolvimento cultural. Nosso objetivo é apenas que entendamos esses esforços nas categorias teológicas corretas e os adotemos sem sacrificarmos as prioridades mais explícitas. Não devemos baratear as boas obras por torná-las apenas um meio para chegarmos a algum outro fim (evangelização). Também não queremos exagerar a nossa responsabilidade por pensarmos que temos o dever de edificar o reino por meio de nossas boas obras. De modo semelhante, não devemos espiritualizar demais a ação social, por torná-la equivalente à shalom de Deus. À medida que a igreja ama o mundo tão amado por Deus, trabalharemos para aliviar o sofrimento onde pudermos, mas especialmente o sofrimento eterno.[15]

---

15 Ver o editorial de D. A. Carson em Themelios 33, n. 2; em http://thegospelcoalition.org/ publications/33-2/editorial.

CAPÍTULO 2

O que Jesus nos Envia a Fazer no Mundo?

MISSÃO, COMO JÁ TENTAMOS demonstrar no capítulo anterior, não é tudo que fazemos em nome de Jesus, nem tudo que fazemos em obediência a Cristo. Missão é a tarefa que recebemos para cumprir. É o que Jesus nos enviar a fazer no mundo. E, se queremos descobrir o que Jesus envia seus discípulos a fazerem no mundo, acreditamos que o melhor texto a examinar é o da Grande Comissão.

PRIMEIRAMENTE, ALGUMAS OUTRAS POUCAS OPÇÕES

Antes de afirmarmos nossas razões para nos focalizarmos na Grande Comissão e antes de considerarmos os textos referentes à Grande Comissão e como eles podem apoiar a tese já exposta, pode ser proveitoso examinarmos alguns outros poucos textos bíblicos que são, às vezes, apresentados como textos que oferecem uma identidade diferente e mais plena para a igreja. Como veremos, nosso problema não está em aplicarmos esses textos ao nosso contexto contemporâneo, nem mesmo em usá-los para moldar nossa identidade missional. Toda passagem da Escritura é inspirada por Deus e útil para nós (2 Tm 3.16). Contudo – e aqui está o embaraço –, toda passagem é útil somente *se a entendemos e a aplicamos da maneira correta.*

Gênesis 12.1-3

Começamos com a chamada do Senhor para Abraão:

> Ora, disse o SENHOR a Abrão: "Sai da tua terra, da tua parentela e da casa de teu pai e vai para a terra que te mostrarei; de ti farei uma grande nação, e te abençoarei, e te engrandecerei o nome. Sê tu uma bênção! Abençoarei os que te abençoarem e amaldiçoarei os que te amaldiçoarem; em ti serão benditas todas as famílias da terra" (Gn 12.1-3).

Muitos concordam que este é um texto central não somente em Gênesis, mas também no grande plano da história redentora. Depois de várias maldições (Gn 3.14, 17; 4.11; 5.29; 9.25) e de muito pecado violento, Gênesis 12 surge no cenário com a promessa de bênção universal. Finalmente, temos aqui boas notícias, bem como uma bela revelação da missão de Deus e das suas ordens para Abraão.

Mas, enquanto reconhecemos Gênesis 12 como uma passagem-chave no desdobramento do plano de salvação de Deus, outros também a veem "como uma das passagens mais importantes em uma leitura missiológica da Bíblia".[1] O que eles querem dizer é que Gênesis 12 revela o âmago da missão de Deus e de *nossa missão* – ou seja, ser uma bênção. Reggie McNeal argumenta que nesta "aliança simples, mas de alcance amplo... o povo de Deus é encarregado da responsabilidade e desfruta o privilégio de abençoar todas as pessoas".[2] De modo semelhante, Cristopher Wright afirma que "seria totalmente apropriado e não seria mau se entendêssemos este texto como 'a Grande Comissão'... Poderia haver maneiras piores de resumir o que está envolvido em missão do que dizer: 'Vai e sê uma bênção'".[3] Depois, Wright conclui: "A aliança com Abraão é uma agenda moral para o povo de Deus, bem como uma declaração de missão feita por Deus".[4] No pensamento missional, Gênesis 12 é mais do que uma promessa. É mais do que uma revelação da missão crucial de Deus na história da redenção. É um mandamento para os filhos de Abraão ajudarem

---

1 Christopher J. H. Wright, *The Mission of God: Unlocking the Bible's Grand Narrative* (Downers Grove, IL: InterVarsity, 2006), 199.
2 Reggie McNeal, *Missional Renaissance: Changing the Scorecard for the Church* (San Francisco: Jossey-Bass, 2009), 27.
3 Wright, *The Mission of God*, 214. Segunda elipse no original.
4 Ibid., 221.

as nações a experimentarem todos as boas dádivas que anseia que elas desfrutem.[5]

A princípio, uma consideração atenta à gramática de Gênesis 12 parece apoiar o entendimento "missional" do texto. Há dois verbos imperativos: "Vai", no versículo 1, e "Sê uma bênção", no final do versículo 2. Portanto, ao contrário de algumas versões da Bíblia, parece que Abraão tinha duas ordens: ir e abençoar. Wright valoriza a força da gramática, argumentando que "ambos [os verbos] têm, portanto, a natureza de um encargo ou de uma missão imposta a Abraão... 'Sê uma bênção' envolve um propósito e objetivo que se estende ao futuro. É, em resumo, missional".[6]

No entanto, é curioso que Wright construa tanto sobre um fundamento, quando antes ele reconhece que "é uma característica do hebraico (e, de fato, de outras línguas) que, ao ocorrerem juntos dois imperativos, o segundo imperativo pode, às vezes, expressar ou o resultado esperado ou o propósito tencionado de desenvolver o primeiro imperativo".[7] Em outras palavras, o segundo imperativo gramatical pode não ter a força de um imperativo, mas, em vez disso, de um propósito ou um resultado de obedecer ao primeiro imperativo. De fato, algumas versões bíblicas traduzem o final do versículo

---

5   Esta linguagem é extraída do local indicado na referência anterior. Isto é a exposição de Wright da bênção, e parece que ele entende que a ordem de abençoar envolve estas coisas.
6   Ibid., 211.
7   Ibid., 201.

2 por "tu serás uma bênção" ou "para que tu sejas uma bênção" ou algo semelhante. Há várias outras passagens no Antigo Testamento em que um verbo no imperativo deve ser traduzido como uma cláusula de resultado, e não como uma ordem. Por exemplo, considere Gênesis 42.18, quando José disse: "Fazei o seguinte e vivereis". Ambos os verbos "fazei" e "vivereis" estão na forma imperativa, mas "vivereis" é claramente entendido como o *resultado* de "fazei isto". Não é outra ordem. Pensamos que esta é a maneira como o segundo imperativo em Gênesis 12.1-2 deve ser traduzido – como uma cláusula de resultado, e não como um mandamento.[8] Isso significa que, citando Eckhard Schnabel, "Abraão não recebeu um compromisso de levar as bênçãos de YHWH às nações; pelo contrário, as nações obtêm a promessa da bênção divina se e quando veem a fé de Abraão em YHWH, bem como se e quando eles estabelecem contato com seus descendentes.[9]

Ao falarmos sobre gramática hebraica, reconhecemos duas coisas: (1) a maioria das pessoas que leem este livro é propensa a que paremos de falar sobre gramática

---

8   O erudito em Antigo Testamento Victor P. Hamilton explica as funções dos imperativos em Gênesis 12.1-2: "Aqui, o primeiro imperativo afirma a exortação, e o segundo imperativo toca nos resultados que são produzidos pela implementação do primeiro imperativo (cf. Gn 17.1; 1 Rs 22.6; 2 Rs 5.13; Is 36.16). Aplicada a Gênesis 12.1-2, esta construção significa que o primeiro imperativo – "sai" – tem uma relação de causa e efeito como o segundo imperativo – "serás". Abraão não podia ser uma bênção se ficasse em Harã. Mas, se ele saísse, a bênção existiria". *The Book of Genesis*, The New International Commentary on the Old Testament (Grand Rapids: Eerdmans, 1999), 373.
9   Eckhard Schnabel, *Early Christian Mission, vol. 1, Jesus and the Twelve* (Downers Grove, IL: InterVarsity), 63.

hebraica; (2) não somos peritos em gramática hebraica. Alguns (mas não todos) eruditos em hebraico discordariam do parágrafo anterior. Todavia, ainda que o verbo fosse traduzido como uma ordem ou que ele tivesse essa força, não importando como você o *decompõe*, ainda pensamos que a leitura "missional" do texto é exagero. Se Deus houvesse dito a Abraão: "Vá e seja uma bênção", toda a história do patriarca demonstra que Deus é aquele que realiza a bênção, sem qualquer estratégia de bênção da parte de Abraão. É verdade que a bênção de Deus pode ser dependente (de maneira aproximada) do sair de Abraão. É verdade que a obediência a Deus resulta em bênçãos sobre as nações. É verdade que Abraão e sua família interagem com gentios em toda a narrativa de Gênesis, visto que a família escolhida é o meio de bênção para algumas pessoas e de maldição para outras. Entretanto, Abraão não deixa Ur com a intenção de abençoar os cananeus. Depois de Gênesis 12, a narrativa segue indivíduos e nações diferentes cujas ações favoráveis ou desfavoráveis comprovam a promessa de Deus de que quem abençoa a Abraão será abençoado e quem o amaldiçoa será amaldiçoado. Não estamos sugerindo que a obediência de Abraão era irrelevante para a bênção de Deus prometida. Ele tinha de *sair* para que fosse bênção. Nosso argumento é apenas que o sair obediente não significava sair para servir aos amalequitas e ajudá-los a cultivar cereais e aprender a ler. Havia muitas bênçãos a serem compartilhadas, mas não temos qualquer evidência de que Abraão entendeu seu chamado, em Gênesis

12, como uma comissão para ir e descobrir maneiras de abençoar as nações.

Isto não significa, de modo algum, que é errado os cristãos abençoarem outras pessoas, mas isso não implica que devemos entender Gênesis 12.1-2 como um compromisso moral ou como outra Grande Comissão. O chamado de Abraão não era um programa para abençoar a comunidade. Era a promessa unilateral de Deus de abençoar o incapaz Abraão e abençoar as nações por meio da fé no Descendente prometido que procederia de sua família. Mesmo quando a bênção está conectada com obediência, não é a obediência de envolvimento missional, e sim a obediência de Abraão em deixar sua terra, em circuncidar sua descendência (Gn 17.10-14) e em mostrar-se disposto a sacrificar seu filho (Gn 22.16-18). A ênfase em Gênesis está na família escolhida como recipientes da bênção de Deus, e não como os provedores imediatos da bênção.

Essencialmente, o Novo Testamento não entende a chamada de Abraão como um encargo missionário. É claro que Gênesis 12 é um glorioso texto missionário que anuncia o plano de Deus de abençoar todo o mundo. Mas a bênção não é algo que proporcionamos aos outros, enquanto trabalhamos pela prosperidade humana. Em vez disso, a bênção de Abraão vem sobre aqueles que confiam no Descendente de Abraão. Esse é o entendimento de Paulo em Gálatas 3.9, quando, depois de citar Gênesis 12.3 ("Em ti serão benditas todas as famílias da terra"), ele conclui: "De modo que os da fé são abençoados com o crente Abraão". Se há implicações missiológicas em Gênesis, a sua ênfase não é "vai e abençoa todos", e sim "vai e chama todas as nações a colocarem sua fé em Cristo".

Êxodo 19.5-6

Agora, chegamos à famosa passagem em que Deus prepara Israel para sua presença no monte Sinai:

> Agora, pois, se diligentemente ouvirdes a minha voz e guardardes a minha aliança, então, sereis a minha propriedade peculiar dentre todos os povos; porque toda a terra é minha; vós me sereis reino de sacerdotes e nação santa. São estas as palavras que falarás aos filhos de Israel (Êx 19.5-6).

Alguns argumentam que a linguagem de "reino de sacerdotes" indica que somos mediadores da presença de Deus no mundo. A lógica raciocina comumente desta maneira: "A Bíblia diz que somos sacerdotes. E o que os sacerdotes fazem? Eles mediam a presença de Deus. Então, qual é a nossa missão? Devemos ser um reino de sacerdotes que mediam a bênção de Deus para o mundo". Reggie McNeal, comentando Êxodo 19, se expressou assim: Deus "criou um povo para servir como sua presença encarnacional permanente na terra".[10] Cristopher Wright disse: "É ricamente significativo que Deus confere a

---

10 McNeal, *Missional Renaissance*, 30.

Israel, como um povo, o papel de ser seu sacerdócio no meio das nações... Assim como era o papel dos sacerdotes abençoar os israelitas, assim também seria o papel de Israel, como um todo, ser uma bênção para as nações".[11]

Embora seja atraente pensar que Israel tinha o propósito de mediar as bênçãos de Deus para as nações, como um tipo de presença encarnacional, essa não é a melhor maneira de entender Êxodo 19 ou a expressão "reino de sacerdotes". Eis cinco razões para isso:

1. O sacerdócio levítico cumpria um papel medianeiro não em termos de encarnar a presença de Deus (a presença de Deus estava na nuvem de glória sobre a arca da aliança), e sim em termos de aplacar a ira de Deus. A função primária dos sacerdotes no Antigo Testamento era fazer mediação entre Deus e o homem por meio da realização dos sacrifícios. O livro de Hebreus entende desta mesma maneira o ofício sacerdotal de Cristo (4.14-5.10; 7.1-28; 10.1-18).

2. "Reino de sacerdotes" é melhor entendido como uma designação do chamado de Israel para ser separado do mundo e pertencer a Deus. "Reino de sacerdotes" é uma expressão que converge com (embora não seja idêntica) "nação santa". Essa é a razão pela qual o Se-

---

11 Wright, *The Mission of God*, 331. De modo semelhante, N. T. Wright comenta Êxodo 19.4-5, dizendo: "Parece que a vocação sacerdotal e real de todos os seres humanos consiste nisto: permanecer na interface entre Deus e sua criação, trazendo a ordem sábia e generosa de Deus ao mundo e comunicando a alegria e o louvor grato da criação ao seu Criador" (*After You Believe* [New York: HarperOne, 2010], 80-81). Depois, Wright argumenta que "reino de sacerdotes" significa levar avante a missão de Deus, anunciando os atos poderosos e salvadores de Deus e começando a obra de implementar o governo messiânico de Jesus em todo o mundo" (86).

nhor diz ao povo, na montanha, que se consagrasse (Êx 19.10); deviam ser santos como Deus é santo. De modo semelhante, quando a passagem de Êxodo é citada em 1 Pedro 2.9, o foco é outra vez a santidade – abster-se das paixões carnais (1 Pe 2.11-12). A figura de um reino de sacerdotes no Antigo e no Novo Testamento sugere santidade e privilégio, e não presença encarnacional.

3. Se Deus estivesse dando aos israelitas uma tarefa missionária de abençoar os não israelitas, poderíamos esperar que veríamos a especificação e os detalhes dessa tarefa na lei de Moisés. Contudo, as normas e regras dadas no Sinai não dizem nada sobe uma missão para os gentios. Há ordens para que Israel expressasse cuidados pelos forasteiros e peregrinos em seu meio, mas não há instruções claras para que Israel fosse ao mundo e satisfizesse às necessidades das nações.

4. Os israelitas conquistaram as nações vizinhas pela força militar, e não pela missão encarnacional. As nações eram mais ameaças frequentes à religião de Israel do que oportunidades de ministério, ainda que o desígnio de Deus em todo o tempo fosse o salvar mais do que judeus étnicos (Is 4.6; 49.6; 60.3). Se o povo de Israel devia mediar a bênção de Deus para as nações, eles tiveram uma maneira estranha de cumprir a tarefa.

5. Os profetas nunca repreendem Israel por negligenciar seu mandato missionário ou de bênção internacional. Deus se interessava pela maneira como seu povo seria uma atração ou uma chacota entre as nações. Mas a direção era "venham e vejam", e não "vão e falem".

Se o engajamento missionário fosse uma obrigação da aliança, os israelitas teriam sido, com certeza, repreendidos por falharem em cumprir este aspecto da lei.[12]

Lucas 4.16-21

Um texto missional popular vem do começo do ministério público de Jesus:

> Indo para Nazaré, onde fora criado, entrou, num sábado, na sinagoga, segundo o seu costume, e levantou-se para ler. Então, lhe deram o livro do profeta Isaías, e, abrindo o livro, achou o lugar onde estava escrito:
>
> O Espírito do Senhor está sobre mim, pelo que me ungiu para evangelizar os pobres; enviou-me para proclamar libertação aos cativos e restauração da vista aos cegos, para pôr em liberdade os oprimidos, e apregoar o ano aceitável do Senhor [cf. Isaías 61.1-2].
>
> Tendo fechado o livro, devolveu-o ao assistente e sentou-se; e todos na sinagoga tinham os olhos fitos nele. Então, passou Jesus a dizer-lhes: Hoje, se cumpriu a Escritura que acabais de ouvir (Lucas 4.16-21).

---

12 Estas últimas três razões e algumas outras que não incluímos podem ser achadas em Schnabel, *Early Christian Mission*, 71.

Sem dúvida, esta passagem é uma das mais claras afirmações da missão de Jesus e dos objetivos de seu ministério. É também uma das muitas mal compreendidas. Nas explicações populares, Lucas 4 ressalta que a missão de Jesus se focalizava nos materialmente destituídos e nos menosprezados. Nesta interpretação, Jesus era tanto o Messias *como* um libertador social. Ele veio para trazer o Ano do Jubileu para os oprimidos. Veio para transformar as estruturas sociais e trazer a criação de Deus de volta à shalom. Por isso, nossa missão, em harmonia com a missão de Cristo, é pelo menos em parte – se não em sua expressão central – "estender o reino por infiltrar-nos em todos os segmentos da sociedade, dando preferência aos pobres e não permitindo dicotomia entre evangelização e transformação social (Lc 4.18-19)".[13] Acima de tudo, Lucas 4 (argumenta-se) mostra que a missão de Jesus era servir aos pobres. Portanto, essa não deve ser também a nossa missão?

Esta abordagem comum de Lucas 4 não é totalmente sem bases, mas ignora duas observações cruciais:

Assimilando o principal ensino

Primeiramente, esta abordagem menospreza os verbos que Jesus leu do rolo de Isaías. O Espírito do Senhor, habitando Jesus como o Messias esperado por muito tempo, haveria de ungi-lo para *proclamar* as boas novas

---

[13] James F. Engel e William A. Dyrness, *Changing the Mind of Missions: Where Have We Gone Wrong* (Downers Grove, IL: InterVarsity, 2000), 80.

aos pobres, *proclamar* libertação aos cativos e restauração da vista aos cegos, por em liberdade os oprimidos e *apregoar* o ano aceitável do Senhor. Com a exceção de "por em liberdade os oprimidos" (ao que retornaremos em breve), todas estas são palavras que expressam a ideia de falar. Embora seja verdade que Jesus curou os enfermos e deu vista aos cegos (como indicativos de sua divindade, sinais de chegada do reino e expressões de sua compaixão), a afirmação da missão do Messias, em Lucas 4, ressalta o *anúncio* das boas novas. Se Lucas 4 estabelece o tom para a missão da igreja, o âmago da missão da igreja deve ser a pregação do evangelho.

Os pobres

Em segundo, a leitura de Lucas 4 no sentido de "missão como transformação social" pressupõe muito no que concerne aos "pobres" (no grego, *ptōchos*). Embora *ptōchos*, no versículo 18, contenha referência à pobreza material, a palavra tem conotações e significado mais amplos. Eis quatro coisas que nos levam a essa conclusão:

1. A citação vem de Isaías 61.1-2, na qual os pobres são agrupados com "os quebrantados de coração" e "todos os que choram". Os pobres em Isaías não eram apenas os materialmente pobres; eram os pobres humildes, aqueles que choravam, confiavam no Senhor esperavam seu prometido "óleo de alegria" e sua "veste de louvor" (Is 61.3). O verbo hebraico *anaoim* pode ser traduzido como "pobre", ou "humilde", ou "aflito". Todas

estas traduções são possíveis porque, evidentemente, algo mais do que pobreza material estava em mente.

2. De modo semelhante, o vocábulo grego *ptōchos* pode falar de uma pobreza literal ou figurada. Dos dez usos de *ptōchos* em Lucas, sete devem ser entendidos como pobreza literal (14.13, 21; 16.20, 22; 18.22; 19.8; 21.3), enquanto três podem ter sentido figurado (4.18; 6.20; 7.22). Apocalipse 3.17, outro texto do Novo Testamento, é claramente uma passagem em que *ptōchos* deve ser entendido em sentido figurado. A igreja em Laodicéia se achava rica (e eles eram materialmente ricos), mas em um nível espiritual mais profundo, eles eram "infelizes, miseráveis, pobres, cegos e nus". Da mesma forma que ocorre na língua portuguesa, a palavra grega que significa "pobre" também possui diferentes nuances de significado, tanto literal como figurado.

3. Um entendimento estritamente literal de "os pobres" no contexto imediato não faria sentido. Se "os pobres" são aqueles que, no sentido literal, são financeiramente pobres, então, "os cativos", "os cegos" e "os oprimidos" devem, também, ser entendidos em sentido literal. Contudo, não há nenhuma instância nos evangelhos de Jesus que mostra um prisioneiro, no sentido literal, sendo libertado (algo que confundiu João Batista, conforme Lucas 7.18-23). Muito naturalmente entendemos que o cativeiro e a opressão incluem escravidão espiritual. Não é impróprio reconhecermos um aspecto espiritual em "os pobres", em Lucas 4.

4. O contexto levemente mais amplo também confirma isso. Em Lucas 4.25-27, Jesus menciona dois exemplos do tipo de pessoa que experimentaram o favor do Senhor no Antigo Testamento. Uma é a viúva de Sarepta. Ela era materialmente pobre. Mas o outro exemplo é Naamã, o importante general da Síria que se humilhou mergulhando sete vezes no rio Jordão. Se estes são dois exemplos de boas novas sendo proclamadas aos pobres, então, "os pobres" está mais relacionado à pobreza de espírito do que à privação material.

Resumo

Por todas estas razões, concordamos com Andreas Köstenberger e Peter O´Brien quanto ao fato de que "os 'pobres' aos quais as boas novas são anunciadas não devem ser entendidos estritamente no sentido de pessoas economicamente necessitadas, como o têm sugerido a maioria dos eruditos recentes; em vez disso, o termo se refere mais geralmente aos 'desprovidos de posses, os excluídos' que eram forçados a depender de Deus".[14] Concordamos com David Bosch, quando ele conclui:

> Portanto, no evangelho de Lucas, os ricos são provados na base de sua riqueza, enquanto outros são provados na lealdade à sua família, seu povo, sua cultura e seu trabalho (Lc 9.59-61). Isto significa

---

14 Andres J. Köstenberger and Peter T. O'Brien, *Salvation to the Ends of the Earth: A Biblical Theology of Mission* (Downers Grove, IL: InterVarsity, 2001), 117.

que os pobres são pecadores como as demais pessoas, porque, em última análise, a pecaminosidade está arraigada no coração humano. Assim como os materialmente ricos, os materialmente pobres podem ser espiritualmente pobres.[15]

Isto não exclui um componente econômico em *ptōchos*, em Lucas 4. Os pobres são em geral os pobres no aspecto econômico porque a dificuldade material, e não a abundância material, tende a ser um meio de cultivar sensibilidade espiritual, humildade e o desamparo necessário para ouvir a voz de Deus. Há uma razão por que Jesus disse: "Bem-aventurados vós, *os pobres*", em vez de: "Bem-aventurados vós, os ricos". Os pobres são mais aptos a ver sua necessidade de ajuda do que os ricos. Citando Darrel Bock, a palavra grega *ptōchos* é melhor descrita como uma "generalização soteriológica".[16] Ela se refere àqueles que são abertos para Deus, responsivos a ele e veem sua dependência dele. É para esses que Jesus apregoa o ano aceitável do Senhor.

---

15 David J. Bosch, *Transforming Mission: Paradig Shifts in Theology of Mission* (Maryknoll, NT; Orbis, 1991), 104. Para facilitar a leitura, excluímos as citações entre parênteses de Bosch nestas duas sentenças. As citações eram: Nissen 1981: 175, 176; cf. Pobee 1987: 19, 53. Muitos outros eruditos passados e presentes, incluindo Eckhard Schnabel, David Hesselgrave, Rober Stein, Christopher Little, Howard Marshall e Darrel Bock, chegaram a conclusões semelhantes. Ver Schnabel, *Early Christian Mission*, 225. Referências a muitos outros autores se acham em David Hesselgrave, *Paradigms in Conflict: 10 Keys Questions in Christian Missions Today* (Grand Rapids: Kregel, 2005), 125-38.
16 Darrel Bock, *Luke 1:1-9:50*, Baker Exegetical Commentary on the New Testament (Grand Rapids: Baker, 1994), 408.

Portanto, a missão de Jesus estabelecida em Lucas 4 não é uma missão de mudança de estruturas e transformação social, e sim uma missão de anunciar as boas novas de seu poder salvador e seu reino misericordioso para que todos os contritos de coração – ou seja, os pobres – creiam.

O QUE TORNA GRANDE A GRANDE COMISSÃO

Havendo examinado vários textos "missionais" comuns e chegado à conclusão de que estas passagens são frequentemente mal adotadas e mal compreendidas, estamos agora em condições de voltar nossa atenção para a Grande Comissão ou, sendo mais precisos, as Grandes Comissões (Mt 28.16-20; Mc 13.10; 14.9; Lc 24.44-49; At 1.8).

Antes de considerarmos as palavras de despedida de Jesus, temos de encarar uma pergunta sincera: por que nossa teologia de missão se focaliza tão intensamente neste conjunto de mandamentos pós-ressurreição e pré-ascensão? Afinal de contas, não há nenhum título de seção inspirado que diz que Mateus 28.16-20 deve ser chamado de "A Grande Comissão" (e esta passagem nem sempre foi conhecida por este título ilustre).[17] Além disso, no decorrer da

---

17 Quanto à história sobre o título, ver David F. Wright, "The Great Commission and the Ministry of the Word: Reflections Historical and Contemporary on Relations and Priorities" (Finlayson Memorial Lecture, 2007), *Scottish Bulletin of Evangelical Theology* 25 (2007): 132–57; http://netcom-

história muitos cristãos têm crido que os apóstolos já haviam cumprido as instruções finais de Jesus e que, por isso, tais instruções não são um mandamento direto para a igreja hoje. Mais recentemente, os pensadores missionais têm sido hesitantes quanto a fundamentar a tarefa missionária em imperativos específicos (como os que achamos no final de cada evangelho). Toda a Bíblia, eles argumentam, diz respeito à missão de Deus, e não apenas algumas passagens isoladas. Portanto, talvez a Grande Comissão não seja assim tão importante. Talvez John Stott estivesse certo quando disse que "damos à Grande Comissão um lugar proeminente demais em nosso pensamento cristão".[18]

Então, por que devemos enfatizar estes textos designados de Grande Comissão ao determinarmos a missão da igreja? Esta é uma pergunta correta, e há várias boas maneiras de respondê-la.

Primeiramente, se toda a Bíblia é essencialmente um livro missional (e, em certo nível, quem discordaria desta afirmação?), ainda faríamos bem se fundamentássemos nos mandamentos explícitos das Escrituras o que *temos de fazer em missões*. Um dos maiores enganos em grande parte da recente literatura sobre missão é uma suposição de que, o que quer que Deus esteja fazendo no mundo, isso também é nossa tarefa. Portanto, se a *mis-*

---

munity.rutherfordhouse.org.uk/publications/Document.Doc?id=69.
18 John R. W. Stott, *Christian Mission in the Modern World: What the Church Should Be Doing Now* (Downers Grove, IL: InterVarsity, 1975), 29.

sio Dei (missão de Deus) é, em última análise, restaurar a shalom e renovar todo o cosmos, nós, como cooperadores de Deus, devemos trabalhar visando os mesmos propósitos. Christopher Wright, por exemplo, afirma que "tudo que um cristão e uma igreja cristã dizem e fazem devem ser missional em sua participação consciente na missão de Deus no mundo de Deus".[19]

E se não somos chamados a cooperar com Deus em tudo que ele realiza? E se as obras de salvação, de restauração e de recriação são dons divinos sobre os quais damos testemunho, em vez de obras em que colaboramos? E se a nossa missão não é idêntica à missão de Deus? E se realizamos a missão de Jesus não da mesma maneira que ele a realiza? Não é melhor localizarmos nossa responsabilidade nas tarefas que nos foram confiadas, e não na obra que vemos Deus realizar? De fato, há certas coisas que Deus tenciona fazer um dia e nas quais não temos qualquer participação e, certamente, não nesta era. Ocorre-me a destruição dos ímpios! Não somente isso, há também certos elementos da missão de Jesus, durante sua primeira vinda, que lhe eram peculiares. Não temos qualquer participação, por exemplo, na sua morte pelos pecados do mundo.

Nada disso sugere que uma história, ou um poema, ou uma proposição não podem ter uma força imperativa. Contudo, estamos argumentando que é melhor

---

19 Christopher J. H. Wright, *The Mission of God's People: A Biblical Theology of the Church's Mission* (Grand Rapids: Zondervan, 2010), 26.

(mais seguro e mais objetivo) achar a missão da igreja em mandamentos específicos, em vez de empregarmos uma hermenêutica que pressupõe, a priori, que somos participantes com Deus em todos os aspectos de seus propósitos redentores para o mundo.

Em segundo, é próprio que examinemos o Novo Testamento mais do que o Antigo Testamento para formularmos uma teologia de missão. Obviamente, o Antigo Testamento também mostra o amor de Deus para as nações. Deus sempre teve a intenção de abençoar todo o mundo por meio de seu povo; e o Antigo Testamento prevê um ajuntamento futuro das nações. Vemos este plano revelado e exposto em muitas passagens do Antigo Testamento. Mas também é óbvio que o Antigo Testamento se preocupa principalmente com a nação de Israel. Mesmo no ministério de Jesus, uma missão plena aos gentios está no futuro (Mt 15.24). O antigo povo da aliança de Deus nunca foi exortado a se engajar em missão internacional e transcultural. A luz missionária deles brilhava por atração e não por convite ativo. Por todas essas razões, o Novo Testamento é o melhor lugar a ser examinado para se obter um forte impulso missionário. De fato, como Eckhard Schnabel conclui em sua magnífica obra *Early Christian Mission* (Missão Cristã Primitiva), "a obra missionária dos primeiros cristãos não pode ser explicada com protótipos do Antigo Testamento ou com modelos de uma missão judaica anterior".[20] Missões, no sentido de o povo de Deus ser ativamente enviado a outras pessoas com uma tarefa a realizar, era algo tão novo como o próprio Novo Testamento.

Em terceiro, é próprio que olhemos para Jesus como nossa diretiva missiológica. Como veremos depois, *a* missão na Bíblia é a missão do Pai enviando o Filho. Como o rei messiânico, o Senhor da igreja, Jesus, tem o direito de enviar a igreja, assim como o Pai tinha o direito de enviá-lo (Jo 20.21). Portanto, faríamos bem se prestássemos bastante atenção ao que o Filho diz explicitamente que seus discípulos devem fazer em sua ausência.

Em quarto, o momento de anúncio das Grandes Comissões sugere a sua importância estratégica. Elas relatam as palavras finais de Jesus na terra, depois de sua morte e ressurreição e pouco antes de sua ascensão. O senso comum e a precedência bíblica nos dizem que as últimas palavras de um homem têm importância especial,[21] particularmente quando alguma forma destas palavras está preservada nos três evangelhos (e em Marcos, numa forma um pouco diferente) e, mais uma vez, no começo de Atos dos Apóstolos. Os autores bíblicos e a igreja primitiva entenderam que as palavras finais de Jesus eram as mais importan-

---

20　Schnabel, *Early Christian Mission*, 173.
21　Podemos pensar nas últimas palavras famosas de vários personagens bíblicos, incluindo Jacó, Moisés, Josué, Davi, Elias, Paulo (em Éfeso, em Atos 20, e para Timóteo, em 2 Timóteo) e Pedro (ver 2 Pe 1.12-15).

tes afirmações que ele proferiu e as instruções mais significativas que ele deu para formar a identidade missional deles.

Em quinto, as Grandes Comissões parecem resumir muitos dos principais temas dos evangelhos. Por exemplo, considere o evangelho de Mateus. Mais do que os outros evangelhos, Mateus focaliza o discipulado. O que os discípulos creem sobre Jesus? Como eles se comportam? O que eles devem estar dispostos a abandonar? Não é surpreendente que a Grande Comissão relatada por Mateus enfatize o *discipulado*. De modo semelhante, desde a genealogia de abertura até o batismo de Jesus, no rio Jordão, à sua tentação, no deserto, às frequentes referências ao cumprimento do Antigo Testamento, Mateus apresenta Jesus como um novo Israel, como o Messias para quem apontavam a Lei e os Profetas. Então, outra vez, não é surpreendente que as palavras finais de Jesus, em Mateus, enfatizem sua *autoridade*. Poderíamos continuar e observar o longo Sermão do Monte, em Mateus, que forma a espinha dorsal do *ensino* de Jesus, ou a presença dos magos no capítulo 2, o que aponta para o *reinado universal* de Jesus. Estes elementos também acham seu clímax na Grande Comissão, com sua ênfase em ir às nações e ensiná-las a guardar tudo que Jesus ordenou. A Grande Comissão resume os temas mais importantes do evangelho de Mateus. Como disse Bosch: "Hoje, os eruditos concordam em que todo o evangelho se dirige a estes versículos finais: todos os fios se entretecem no tecido de Mateus, desde o capítulo 1 em diante, e são unidos nesta passagem".[22]

Se tudo no evangelho de Mateus culmina na Grande Comissão, tudo em Atos dos Apóstolos flui da Grande Comissão. Jesus disse aos seus seguidores reunidos em Jerusalém que eles seriam testemunhas dele em Jerusalém, na Judeia, em Samaria e até aos confins da terra (At 1.8). E isso é exatamente o que o livro de Atos relata. Primeiramente, Cristo é anunciado em Jerusalém (Atos 2-7); depois, na Judeia e Samaria (Atos 8) e, por fim, com a conversão de Paulo e a visão de Pedro no eirado de uma casa, o evangelho se encaminha para os gentios. O livro de Atos conclui com a prisão domiciliar de Paulo, mas "pregando o reino de Deus, e, com toda a intrepidez, sem impedimento algum", ensinando "as coisas referentes ao Senhor Jesus Cristo" (At 28.31). Do começo ao fim, Atos é a história da proclamação do evangelho desde a Judeia até Samaria e até aos confins da terra, como Jesus ordenara.

Portanto, as Grandes Comissões, quer no final, quer no início da narrativa, são mais do que palavras de despedidas aleatórias proferidas por Jesus. Eles moldam realmente toda a história, quer como o clímax para o qual tudo aponta, quer como a fonte da qual tudo flui.

---

22 Bosch, *Transforming Mission*, 57.

O que temos aqui?

Com tudo isso como introdução necessária, podemos agora examinar brevemente os textos da Grande Comissão.

MATEUS 28.16-20

Começamos com a comissão mais famosa:

> Seguiram os onze discípulos para a Galileia, para o monte que Jesus lhes designara. E, quando o viram, o adoraram; mas alguns duvidaram. Jesus, aproximando-se, falou-lhes, dizendo: Toda a autoridade me foi dada no céu e na terra. Ide, portanto, fazei discípulos de todas as nações, batizando-os em nome do Pai, e do Filho, e do Espírito Santo; ensinando-os a guardar todas as coisas que vos tenho ordenado. E eis que estou convosco todos os dias até à consumação do século (Mt 28.16-20).

Como se houvesse qualquer dúvida de que isto era um pronunciamento importante, Mateus nos diz que Jesus dirigiu seus discípulos para "o monte" (v. 16). Do Sinai para o Monte da Transfiguração para o Sermão do Monte, os montes foram lugares em que instrução ou revelação mais importante foi dada. Esta cena não é diferente. Jesus reuniu os seus discípulos uma última vez para algo realmente importante.

Antes de Jesus chamar os discípulos à missão, ele os assegura das boas notícias: "Toda a autoridade me foi dada no céu e na terra" (v. 18). A missão que Jesus está para entregar é baseada exclusiva e totalmente na autoridade dele. Só pode haver uma missão imperativa porque há, primeiro, este indicativo glorioso. Deus não envia a sua igreja a conquistar. Ele a envia em nome daquele que *já* conquistou. Nós vamos somente porque Jesus reina.

Depois, chegamos aos quatro verbos citados nos versículos 19 e 20 – um verbo principal e três particípios apoiadores. O verbo principal é "fazei discípulos". Os seguidores de Jesus devem fazer discípulos das nações (*ta ethne*). E já se sabe amplamente que esta palavra não se refere a estados ou nações políticas, e sim a grupos de pessoas.[23] Jesus tinha em vista adoradores e seguidores presentes em cada grupo linguístico e cultural no planeta.

Os particípios restantes, que podem ter a força de imperativos, destacam o que está envolvido no processo de fazer discípulos. Nós *vamos, batizamos* e *ensinamos*. "Ir" sugere o ser enviado (ver Rm 10.15). "Batizar" implica arrependimento e perdão, bem como a inclusão na família de Deus (At 2.38, 41). "Ensinar" deixa claro que

---

23 Ver, por exemplo, John Piper, *Let the Nations Be Glad! The Supremacy of God in Missions*, 3rd ed. (Grand Rapids: Baker, 2010), 155-200, e Timothy C. Tennent, *Invitation to World Missions: A Trinitarian Missiology for Twenty-first Century* (Grand Rapids: Kregel, 2010), 138.

Jesus tinha em mente mais do que evangelização e resposta inicial.[24]

Por último, esta tarefa de fazer discípulo é possível, Jesus garante aos seus ouvintes, porque "estou convosco todos os dias até à consumação do século" (Mt 28.20). Essa garantia tão abrangente não teria sido necessária se Jesus tivesse em mente que os apóstolos cumpririam toda a Grande Comissão. Uma promessa que se estende até à consumação dos séculos é perfeitamente lógica se a tarefa de missão continua até ao fim desta era. A promessa de Jesus se estende até ao fim da era, assim como a sua comissão.

Marcos 13.10; 14.9

Marcos não inclui em seu evangelho a Grande Comissão dada após a ressurreição de Jesus. Embora Marcos 16.15 tenha a afirmação de Jesus "Ide por todo o mundo e pregai o evangelho a toda criatura", a grande maioria dos comentaristas modernos pensam agora que o evangelho de Marcos termina em 16.8. Esta Grande

---

24 Quanto a este tema geral de discipulado versus decisões, ver M. David Sills, *Reaching and Teaching: A Call to Great Comission Obedience* (Chicago: Moody, 2010). Sill tem uma discussão proveitosa sobre Mateus 24.14 ("E será pregado este evangelho do reino por todo o mundo, para testemunho a todas as nações. Então, virá o fim"). Ele explica que no contexto o "mundo" pode se referir ao mundo conhecido do Império Romano e que "fim" pode ser a queda de Jerusalém em 70 d.C. Ainda que você não aceite esta opinião, é importante notar que Jesus estava dando uma predição do que aconteceria antes de seu retorno, e não uma fórmula de apressar a sua vinda. A ênfase está em suportar perseguição até ao fim, e não em estabelecer o reino. Mateus 24.14 ressalta a centralidade da proclamação, mas não significa uma "necessidade de velocidade" em cumprir a Grande Comissão (121-26).

Comissão explícita não fazia parte do original de Marcos, embora represente o impulso missionário da igreja primitiva, que acrescentou este final mais longo entre 100 e 150 d.C.

Mesmo sem a tradicional Grande Comissão, Marcos ainda tem duas referências claras à mesma obra missionária.

- Marcos 13.10: "É necessário que primeiro o evangelho seja pregado a todas as nações".

- Marcos 14.9: "Em verdade vos digo: onde for pregado em todo o mundo o evangelho, será também contado o que ela fez, para memória sua".

Vemos nestes textos não somente uma predição de que o evangelho *será* proclamado em todo o mundo, mas uma convocação de que ele *deve* ser pregado. À medida que Jesus se aproximava da cruz, ele lançava o alicerce para a proclamação universal do seu evangelho.

Lucas 24.44-49

Consideremos agora o relato de Lucas que complementa a Grande Comissão:

> A seguir, Jesus lhes disse: São estas as palavras que eu vos falei, estando ainda convosco: importava se cumprisse tudo o que de mim está escrito na

Lei de Moisés, nos Profetas e nos Salmos. Então, lhes abriu o entendimento para compreenderem as Escrituras; e lhes disse: Assim está escrito que o Cristo havia de padecer e ressuscitar dentre os mortos no terceiro dia e que em seu nome se pregasse arrependimento para remissão de pecados a todas as nações, começando de Jerusalém. Vós sois testemunhas destas coisas. Eis que envio sobre vós a promessa de meu Pai; permanecei, pois, na cidade, até que do alto sejais revestidos de poder (Lucas 24.44-49).

Lucas, assim como Mateus, fundamenta o mandamento na autoridade divina. Mas, enquanto a autoridade em Mateus 28 era a autoridade de Jesus que lhe fora dada, nesta passagem de Lucas a autoridade se fundamentava nas Escrituras. Os discípulos vão ao mundo porque Cristo possui toda a autoridade e porque os eventos que eles proclamariam eram cumprimento das figuras e das profecias bíblicas. Tanto em Mateus como em Lucas, a autoridade dos discípulos vem de Deus.

Além disso, a ordem de "ir e fazer discípulos", em Mateus, é afirmada nessa passagem de Lucas em termos do papel dos discípulos nessa tarefa: "Vós sois testemunhas destas coisas" (Lc 24.48). A tarefa colocada diante deles por seu Senhor era dar testemunho de Jesus, ou seja, proclamar as boas novas a respeito dele. Uma vez mais, os discípulos não deram testemunho fiados em seu próprio poder. O Espírito os revestiu de poder do alto.

Finalmente, vemos que Jesus deixa claro que esta proclamação inclui as boas novas concernentes ao arrependimento e ao perdão de pecado. Tudo isso estava implícito em "batizando-os", em Mateus 28.19, mas agora é colocado em primeiro plano.

Em resumo, a Grande Comissão no evangelho de Lucas consiste em dar testemunho, capacitado pelo Espírito, dos acontecimentos da morte e da ressurreição de Cristo e em chamar as nações ao arrependimento para o perdão dos pecados.

Atos 1.8

O mesmo Lucas, que escreveu o evangelho, escreveu o livro de Atos dos Apóstolos (ver At 1.1). Por isso, examinaremos as últimas palavras de Jesus em Atos, antes de retornar aos evangelhos e considerar a Grande Comissão no evangelho de João:

> Mas recebereis poder, ao descer sobre vós o Espírito Santo, e sereis minhas testemunhas tanto em Jerusalém como em toda a Judéia e Samaria e até aos confins da terra (At 1.8).

Devido à autoria comum de Lucas e Atos, não é surpreendente o fato de que o tema do testemunho capacitado pelo Espírito seja tão central a esta Grande

Comissão como o foi em Lucas. Não é surpreendente que a missão descrita em Atos seja intensamente focalizada na proclamação da Palavra de Deus e no testemunhar sobre Cristo.

O livro de Atos é sobremodo importante porque nele podemos realmente ver o escopo e a natureza da primeira missão cristã. Se você quer ver um quadro da própria igreja primitiva dedicada ao cuidado da criação, a planos de renovação social e a estratégias de servir à comunidade em nome de Jesus, você não o achará em Atos. Mas, se você quer ver pregação, ensino e centralidade da Palavra, Atos é o seu livro. A história de Atos é a história dos esforços dos primeiros cristãos para cumprir a missão que lhes fora dada em Atos 1.8.

Isso não significa que a igreja em Atos era uma grande conferência evangelística ou estudo bíblico indutivo. Vemos a igreja dedicada à comunhão, ao partir do pão e à oração, bem como ao ensino dos apóstolos (At 2.42). Vemos exemplos de crentes que compartilhavam as coisas uns com os outros (At 2.44-46; 4.32-37) e ouvimos falar de muitos sinais e maravilhas (At 2.43; 5.123-16). Verdadeiramente, o reino irrompera quando Jesus continuava a fazer milagres por meio dos apóstolos e, às vezes, de outras pessoas (At 1.1; Hb 2.3-4). Mas não há dúvida de que o livro de Atos é, antes e acima de tudo, um relato do testemunho apostólico que se expandiu de Jerusalém para a Judeia, e Samaria, e até aos confins da terra. Como disse Darrell Bock:

Esta comissão [Atos 1.8] descreve o principal compromisso da igreja, o que ele tinha de fazer até à volta do Senhor. A prioridade para a igreja até à volta do Senhor, uma missão que a comunidade nunca perdeu de vista, é testemunhar de Jesus até ao fim do mundo. Em grande parte, a igreja existe para estender o testemunho apostólico sobre Jesus em todos os lugares.[25]

Até um exame superficial de Atos confirma isso. Em Atos 1, Matias substitui Judas, para ser uma testemunha da ressurreição de Cristo (v. 22). Em Atos 2, Pedro prega no Dia de Pentecostes, expondo as Escrituras, dando testemunho de Cristo, chamando pessoas ao arrependimento e à fé. Muitos recebem a Palavra, e quase três mil são acrescentados à igreja naquele dia (v. 41). Em Atos 3, Pedro cura um mendigo em nome de Jesus e, depois, usa a ocasião para dar testemunho de Cristo e chamar pessoas ao arrependimento (ver, em especial, vv. 15, 19). Quando eles proclamam a ressurreição, muitos outros ouvem a Palavra, e cinco mil pessoas creem (At 4.2, 4). Em Atos 4, Pedro e João testemunham da crucificação perante o conselho, e, quando eles são libertados da detenção, os crentes oram para continuarem a anunciar a Palavra com ousadia (vv. 29, 31). Em Atos 5, quando os apóstolos são presos novamente, um anjo do Senhor os

---

25 Darrell L. Bock, *Acts*, Baker Exegetical Commentary on the New Testament (Grand Rapids: Baker, 2007), 66.

liberta e ordena-lhes: "Ide e, apresentando-vos no templo, dizei ao povo todas as palavras desta Vida" (v. 20). E, tendo ouvido isso, Lucas relata, "logo ao romper do dia, entraram no templo e ensinavam" (v. 21).

Cada capítulo de Atos é como este. Em Atos 6, os apóstolos indicam os primeiros diáconos para que eles (apóstolos) possam dedicar-se à Palavra de Deus e à oração (v. 4). O resultado foi este: "Crescia a palavra de Deus, e, em Jerusalém, se multiplicava o número dos discípulos; também muitíssimos sacerdotes obedeciam à fé" (v. 7). Em Atos 7, Estêvão dá testemunho de Cristo, empregando o Antigo Testamento e refutando aqueles que o acusaram de blasfemar de Moisés. Em Atos 8, Filipe anuncia a Cristo em Samaria. Samaria recebe a Palavra de Deus (v. 14). E os discípulos pregam o evangelho em muitos vilarejos dos samaritanos (v. 25). Depois, Filipe expõe as Escrituras para um eunuco etíope e, em seguida, "passando além, evangelizava todas as cidades até chegar a Cesareia" (v. 40).

Repetidas vezes, Lucas deixa claro que o objetivo deste livro de Atos é mostrar a missão de Jesus sendo cumprida, à medida que a Palavra de Deus cresce e se multiplica (At 12.24). Onde quer que a Palavra chega, há oposição, mas também, onde quer que ela chega, alguns creem. Assim, Paulo e Barnabé proclamam a Palavra em Chipre e Antioquia da Pisídia, em Icônio e Listra. Paulo não apenas prega o evangelho em novas fronteiras; ele também fortalece os discípulos, encoraja-os na fé e institui presbíteros (At 14.21-23). Sua missão não é apenas evangelização, mas também discipulado mais profundo. Ele ganha convertidos, planta igrejas, edifica congregações existentes. Dar testemunho de Cristo e ensinar a Palavra de Deus é a missão singular dos apóstolos, mas ela assume formas diferentes.[26]

Nesta altura, estamos apenas na metade do livro de Atos. Na segunda metade, vemos o mesmo tema: o testemunho capacitado pelo Espírito – em Derbe, Filipos, Tessalônica, Bereia, Atenas, Corinto, Éfeso e, por fim, Jerusalém. Depois, Paulo dá testemunho diante das autoridades judaicas, diante de Félix, diante de Festo, diante de Agripa e Berenice, depois, em Creta, em Malta e, por último, em Roma. O livro termina como começou, com os apóstolos (neste caso Paulo) "pregando o reino de Deus, e, com toda a intrepidez, sem impedimento algum, ensinava as coisas referentes ao Senhor Jesus Cristo" (At 28.31). Um testemunho foi levado até aos confins da terra, até à própria Roma, e de lá esse testemunho ressoará, somos levados a crer, com grande sucesso. A missão que Cristo deu aos seus discípulos, em Atos 1.8, foi bem realizada.

João 20.21

A narrativa de João contém a mais curta das comissões pós-ressurreição, mas, como Schnabel observa,

---

26 "Conversão a Cristo significava incorporação à comunidade cristã" é a maneira como Köstenberger e O'Brien o expressam (*Salvation to the Ends of the Earth*, 268).

ela "é talvez a mais impressionante diretiva sob um ponto de vista teológico". É também a que suscita mais controvérsia.

> Disse-lhes, pois, Jesus outra vez: Paz seja convosco! Assim como o Pai me enviou, eu também vos envio (Jo 20.21).

Queremos destacar três pontos teológicos importantes.

Uma paz que excede o entendimento

Primeiramente, Jesus dá a sua paz aos discípulos. A paz de Jesus é a base para o ministério deles e, podemos imaginar, influencia o conteúdo da mensagem deles. Então, o que é esta paz? Alguns estão prontos a dizer logo que a palavra hebraica que significa paz é *shalom* e que a shalom bíblica envolve o arranjo correto de todas as coisas, a maneira como o mundo deve ser. Sem dúvida, isso é verdadeiro, mas temos sempre de lembrar (1) que a shalom bíblica é muito mais profunda do que harmonia social e (2) que a verdadeira shalom é dada somente àqueles que têm união com o Doador da shalom. John Stott está certo quando diz:

> As categorias bíblicas de *shalom*, a nova humanidade e o reino de Deus não devem ser identificados com renovação social... Portanto, de acordo com os apóstolos, a paz que Jesus prega e dá é algo mais

profundo e mais rico, ou seja, reconciliação e comunhão com Deus e com os outros (cf. Ef 2.13-22). Além disso, Jesus não dá a paz a todos os homens, mas àqueles que pertencem a ele, à sua comunidade redimida. Assim, a shalom é a bênção que o Messias traz ao seu povo.[27]

Vemos isso com clareza na maneira como "paz" é usada no evangelho de João. A paz que Jesus dá é melhor do que qualquer coisa que o mundo pode oferecer. A paz de Cristo provê a segurança de que ele, pelo seu Espírito, estará sempre com os seus discípulos (Jo 14.26-27). Esta paz, Jesus diz, pode ser achada somente "em mim" (Jo 16.33). É a paz que vem aos seguidores de Jesus por virtude de sua ressurreição dos mortos (Jo 20.19, 21, 26). Em prefaciar sua comissão com "Paz seja convosco!", Jesus não está dizendo nada sobre a renovação de estruturas sociais, mas tudo sobre a segurança e o perdão que eles podem ter e podem oferecer em nome dele (At 10.36; Rm 5.1; Fp 4.7).[28]

O envio que é mais importante

Em segundo, o Pai ter enviado Jesus é mais importante do que Jesus enviar os seus discípulos. Em

---

27 Stott, *Christian Mission in the Modern World*, 18-19.
28 Schnabel escreve: "A mensagem dos discípulos é a respeito da paz: a respeito da restauração da paz com Deus por meio da morte de Jesus, na cruz, a respeito da expiação e do perdão dos pecados, a respeito da reconciliação da humanidade rebelde com Deus" (*Early Christian Mission*, 379).

outras palavras, o envio de Jesus aconteceu primeiro e é mais central. Como dissemos antes, a missão do cristão é antes de tudo a missão de Cristo no mundo. Como argumentaremos, nossa missão não é idêntica à obra de Cristo na terra. Também não pensamos que temos de completar o que o Filho falhou, de algum modo, em realizar. No entanto, de uma forma real, o Filho está continuando a fazer por meio de nós o que ele começou a dizer e a fazer em seu ministério terreno (At 1.1). A missão de Jesus é o ponto focal da história humana. Ele é a missão fundamental, primordial e essencial – e não a missão de seus discípulos. Mas, em um maravilhoso ato de condescendência, a missão do Jesus exaltado, João 20.21 nos diz, será realizada por meio dos seus seguidores.[29]

A missão de Jesus como modelo

O terceiro ponto flui do segundo: a missão de Jesus é, de algum modo, um modelo para a nossa missão. Mas isso suscita a pergunta: de que forma? Como o Cristo exaltado realiza sua missão por meio de nós? É por capacitar-nos a fazer o que ele fez e continuar sua presença encarnacional na terra? Ou é por capacitar-nos a dar testemunho de tudo que ele ensinou e realizou?

---

29 Ver Andreas Köstenberger, *The Missions of Jesus and the Disciples according to the Fourth Gospel: With Implications for the Fourth Gospel Purpose and the Mission of the Contemporary Church* (Grand Rapids: Eerdmans, 1998), 207, 210; Köstenberger e O'Brien, *Salvation to the Ends of the Earth*, 264-66.

É muito popular admitir que missões é sempre encarnacional. Evidentemente, de certa forma, isso é verdade. Nós vamos e vivemos entre as pessoas. Tentamos imitar a humildade e o sacrifício de Cristo (Fp 2.5-11).[30] Contudo, o *encarnacionalismo* em missões significa frequentemente mais do que isso.[31] Significa que modelamos nosso ministério no ministério de Jesus. Para Stott e muitos outros depois dele, isso significa que a missão da igreja é serviço. "Portanto", diz Stott, "nossa missão, como a de Jesus, é uma missão de serviço".[32] Consequentemente, evangelização e ação social são parceiros plenos na missão cristã.[33] Visto que a forma mais crucial da Grande Comissão é a que vemos em João (argumenta Stott), a maneira mais simples de resumir a obra missionária é esta: "Somos enviados ao mundo, como Jesus, para servir".[34]

Esse entendimento de Stott quanto a João 20.31 tem sido bastante influente. Há, porém, dois problemas.

Primeiro, resumir a missão de Jesus a uma missão de serviço pode ser enganador. Não há problema nesta formulação se queremos dizer "servir" no sentido empregado em Marcos 10.45 e afirmamos que Jesus "não

---

30 Uma exposição comovente deste tema se acha no final do sermão de B. B. Warfield, "Imitating the Incarnation", em *The Savior of the World* (Edinburgh: Banner of Truth, 1991), 247-70.
31 Quanto a um resumo proveitoso do debate de encarnacionalismo versus representacionalismo, ver Hesselgrave, *Paradigms in Conflict*, 141-65. Hesselgrave argumenta em favor do segundo.
32 Stott, *Christian Mission in the Modern World*, 23-24.
33 Ibid., 27.
34 Ibid., 30.

veio para ser servido, mas para servir e dar a sua vida em resgate por muitos". Todavia, o que Stott quer dizer é mais do que isso. Ele quer dizer que a missão de Jesus era satisfazer às necessidades humanas, quer espirituais, quer físicas.[35] Ninguém pode negar, nem desejamos negar, que Jesus mostrou compaixão para com inúmeras multidões em maneiras extraordinárias. Também não queremos sugerir que satisfazer às necessidades físicas não tem lugar na obra da igreja. Pelo contrário, devemos ser zelosos de boas obras (Tt 2.14) e andar nas boas obras preparadas para nós (Ef 2.10).

No entanto, é enganoso argumentar que o ministério de Jesus se focalizou em servir; é ainda mais enganoso afirmar, como o faz um livro recente, que "cada momento do ministério de Jesus foi gasto com os pobres, os doentes, os desamparados e os oprimidos".[36] Às vezes, Jesus ficou sozinho e quis permanecer longe de pessoas (Mc 1.34-35). Outras vezes, ele esteve com homens ricos, como Zaqueu (Lc 19.5). Ele esteve frequentemente com os discípulos, que não eram pobres e foram, de fato, sustentados por mulheres ricas (Lc 8.1-3).

Sabemos que isso parece insensível, mas é a verdade. O ideal que impelia Jesus não era curar os doentes e satisfazer às necessidades dos pobres, embora ele se preocupasse com tais pessoas. Ele foi enviado ao mundo para salvar pessoas da condenação (Jo 3.17), para ser levanta-

---

35 Ibid., 24.
36 Gabe Lyons, *The Next Christians: How a New Generation Is Restoring the Faith* (New York: Doubleday, 2010), 55.

do a fim de que os crentes pudessem ter a vida eterna (Jo 3.14-15). Jesus foi enviado pelo Pai para que todo que se alimente dele viva para sempre (Jo 6.57-58). Em sua obra importante sobre as missões de Jesus e dos discípulos, Andreas Köstenberger conclui que o evangelho de João retrata a missão de Jesus como o Filho enviado da parte do Pai, como aquele que veio ao mundo e retornou ao Pai e como o pastor e mestre que chamou outros a segui-lo para ajuntar a colheita final.[37] Se Köstenberger está certo, isso é bem diferente de afirmar que a missão fundamental de Jesus era satisfazer às necessidades temporais.

Alguém pode opor-se dizendo que este é o evangelho de João. E este evangelho é diferente dos demais. O que os outros evangelhos dizem? Bem, tomemos Marcos como exemplo. Sem dúvida, no evangelho de Marcos, vemos que Jesus curava frequentemente os enfermos e expulsava demônios. Ensino, cura e exorcismo eram as três projeções do ministério de Jesus (ver, por exemplo, o primeiro dia de ministério de Jesus em Cafarnaum, em Marcos 1.21-34). Contudo, o que impelia seu ministério era a proclamação do evangelho, o anúncio do reino e a chamada para que pessoas se arrependessem e cressem (1.1). Jesus curou e expulsou demônios motivado por compaixão pelos aflitos (1.41; 9.22). Entretanto, a maior razão para os milagres era o fato de que estes davam testemunho da autoridade de Jesus e apontavam para sua identidade singular (por exemplo, 2.1-12).

---

37 Köstenberger, *The Mission of Jesus and the Disciples*, 199.

Não ignore este fato: *não há um único exemplo de Jesus indo a uma cidade com o propósito específico de curar e expulsar demônios*. Ele nunca saiu em uma viagem de curas e exorcismo. Ele fez muito disso enquanto andava de um lugar para outro. Ele sentia compaixão em face da necessidade humana (Mc 8.2). Mas "pregar" era a razão por que ele viera (1.38). O clamor por satisfação de necessidades físicas se tornava, às vezes, uma distração para Jesus. Essa é a razão por que Jesus exigia silêncio daqueles que ele socorria (1.44; 7.33) e a razão por que não faria muitas obras em uma cidade cheia de incredulidade (6.5-6).

Em Marcos, como nos demais evangelhos, há muitos milagres e atos de serviço a serem celebrados, mas estão longe de ser o ensino principal do evangelho. A primeira metade do evangelho se direciona para a confissão de Pedro no capítulo 8, em que a identidade de Jesus é revelada. A segunda metade do evangelho se direciona para a cruz, onde a obra de Jesus é consumada (três predições de morte e ressurreição nos capítulos 9 e 10 e uma descrição detalhada da semana santa nos capítulos 12 a 16). O evangelho de Marcos não se focaliza em Jesus satisfazendo às necessidades físicas. Este evangelho é a respeito do que Jesus era e o que ele fez para salvar pecadores.

Não é surpreendente que a primeira ação de Jesus referida em Marcos, depois de pregar, seja chamar os homens para segui-lo e prometer torná-los pescadores de homens (1.17). As afirmações proposicionais de Jesus em Marcos são reveladoras. Ele veio para pregar (1.38). Veio para chamar pecadores (2.17). Veio para dar a vida como resgate por muitos (10.45). Ou, como lemos em outro evangelho, Jesus veio para buscar e salvar o perdido (Lc 19.10). O foco do ministério de Jesus está em ensinar. O âmago de seu ensino se centraliza em quem ele é. E as boas novas de quem ele é têm seu clímax no lugar para onde ele vai – a cruz. A missão de Jesus não é serviço concebido no sentido amplo, e sim a *proclamação* do evangelho por meio de ensino, a *confirmação* do evangelho por meio de sinais e maravilhas e a *realização* do evangelho na morte e na ressurreição.

Segunda, é insensato presumir que, por sermos enviados como Jesus o foi, temos a mesma missão que ele teve. Temos de proteger a total singularidade do que Jesus veio fazer. D. A. Carson, comentando João 17.18, conclui que em referência à missão dos discípulos, "não há *necessariamente* um tom de encarnação ou de invasão de outro mundo". Em vez disso, estamos face a face com "a lacuna ontológica que sempre distancia as origens da missão de Jesus e a origem da missão dos discípulos".[38] Não podemos encarnar de novo o ministério encarnacional de Cristo, assim como não podemos repetir a sua expiação. Nosso papel é *dar testemunho* do que Cristo já fez. Não somos novas encarnações de Cristo, e sim seus representantes que oferecem vida em seu nome,

---

38 D. A. Carson, *The Gospel According to John*, The Pillar New Testament Commentary (Grand Rapids: Eerdmans, 1990), 566.

proclamam o seu evangelho, rogam aos outros que se reconciliem com Deus (2 Co 5.20). Esta é a maneira como o Cristo exaltado realiza sua missão por meio de nós.

Então, como o envio do Filho por parte do Pai é um modelo para o sermos enviados pelo Filho? Köstenberger explica:

> O quarto evangelho não parece ensinar o tipo de "modelo encarnacional" advogado por Stott e outros. Nem a maneira como Jesus veio ao mundo (ou seja, a encarnação), e sim a natureza do *relacionamento de Jesus com aquele que o enviara* (ou seja, um relacionamento de obediência e total dependência) é apresentada no quarto evangelho como o modelo para a missão dos discípulos. Os seguidores de Jesus são chamados a imitar a devoção abnegada de Jesus em buscar a glória daquele que o enviara, a submeterem-se àquele que os enviava, a representarem-no com exatidão e o conhecerem de modo íntimo.[39]

Consequentemente, um foco no serviço humano e na necessidade física não era, pelo menos no evangelho de João, um propósito primário da missão de Jesus e da missão dos discípulos.[40] Se o contexto de João 20.21 nos diz alguma coisa, é que a missão dos discípulos consistia em usar as chaves do reino, abrir e fechar a porta chamada "perdão" (20.23, ver também Mt 16.19). João escreveu

---

39 Köstenberger, *The Missions of Jesus and the Disciples*, 217.
40 Ibid., 215.

seu evangelho para que sua audiência cresse "que Jesus é o Cristo, o Filho de Deus, e para que, crendo", tivessem "vida em seu nome" (Jo 20.31). Esta era a missão de João, como ele a entendeu. E temos muitas razões para pensar que João viu isto como o cumprimento da missão dada por Jesus, registrada um pouco antes. O Pai enviou o Filho para que, crendo em seu nome, os filhos de Deus tenham a vida (1.12). O Filho enviou os discípulos no mesmo espírito de completa rendição e obediência, para que eles fossem ao mundo e dessem testemunho daquele que é o caminho, a verdade e a vida (14.6).

JUNTANDO TUDO

Como juntamos tudo isso? Bem, por um lado, vimos muita diversidade entre as Grandes Comissões. Mateus enfatiza o discipulado. Lucas e Atos ressaltam o ser testemunha. E João salienta a natureza teológica de sermos enviados. A diversidade não se deve à variação de níveis de veracidade nos relatos, e sim aos objetivos singulares dos evangelistas.

No entanto, os relatos da Grande Comissão mostram mais semelhanças do que diferenças. Juntos, eles pintam um quadro complementar e abrangente da missão dos primeiros discípulos. Podemos resumir esta missão por respondermos sete perguntas:
- *Quem?* Jesus deu esta missão verbalmente aos primeiros discípulos, mas ela não terminou com a morte deles. Como Senhor da igreja, Jesus espera

que seus seguidores realizem esta missão "até aos confins da terra". A missão deles é a nossa missão.
- *Por quê?* A autoridade de nossa missão vem de Cristo. Está alicerçada na Palavra de Deus e baseada no envio do Filho por parte do Pai. Somos enviados porque Cristo foi enviado e vamos em nome dele, sob a sua autoridade.
- *O quê?* A missão consiste em pregar e ensinar, anunciar e testificar, fazer discípulos e dar testemunho. A missão se focaliza na inicial e contínua declaração verbal do evangelho, o anúncio da morte e da ressurreição de Cristo e da vida que achamos nele, quando nos arrependemos e cremos.
- *Onde?* Somos enviados ao mundo. Nossa estratégia não é mais "venham e vejam", e sim "vão e falem". A mensagem de salvação é para todos os grupos de pessoas – perto, longe e em todos os lugares intermediários.
- *Como?* Vamos no poder do Espírito Santo, em submissão ao Filho, assim como ele foi obediente ao Pai e dependente dele.
- *Quando?* A missão começou no Dia de Pentecostes, quando os discípulos foram revestidos de poder do alto, a presença do Espírito Santo. A missão durará até enquanto durar a promessa da presença de Cristo, ou seja, até ao fim desta era.
- *A quem?* A igreja deve fazer discípulos das nações. Temos de ir a todos os grupos de pessoas, proclamando as boas novas até aos confins da terra.

MAIS UMA COMISSÃO

Examinamos as comissões proferidas por Jesus após a ressurreição e antes da ascensão. Mas um estudo de missão não seria completo sem uma consideração do missionário por excelência do Novo Testamento, Paulo, o apóstolo dos gentios. Quando Jesus confrontou e converteu Saulo (depois, Paulo), na estrada de Damasco, ele também o comissionou com uma nova missão. Paulo, como "instrumento escolhido" de Jesus (At 9.15), tinha de ir, levar o nome de Cristo e sofrer muito por causa de seu nome (vv. 15-16). Em um relato diferente deste mesmo chamado, Paulo dá mais detalhes sobre o que Jesus o enviou exatamente a fazer:

> Por isto te apareci, para te constituir ministro e testemunha, tanto das coisas em que me viste como daquelas pelas quais te aparecerei ainda, livrando-te do povo e dos gentios, para os quais eu te envio, para lhes abrires os olhos e os converteres das trevas para a luz e da potestade de Satanás para Deus, a fim de que recebam eles remissão de pecados e herança entre os que são santificados pela fé em mim (At 26.16-18).

Como isso se expressou na vida de Paulo? É óbvio que ele sabia que evangelizar e fazer discípulo não eram as únicas atividades que valiam a pena ou a única maneira de ajudar as pessoas a agradar a Deus. Afinal de contas,

Paulo era um fazedor de tendas (At 18.3) e disposto a se lembrar dos pobres (Gl 2.10). Ele também ensinou que o amor cumpriu todas as exigências horizontais da lei (Rm 13.9; Gl 5.14). Todavia, ao mesmo tempo, ele não disse que não tinha mais "campo de atividade" em determinadas regiões porque havia amado bastante as pessoas daquelas regiões, e sim porque fundara e alimentara igrejas maduras por proclamar o evangelho (Rm 15.23).

Às vezes, argumenta-se que, embora o ministério de Paulo se centralizasse na evangelização verbal, há pouca evidência de que ele esperava que suas congregações seguissem a mesma missão. Em seu livro *Paul's Understanding of the Church's Mission* [O entendimento de Paulo da missão da igreja],[41] Robert Plummer confronta esta afirmação e formula um argumento convincente de que as congregações de Paulo eram comunidades evangelísticas. Considere, por exemplo, alguns poucos exemplos:

- A linguagem evangelística usada sobre a igreja de Tessalônica. A Palavra estava operando nos crentes (1 Ts 2.13-16). A Palavra estava se propagando (2 Ts 3.1); e a Palavra estava ecoando e repercutindo (1 Ts 1.18).
- Filipenses 1.12-28 sugere que Paulo esperava que Cristo fosse, de algum modo, pregado pela igreja em Filipos.

---

41 Robert L. Plummer, *Paul's Understanding of the Church Mission: Did the Apostle Paul Expect the Early Christian communities to Evangelize?* (Eugene, OR: Paternoster/Wipf and Stock, 2006).

- O calçado da armadura do evangelho, referido em Efésios 6.15, deveria tornar os crentes preparados para pregar "o evangelho da paz".
- O texto de 1 Coríntios 4.16 exortava a igreja primitiva a imitar a disposição de Paulo para sofrer como resultado de proclamar a loucura da cruz.
- De modo semelhante, 1 Coríntios 11.1 exorta os crentes a imitar o apóstolo em seu interesse salvífico pelos não salvos. Também vemos em 1 Coríntios 7.12-16 e 14.23-25 evidências de que os coríntios estavam interessados pela salvação de não crentes.
- Além destes exemplos de compartilharem ativamente o evangelho, vários textos bíblicos nos mostram como a igreja primitiva deveria dar passivamente testemunho de Cristo. Os textos de 2 Coríntios 6.3-7, 1 Tessalonicenses 2.5-12 e Tito 2.1-10 demonstram que "todos os vários segmentos da comunidade cristã devem viver de modo digno – não simplesmente por causa da obediência a Deus, mas também porque o comportamento deles recomendará o evangelho ou minimizará a sua relevância".[42]

Resumindo, então, seguimos o exemplo de Paulo de seguir a Cristo e sua Grande Comissão. Vemos em Atos que a responsabilidade de fazer discípulos foi dada a mais do que aos doze apóstolos. Vemos a mesma coisa nas epístolas de Paulo e em seu próprio ministério. A Grande

---

42 Ibid., 104-105. Estes pontos foram extraídos da resenha de Kevin sobre o livro de Plummer publicada no jornal eletrônico do ministério 9 Marcas.

Comissão é para toda a igreja, e do cumprimento dessa comissão Paulo é o modelo mais importante. Um estudo cuidadoso da vida e do ensino de Paulo mostra que a sua missão era tríplice: (1) evangelização inicial; (2) nutrir igrejas existentes por guardá-las do erro e alicerçá-las na fé e (3) estabelecê-las firmemente como congregações saudáveis através da exposição do evangelho e da instituição da liderança local.[43] Cremos que a missão de Paulo nos serve como modelo do que devemos estar fazendo no mundo, enquanto o alvo de Paulo for o nosso alvo (1 Co 10.33-11.1); e devemos ser companheiros na mesma obra que ele realizou (ver Fp 1.5, 14, 27, 30; 2.16).

UMA CONCLUSÃO PRELIMINAR

Há ainda diversos tijolos teológicos a serem assentados sobre o alicerce de nosso argumento (por isso, não feche o livro agora). Todavia, com o alicerce que lançamos neste capítulo, estamos prontos para oferecer a resposta em uma sentença à pergunta deste livro. *A missão da igreja é ir ao mundo e fazer discípulos, proclamando o evangelho de Jesus Cristo, no poder do Espírito, e reunindo esses discípulos em igrejas, para que eles adorem o Senhor e obedeçam aos seus mandamentos, agora e na eternidade, para a glória de Deus, o Pai.* Cremos que esta é a missão que Jesus deu aos seus discípulos antes de sua ascensão – a missão que ve-

---

43 Este resumo deve sua formulação básica a P. T. O'Brien, *Gospel and Mission in the Writing of Paul: An Exegetical and Theological Analysis* (Grand Rapids: Baker, 1993), 43, 64.

mos no Novo Testamento e a missão da igreja hoje.

Esta missão é um conjunto específico de coisas que Jesus enviou sua igreja a realizar no mundo. E esta missão é significativamente mais limitada do que "Deus ordena tudo". Não estamos dizendo que nossas obrigações mais amplas são insignificantes. Elas são importantes! Jesus e os apóstolos nos ordenam criar bem nossos filhos, ser maridos e mulheres amorosos, fazer o bem a todos e muitas outras coisas. Jesus até nos diz na Grande Comissão (como Mateus a relata) que devemos ensinar as pessoas a guardar "*todas as coisas* que vos tenho ordenado". Todavia, isso não significa que tudo que fazemos em obediência a Cristo deve ser entendido como parte da missão da igreja. A missão que Jesus deu à igreja é mais específica do que isso. E isso, por sua vez, não significa que outros mandamentos de Jesus não são importantes. Significa que a igreja recebeu uma missão específica de seu Senhor, e *ensinar* as pessoas a obedecerem aos mandamentos de Cristo é uma parte inegociável dessa missão. Nós vamos, anunciamos, batizamos e ensinamos – fazemos tudo isso com o propósito de fazer discípulos perseverantes e fiéis de Jesus Cristo, que obedecem a tudo que ele mandou.

Portanto, dizemos novamente: a missão da igreja – conforme vista na Grande Comissão, na igreja primitiva mostrada em Atos e na vida do apóstolo Paulo – é ganhar pessoas para Cristo e edificá-las em Cristo. Fazer discípulos – essa é a nossa tarefa.

PARTE 2
Entendendo Nossas Categorias

CAPÍTULO 3

Toda a História
Vendo a Narrativa Bíblica do Topo do Gólgota

NUNCA É UMA BOA IDEIA argumentar sobre um assunto bíblico – em especial, um assunto tão importante como a missão da igreja – com base em apenas alguns poucos textos. A Bíblia não é uma miscelânea de dizeres sentenciosos da qual podemos apanhar uma pepita aqui e uma pepita ali. Não, a Bíblia é uma história grande, abrangente e universal que traça a história do trato de Deus com a humanidade, desde o começo até ao fim. Se queremos realmente entender o que Deus está fazendo e o que ele quer que façamos, como seu povo, precisamos ter uma boa compreensão do que é essa história, quais são os seus principais temas, qual é o problema, qual é o remédio de Deus para o problema e o qual é o final da história.

Embora tenhamos começado este livro com alguns textos bíblicos específicos, nossa tese – de que a missão da igreja é proclamar o evangelho e fazer discípulos – não se fundamenta somente nos textos da Grande Comissão. Pelo contrário, cremos que esses textos são tão importantes exatamente porque toda a narrativa da Bíblia se move em direção a eles.

UM BOM LUGAR PARA COMEÇARMOS

O caminho para entendermos a história bíblica desde o começo até ao fim é começarmos pelo meio, com a morte e a ressurreição de Jesus. Você já observou que os escritores dos evangelhos, embora nos contem a história da vida e ensino de Jesus empregando diferentes acontecimentos e perspectivas diferentes, todos eles trazem sua narrativa a um clímax em que retratam Jesus pendurado na cruz, morrendo e, depois, ressurgindo dos mortos? Afirma-se que todas as quatro narrativas dos evangelhos são realmente narrativas da paixão com introduções desenvolvidas![1] Isso talvez seja um pouco exagerado, mas a ênfase dos evangelhos é bem compreendida. A crucificação e a ressurreição de Cristo são, indiscutivelmente, o pináculo de todos os quatro evangelhos.

---

1 Esta frase foi cunhada pela primeira vez pelo teólogo alemão Martin Khäler, no século XIX, especificamente sobre o evangelho de Marcos, mas ele a aplicou a todos os quatro evangelhos. Ver *The So-Called Historical Jesus and the Historic, Biblical Christ* (Philadelphia: Fortress, 1964), 80.

A mesma coisa poderia ser dita sobre a Bíblia como um todo. A crucificação-ressurreição não é apenas um acontecimento entre muitos da vida de Jesus. É *o* acontecimento para o qual todo o Antigo Testamento está voltado. Desde o ato de Deus em fazer vestes de pele de animal para Adão e Eva ao sistema de sacrifícios na lei de Moisés, ao sofrimento representativo do rei de Israel, à profecia de Isaías sobre um sofredor Servo do Senhor, à profecia de Zacarias de um Pastor ferido, o Antigo Testamento aguarda o seu cumprimento em um Rei que sofreria, morreria e triunfaria.

Por quê? Por que o evangelho se focaliza precisamente na morte de Jesus e em sua ressurreição subsequente? Por que a lei e os profetas apontam tão inflexivelmente para a morte do Messias? E, quanto a isso, por que os apóstolos disseram algo extraordinário e perigoso como "Decidi nada saber entre vós, senão a Jesus Cristo e este crucificado" (1 Co 2.2).

A resposta para estas perguntas, acreditamos, se acha em entendermos uma questão que não está no âmago da história bíblica: *como podem pessoas terrivelmente rebeldes e pecaminosas viver na presença de um Deus perfeitamente justo e santo*? Como podem pessoas justas viver na presença de um Deus justo? Ou, ainda, como podem pessoas pecaminosas viver na presença de um Deus *imparcial*? Mas a pergunta a respeito de como pessoas pecaminosas podem viver na presença de um Deus justo não é fácil – especialmente quando a Bíblia nos diz: "O que justifica o perverso e o que condena o justo abomináveis são para o SENHOR" (Pv 17.15; ver também 24.24). Na verdade, acreditamos que essa é a pergunta que norteia a narrativa bíblica desde o começo até ao fim. Ela define o propósito original da criação, descreve o problema que ameaça destruir-nos, todos, exige o remédio do evangelho e aponta para a grande conclusão de tudo, quando o problema é, finalmente, resolvido, e o povo de Deus vive em sua presença para sempre.

Não somente por motivo de clareza (e por causa de alguns de vocês que só folheiam livros, em vez de lê-los!), vamos pular para as conclusões antes de lidarmos com o assunto. Se este entendimento da narrativa bíblica está correto – se, acima de tudo, a Bíblia é a história de como Deus criou e está criando um povo redimido que pode receber o maravilhoso dom de viver na presença dele, tanto agora como em toda a eternidade –, não nos surpreende o fato de que Jesus terminou seu ministério terreno dizendo aos seus discípulos: "Sereis minhas testemunhas" (At 1.8). Não nos surpreende que ele os enviou à História com a ordem: "Ide... fazei discípulos" (Mt 28.19). Afinal de contas, é exatamente assim que o grande problema é resolvido: pessoas pecaminosas são trazidas à presença de Deus por se tornarem discípulos de Jesus, por meio da fé e do arrependimento, e podem fazer isso somente mediante o testemunho dos apóstolos, quando eles proclamam as boas novas sobre quem é Jesus, o que ele fez e, em resultado, como devemos responder a ele.

UMA HISTÓRIA: QUATRO FATOS

A estrutura básica da narrativa bíblica parece desdobrar-se em quatro grandes atos: criação, queda, redenção e consumação. Começa com a criação da humanidade em relacionamento perfeito com Deus, continua com a queda da humanidade no pecado, prossegue com o plano de Deus de redimir um povo pecador e termina na consumação gloriosa (ou seja, a culminação, a perfeição) do reino de Deus sobre o seu povo redimido.

Criação

A Bíblia começa com a afirmação inequívoca de que, "no princípio, criou Deus os céus e a terra" (Gn 1.1). Visto que Deus criou todas as coisas, ele reina sobre tudo (ver Dt 10.14; Jó 41.11; Sl 24.1; 115.3, etc.). Isso nos inclui como seres humanos, que foram criados como o ato mais sublime da criação de Deus e como portadores de sua imagem (Gn 1.26-27). Somos criaturas; ele é o Criador; e esse fato monta o palco para toda a história da humanidade.

Vários autores têm começado a argumentar que a humanidade é apenas uma parte da vasta criação de Deus e que o homem, de fato, deriva seu significado de ser *parte* dessa criação.[2] Por isso, eles afirmam, Deus

---

2 Por exemplo: "Logo, a terra tem valor intrínseco – ou seja, o seu valor é dado por Deus, que é a fonte de todo valor. Deus valoriza a terra porque ele a criou e é o seu dono. Não basta dizer que a terra é valiosa para nós. Pelo contrário, *nosso próprio valor como*

ama a criação e, *consequentemente*, ama o homem. Deus há de redimir toda a criação e, *portanto*, a humanidade será redimida. No entanto, o ensino bíblico segue na direção oposta.[3] A prioridade, tanto no que concerne à maldição como à redenção, está nos seres humanos, e não na criação. Deus disse a Adão: "maldita é a terra por tua causa" (Gn 3.17). E Paulo disse, em Romanos, que, quando a criação for libertada da maldição, isso se dará por meio de ela ser envolvida na "liberdade da glória dos filhos de Deus" (Rm 8.21).[4] A liberdade *pertence* aos filhos de Deus; a criação *compartilha* dessa liberdade.

Por que Deus criou o homem? A razão mais importante é que os seres humanos foram criados para viver em harmonia e comunhão perfeita com Deus. Diferentemente de qualquer outra criatura, o homem é criado à imagem e semelhança de Deus, o que no mínimo envolvia um relacionamento único com ele.

Além de viverem em comunhão com Deus, Adão e Eva deviam também governar a criação e cuidar dela, como vice-regentes de Deus, tendo "domínio" sobre ela. Receberam toda a criação para governarem, mas, é claro,

---

seres humanos começa do fato de que nós mesmos somos parte de toda a criação que Deus valoriza e declara ser boa. Em certo momento, teremos mais a dizer sobre a vida humana, mas o ponto de partida é que *obtemos o nosso valor da criação da qual somos parte, e não vice-versa*". Christopher Wright, *The Mission of God* (Downers Grove, IL: InterVarsity, 2006), 399 – ênfase acrescentada).

3 Quanto a vários argumentos exegéticos no sentido de que a criação do homem é a realização sublime, o ponto mais elevado da história da criação, ver Peter Gentry, "Kingdom through Covenant", *Southern Baptist Journal of Theology* (Spring 2008): 22-23.

4 Ver John Piper, "The Triumph of the Gospel in the New Heavens and the New Earth", disponível online em http://www.desiringGod.org.

sem maltratá-la e tiranizá-la e, em vez disso, administrá-la por meio de "cultivar e guardar" a terra (Gn 2.15).[5] Entretanto, a autoridade que eles tinham sobre a criação não era absoluta. Era uma autoridade derivada de e submissa ao próprio governo de Deus sobre a criação. Sim, Adão e Eva teriam "domínio" sobre os peixes do mar e as aves dos céus, mas deveriam exercer esse domínio como servos do próprio Deus. Deus era o Rei supremo. Adão e Eva eram apenas mordomos. Assim como um rei do antigo Oriente Próximo podia ser chamado de a "imagem" do seu deus pagão – ou seja, representava a majestade e a autoridade do seu deus para com seus súditos –, Adão representava a autoridade de Deus para o mundo sobre o qual recebera domínio.

No mundo "muito bom" que Deus havia criado, os seres humanos ocupavam uma posição singular e privilegiada. Eles não somente deveriam governar o mundo em sujeição à autoridade suprema de Deus – servindo-o como vice-regentes –, mas também deveriam ter com ele um relacionamento que nenhuma outra criatura tinha. Eles deveriam, como filhos de Deus, viver e andar com ele em comunhão perfeita.

---

5   Peter Gentry mostrou proveitosamente como a criação de Adão e Eva à imagem e semelhança de Deus aponta para estes dois papéis – comunhão e domínio. Por um lado, ser criado à semelhança de Deus parece indicar o relacionamento especial de filiação de Adão para com Deus. Assim como a Bíblia diz que Adão "gerou um filho à sua semelhança", Sete, ela também diz que Adão foi criado "à semelhança de Deus" (Gn 5.1, 3). A analogia não é exata; não há aqui o ensino de que Adão é o filho *físico* de Deus. Mas a criação dos homens à semelhança de Deus sugere um relacionamento singular de paternidade que Deus tencionava ter conosco. Por outro lado, ser criado à "imagem" de Deus, Gentry argumenta, "indica que Adão tinha uma posição e status especial como rei sob a autoridade de Deus" (Gentry, "Kingdom through Covenant", 27-33).

Queda

Então, é claro, as coisas deram errado.

Gênesis 3 conta a história trágica de como Adão e Eva desobedeceram a Deus, merecendo sua ira e o banimento de sua presença. Desde o começo, Deus os tinha advertido de que havia uma dentre todas as árvores do jardim que não lhes pertencia. A autoridade deles para governar e subjugar não se estendia àquela árvore. De fato, aquela árvore era um lembrete impressionante de que a autoridade deles não era total; havia Alguém para com quem eram responsáveis e que tinha o direito de dar-lhes ordens.

Essa foi a razão por que a atitude de Adão e de Eva de comerem do fruto foi um pecado tão trágico. O fato não é que eles apenas transgrediram um mandamento arbitrário que Deus estabelecera sem qualquer boa razão. Ao tomarem o fruto, Adão e Eva pensaram – como a serpente sugeriu – que eles poderiam ser "como Deus" (Gn 3.5). Eles ansiavam por mais poder e mais autoridade do que o próprio Deus lhes dera. Insatisfeitos com seu lugar exaltado na criação como portadores da imagem de Deus, eles tentaram possuir o que não lhes pertencia e desafiar a autoridade e o governo de Deus. Em essência, ao comerem o fruto, eles promoveram rebelião contra Deus e fizeram uma declaração de independência.

Quando Deus falou a Adão que ele não poderia comer daquela árvore que havia no meio do jardim, Deus lhe explicou em termos claros: "Da árvore do conhecimento do bem e do mal não comerás; porque, no dia em que dela comeres, certamente morrerás" (Gn 2.17). É claro pela maneira como a história se desenvolve que não se referia à morte física. Afinal de contas, quando Adão pecou, ele não morreu de imediato – não fisicamente. A morte que Adão experimentou foi, antes de tudo, uma morte espiritual. Visto que Adão falhou em guardar o jardim (e sua esposa), visto que ele permitiu Satanás entrar no cenário e visto que ele falhou em confiar na promessa e no propósito de Deus, o relacionamento amoroso de filho e pai entre Adão e Deus foi rompido.

É importante reconhecermos que o relacionamento que Adão quebrou não foi um relacionamento entre iguais. Era o relacionamento de uma criatura com o Criador, de vice-regente com o Governador, de um súdito com o Rei. E, como resultado, ele tinha não somente um elemento emocional e relacional, mas também um elemento legal e moral. É importante entendermos isso, porque, se falharmos em entender a natureza do rompimento, entenderemos mal a história de toda a Bíblia.

Tudo isso é ressaltado mais pungentemente no último versículo de Gênesis 3: "E, expulso o homem, [Deus] colocou querubins ao oriente do jardim do Éden e o refulgir de uma espada que se revolvia, para guardar o caminho da árvore da vida" (v. 24). Foi uma penalidade arrasadora para Adão. Deus não tiraria a vida física de Adão imediatamente. Mas ele o lançaria fora de seu paraíso, fechando o caminho de volta à árvore da vida com uma espada refulgente de um anjo.

Resumo

Assim terminaram o primeiro e o segundo atos, e o palco está montado para o resto da história bíblica. Ainda que esta seja uma das partes mais familiares da narrativa bíblica para muitos de nós, convém fazer uma pausa e ter certeza de que vemos algumas coisas fundamentais.

Primeira, e a mais importante, *o principal problema que a Bíblia apresenta em seus três capítulos iniciais é a separação entre o homem e Deus.* Certamente, há enormes consequências que fluem do pecado do homem e de sua alienação de Deus. Os relacionamentos entre os seres humanos são rompidos. Deus falou à mulher: "O teu desejo será para o teu marido, e ele te governará" (Gn 3.16), indicando que ela desejaria pecaminosamente dominar seu marido (cf. Gn 4.7) e que ele tenderia pecaminosamente a dominá-la. Deus também disse a Satanás que haverá "inimizade entre a tua descendência e o seu descendente [da mulher]" (Gn 3.15). E o resultado disso seria conflito não somente na família, mas também em toda a sociedade (ver Gn 4.8, 23). Além disso, a ordem criada é afetada pela queda de Adão (Gn 3.17). O solo não daria mais prontamente o seu fruto a Adão. Agora, ele terá de trabalhar para obter alimentos; trabalhará "em fadigas" e "no suor do [seu] rosto".

Em meio a todo este sofrimento, temos de lembrar que todas estas tragédias – a alienação entre o homem e o seu próximo e a alienação entre o homem e seu mundo – são sintomas do problema que está por trás, a alienação entre o homem e Deus. A decisão de Adão de rebelar-se contra Deus precipitou todo o resto. Deus enfatiza isso duas vezes na maldição que ele pronunciou sobre Adão:

> Visto que [tu] atendeste a voz de tua mulher e comeste da árvore... maldita é a terra por *tua causa* (Gn 3.17).

O problema fundamental, aquele que é a fonte de todos os outros, é o relacionamento rompido com Deus.

Segunda, devemos observar que mesmo nos primeiros momentos terríveis depois do pecado de Adão, *a esperança de salvação não é Adão trabalhar para levar o mundo de volta ao seu estado original "muito bom"; antes, é Deus realizar a salvação por meio de um Mediador*. No meio de todas essas más notícias pós-Queda, o primeiro indício de um "evangelho", uma boa notícia, vem de Gênesis 3.15. Deus promete a Satanás que o Descendente da mulher "te ferirá a cabeça, e tu lhe ferirás o calcanhar" (Gn 3.15). Isso é uma descrição notável da vitória de Cristo sobre a Serpente, se você já conhece o final da história. Satanás fere realmente o calcanhar de Cristo (uma ferida, mas não fatal), mas Cristo esmaga a cabeça de Satanás, por meio de sua morte na cruz e de sua ressurreição. Essa é a maneira como Deus realizará a salvação.

Novamente, não há nada nos capítulos iniciais de Gênesis que nos leve a crer que a obra de retornar o mundo ao seu estado original "muito bom" recai sobre Adão. Deus não lhe dá essa incumbência. E a razão para isso é que Adão a arruinou. O seu mandato original era proteger o jardim e cultivá-lo, para construir a partir dali uma sociedade que glorificaria perfeitamente a Deus. Mas ele falhou totalmente em cumprir a tarefa. Quando Deus expulsa Adão e Eva do jardim, ele não o faz dando-lhes uma missão de continuarem a obra de edificar o mundo e torná-lo um paraíso que glorifica a Deus. A existência de Adão no mundo não seria mais uma existência de progresso contínuo em direção à piedade; seria uma existência de frustração e trabalho doloroso em um mundo que seria relutante e hostil para com ele. Não, a obra de reparar o desastre recai sobre outro, o Descendente da mulher que esmagará a cabeça da Serpente.

Terceira, *estes temas de separação de Deus e de salvação por meio de um Mediador são centrais a toda a narrativa da Bíblia.* Desde Gênesis 3 até Apocalipse 21, a Bíblia é a história de como um Deus perfeitamente justo e santo agiu para trazer seres humanos pecaminosos de volta à sua presença e favor. É a história de como Deus removeu, com justiça e retidão, a espada flamejante de Gênesis 3.24 e reabriu para seu próprio povo o caminho à árvore da vida. Portanto, agora nos voltamos ao ato de redenção.

Redenção

A história de como Deus redimiu um povo para si mesmo, tornando-os novamente capazes de habitar em sua presença e viver em seu reino, não é uma história curta. Ela começa em Gênesis 3, quando Deus promete a vinda dAquele que esmagará a cabeça da Serpente, continua no ato de Deus em expulsar Adão e Eva do jardim e não termina até que uma humanidade redimida esteja diante do trono de Deus, desfrutando da grande bênção de viver novamente na sua presença. Como Apocalipse 22.4 diz tão gloriosamente: "Contemplarão a sua face".

De Adão a Noé – o progresso do pecado

À medida que os anos se passam, depois da Queda, se torna claro que a humanidade não está retornando à fidelidade para com Deus. A história de Gênesis 4 a 11 é de declínio contínuo a pecado maior e mais profundo. No começo de Gênesis 6, a impiedade dos homens se tornou desenfreada: "Viu o SENHOR que a maldade do homem se havia multiplicado na terra e que era continuamente mau todo desígnio do seu coração" (Gn 6.5). A terra estava "cheia de violência" e "corrompida", porque "todo ser vivente havia corrompido o seu caminho na terra" (Gn 6.11-12). Alguém pode perguntar se Adão, ao ver toda a impiedade que acontecia ao seu redor, reconheceu o que o pecado havia feito. A Bíblia nos diz que Adão viveu 930 anos; e isso significa, impressionantemente, que ele viveu tempo suficiente para balançar o pai de Noé em seus joelhos envelhecidos! Adão relacionou a impiedade crescente ao seu redor com o seu próprio pecado? Ele lamentou durante toda a sua vida as alegrias do Éden e a comunhão que desfrutara com Deus antes do pecado? A Bíblia não diz.

Mesmo depois do Dilúvio, através do qual Deus resgatou o único homem justo – Noé – e sua família, a impiedade do homem não foi erradicada. Imediatamente, o pecado empina de novo sua horrível face na bebedeira de Noé e no desrespeito de Cam para com seu pai (Gn 9.21-22) e, em seguida, atinge outra vez um ponto crítico na ideia dos homens de que deveriam construir uma torre "cujo tope chegue até aos céus" (Gn 11.4). Isto foi um ato de grande insolência, uma proposta para tornar "célebre o nosso nome" e provar que a humanidade era ilimitada em sua capacidade e no seu alcance. Vendo o orgulho da humanidade, Deus os julgou novamente, confundindo sua linguagem e espalhando-os pela face da terra.

Apesar de tudo isso, Deus não desistiu de salvar a humanidade. Isso é claro em sua aliança com Noé, depois do Dilúvio, quando Deus prometeu que nunca mais destruiria a terra com água (Gn 9.9-17). De fato, a intenção de Deus era muito maior do que uma simples promessa de não destruir. Ele tencionava realmente redimir a humanidade e trazer os homens de volta à comunhão com ele mesmo. Essa intenção estava indicada na promessa de Gênesis 3.15 e, de novo, em Deus salvar Noé através do julgamento do Dilúvio. A arca que Deus ordenara Noé construísse é uma figura da promessa de Deus de que ele resgatará a humanidade – por sua própria ação salvadora – através do seu julgamento contra o pecado.

Abraão

O plano de Deus para trazer a humanidade de volta à comunhão com ele dá o seu próximo passo quando Deus promete, unilateralmente, abençoar Abrão (mais tarde, Abraão) e fazer dele uma bênção para o mundo (Gn 12.1-3). Essa promessa é repetida diversas vezes em toda a história de Gênesis (13.14-17; 15.4-5; 17.1-14; 18.18; 22.16-18; 26.2-5; 28.13-15; 35.10-12), mas a estrutura central da promessa está contida no capítulo 12. Examinando com mais atenção essa passagem, podemos ver que Deus estava prometendo três coisas a Abraão, se ele obedecesse à chamada de Deus.

Primeira, *Deus prometeu a terra a Abraão*. "Sai... para a terra que te mostrarei" (Gn 12.1). Neste momento, Deus não especifica a terra, nem diz especificamente que *dará* aquela terra a Abraão. Mas a ideia está pelo menos implícita. E, em Gênesis 13.14-17, Deus torna claro o fato de que aquela terra deve ser dada a Abraão e seus descendentes. Não somente isso, mas, visto que eles estão novamente na terra, Deus afirma que restaurará a comunhão com eles:

> Estabelecerei a minha aliança entre mim e ti e a tua descendência no decurso das suas gerações, aliança perpétua, para ser o teu Deus e da tua descendência. Dar-te-ei e à tua descendência a terra das tuas peregrinações, toda a terra de Canaã, em possessão perpétua, e serei o seu Deus (Gn 17.7-8).

Esse refrão "serei o seu Deus" aparece repetidas vezes na história de Israel e declara a intenção de Deus nesta grande obra de redenção. Deus trará o povo à terra e os purificará de seu pecado. Assim, eles serão povo de Deus, e ele será o seu Deus.

Segunda, *Deus promete a Abraão uma descendência e um grande nome*. "De ti farei uma grande nação, e te abençoarei, e te engrandecerei o nome" (Gn 12.2). De novo, a maneira como Deus fará isso é deixada para depois, mas a promessa é bastante clara. Embora Abraão tenha idade avançada, e sua esposa seja estéril, Deus promete que seus descendentes serão "como as estrelas dos céus e como a areia na praia do mar" (Gn 22.17). Deus também diz a Abraão que tornará grande o seu nome – uma rejeição pungente do desejo de autoengrandecimento dos homens, o desejo de tornarem "célebre" o seu nome, na torre de Babel. Abraão não faria o seu próprio nome. Deus o faria por ele.

E isto acontece com frequência na história bíblica: a verdadeira importância desta promessa de que Abraão será o pai de uma grande nação será entendida plenamente apenas mais tarde. O Salvador do mundo – aquele que esmagará finalmente a cabeça da Serpente – surgirá dos descendentes de Abraão. "Ora, as promessas foram feitas a Abraão e ao seu descendente", Paulo nos revela. "Não diz: E aos descendentes, como se falando de muitos, porém como de um só: E ao teu descendente, que é Cristo" (Gl 3.16). Em outras palavras, o ponto crucial e a glória da promessa de Deus para dar a Abraão uma "descendência" não é tanto que milhões de "filhos de Abraão" surgirão dele, e sim o fato de que o próprio Salvador será um dos descendentes. Como Paulo diz, todas as promessas têm cumprimento no "descendente" de Abraão, e não nos descendentes. A verdadeira grandeza da nação de Israel é que "deles descende o Cristo, segundo a carne, o qual é sobre todos, Deus bendito para todo o sempre. Amém" (Rm 9.5).

Terceira, *Deus promete que fará de Abraão uma bênção.* "Em ti serão benditas todas as famílias da terra" (Gn 12.3; ver também 12.2). Como vimos antes neste livro, isso não é uma comissão para abençoar as nações, e sim uma promessa de que bênção virá por meio da descendência (ou, segundo Paulo, do Descendente) de Abraão. Em Gálatas 3.8-9, Paulo ressaltou isto a respeito da bênção: "Ora, tendo a Escritura previsto que Deus justificaria pela fé os gentios, preanunciou o evangelho a Abraão: Em ti, serão abençoados todos os povos. De modo que os da fé são abençoados com o crente Abraão" (Gl 3.8-9).

Você percebe como Paulo entendia a bênção que Abraão traria às nações? Paulo a uniu diretamente com a intenção de Deus de "justificar pela fé os gentios". A grande bênção que Abraão traria às famílias da terra era nada mais do que serem justificadas – declaradas justas – por meio de Cristo.

Moisés e o Êxodo

O plano de redenção de Deus continua à medida que ele reitera suas promessas a Abraão e aos seus descendentes – primeiramente, a Isaque e, depois, a Jacó. No decorrer do tempo, os descendentes de Jacó se acham escravizados no Egito, e Deus usa Moisés como instrumento para libertar seu povo da escravidão a Faraó. Esse acontecimento, o êxodo do povo de sua escravidão ao Egito se tornou crucial para a identidade de Israel. Repetidas vezes, Deus lembra ao seu povo que ele é aquele que "te tirei da terra do Egito" (Êx 20.2), "te tirou dali com mão poderosa" (Dt 5.15) e estendeu a sua "destra" contra os exércitos do Egito (Êx 15.12). Não somente isso, mas os profetas olharam para trás, para o êxodo, e o viram como uma figura da salvação plena e final de Deus para seu povo.

Por causa disto, alguns têm argumentado que o êxodo do Egito provê um paradigma pelo qual devemos entender todo o programa de redenção de Deus. Christopher Wright, por exemplo, argumentou que nosso entendimento da redenção, do evangelho e da missão da igreja deve ser "moldado no êxodo". Em outras palavras, visto que o êxodo do Egito teve componentes políticos, sociais e econômicos, temos de entender que o evangelho, a redenção e a nossa missão têm componentes políticos, sociais e econômicos. Há certa lógica convincente neste argumento, visto que a salvação final do povo de Deus incluirá certamente esses aspectos.

No entanto, há problemas significativos nesse entendimento. Talvez o mais importante é que os escritores do Novo Testamento não tratam o êxodo dessa maneira. Em seus escritos, como nos profetas, o êxodo funciona realmente como um tipo (ou paradigma) da redenção, mas a tipologia não é uma questão de aplicar *cada aspecto* de um tipo ao seu antítipo. Assim, quando o Novo Testamento fala sobre o êxodo como um tipo da salvação, o que ele focaliza não é, *de modo algum*, os seus aspectos políticos e econômicos. Pelo contrário, ele focaliza o quadro que o êxodo proporcionou da salvação *espiritual* que Deus estava realizando. Em Mateus 2.15, por exemplo, quando o evangelista une explicitamente Jesus à redenção de Israel do Egito, ele não evoca quaisquer implicações políticas ou econômicas. Mateus já tinha dito que a missão de Jesus é salvar "o seu povo dos pecados deles", e em 2.15 ele une o próprio êxodo a esse propósito. Era como se Mateus estivesse dizendo: "Se vocês pensam que o êxodo foi uma grande redenção, ainda não viram nada!" Em Efésios 1.7, Paulo também adota essa linguagem de "redenção" – usada notoriamente para descrever o êxodo – e a coloca em termos de salvação do pecado: "No qual temos a redenção, pelo seu sangue, a remissão dos pecados". De modo semelhante, em Colossenses 1.13-14, o apóstolo evoca o êxodo com a imagem de os cristãos serem tirados do reino de Satanás: "Ele nos libertou do império das trevas e nos transportou para o reino do Filho do seu amor, no qual temos a redenção, a remissão dos pecados". Mais uma vez, a linguagem e a figura do êxodo são usadas para falar não sobre redenção econômica e política, mas sobre redenção *espiritual*.

Portanto, embora o êxodo pareça realmente funcionar como um paradigma da salvação, temos de ser cuidadosos à medida que os apóstolos o empregam. Devemos ver no êxodo a redenção que Deus operou para seu povo, tirando-o da escravidão; e devemos regozijar-nos com o fato de que ele também nos redimiu da escravidão – não escravidão a um poder político estrangeiro, e sim escravidão ao pecado. Devemos também reconhecer que no último dia Deus corrigirá todas as coisas – política, social e economicamente. E devemos nos alegrar com certa esperança. Contudo, iríamos além da evidência da Escritura – e além da prática e dos escritos dos apóstolos –, se nos apropriássemos do êxodo em cada aspecto literal como o padrão de nossa missão no mundo. Os escritores dos evangelhos não o usaram dessa maneira. Os apóstolos não o usaram dessa maneira. E nós mesmos não devemos usá-lo dessa maneira.

Moisés e a nação de Israel

Depois do êxodo do Egito, Deus constituiu o povo de Israel como uma nação e lhe deu a sua lei. A tensão central na lei de Moisés, como no resto da narrativa bíblica, é como um Deus santo e justo pode viver entre um povo rebelde e pecaminoso. É uma tensão que atua em vários pontos da história. Mesmo no momento do próprio êxodo, Deus deixou claro para seu povo que eles não eram inocentes e que sangue teria de ser derramado para que eles fossem redimidos. Por isso, Deus lhe deu instruções para imolarem o cordeiro da Páscoa (Êxodo 12).

Se o povo de Deus não obedecesse, imolasse o cordeiro e pusesse o sangue nas estruturas das portas, seriam tratados da mesma maneira como o foram os egípcios condenados. Não era os israelitas em si mesmos que o anjo procurava, e sim o sangue do cordeiro imolado.

Mesmo depois da saída do Egito, é claro que o povo não tinha um relacionamento livre e perfeito com Deus. Eles ainda eram um povo pecaminoso e, como resultado, deviam manter-se separados de Deus. Por isso, Deus falou a Moisés, em Êxodo 19.12-13, que estabelecesse limite ao redor do monte Sinai e proibisse as pessoas de subirem o monte ou de tocarem o seu limite. Se alguém fizesse isso, Deus falou, seria morto. Deus os escolhera e os resgatara, mas o pecado deles ainda permanecia, e o exílio do Éden ainda estava em vigor.

A lei, que Deus transmitiu no monte Sinai e que Moisés codificou no Pentateuco, tem sido descrita, de modo engraçado, como o manual de instruções para uma ogiva nuclear. Isso é uma figura esclarecedora! Uma vez que o Deus do universo habitava entre eles, Israel estava, de fato, vivendo com algo semelhante a uma ogiva nuclear em seu meio, e tinham de ser bastante cuidadosos a respeito de como lidar com Deus. Os filhos de Corá e Uzá aprenderam da pior maneira que Deus não é alguém que podemos tratar com leviandade.

Por isso, foi estabelecido o sistema de sacrifícios. Na lei, Deus dá ao seu povo instruções a respeito de como eles podem expiar seu pecado e, assim, não serem destruídos, por estarem na presença do Senhor. Aqueles sacrifícios apontavam também para o fato de que a penalidade do pecado é a morte e de que, para os seres humanos viverem com Deus, essa penalidade teria de ser paga por alguém. Este é o propósito, por exemplo, do bode expiatório. Levítico 16.21-22 descreve a prática:

> Arão porá ambas as mãos sobre a cabeça do bode vivo e sobre ele confessará todas as iniquidades dos filhos de Israel, todas as suas transgressões e todos os seus pecados; e os porá sobre a cabeça do bode e enviá-lo-á ao deserto, pela mão de um homem à disposição para isso. Assim, aquele bode levará sobre si todas as iniquidades deles para terra solitária; e o homem soltará o bode no deserto.

O bode não era enviado ao deserto para brincar e se divertir lá, como se isso fosse uma coisa boa. Não, ser solto no deserto é uma sentença de morte para o animal. Os pecados de Israel eram transferidos simbolicamente para o bode, que morria no lugar deles.

Tudo isso, é claro, aponta para a morte sacrificial de Jesus, na cruz, em lugar do seu povo. Por isso, o autor de Hebreus escreveu:

> Portanto, se o sangue de bodes e de touros e a cinza de uma novilha, aspergidos sobre os contaminados, os santificam, quanto à purificação da carne, muito mais o sangue de Cristo, que, pelo Espírito eterno, a si mesmo se ofereceu sem mácula a Deus,

purificará a nossa consciência de obras mortas, para servirmos ao Deus vivo (Hb 9.13-14).

Na história de Moisés e na outorga da lei, o problema central que está sendo abordado é como um povo pecador e rebelde pode viver na presença de um Deus santo. Repetidas vezes, Israel leva essa tensão ao limite. A murmuração e as queixas deles levaram Deus ao ponto de destruí-los antes que Moisés intercedesse e fizesse expiação por eles. Certamente, isso não é uma história da humanidade achando o seu lugar e trabalhando para restaurar a criação ao seu estado edênico. Pelo contrário, é a história do povo eleito provando, apesar de todas as suas vantagens, que eles eram indignos de viver na presença de Deus e a história de um Deus gracioso e paciente fazendo provisão e expiação por eles.

O rei Davi

O povo de Israel exigiu que Deus lhes desse um rei. Deus fez isso, apesar do fato de que a exigência representava uma rejeição de seu governo direto sobre eles. O primeiro rei, Saul, se tornou desobediente e foi, por fim, rejeitado por Deus como rei, para dar lugar a Davi, "um homem que lhe [Deus] agrada" (1 Sm 13.14). Durante vários anos, Davi esperou pacientemente que Deus lhe desse a coroa, e, quando isso finalmente aconteceu, Deus fez algumas promessas extraordinárias a Davi. Deus prometeu engrandecer o nome de Davi (2 Sm 7.9) e estabelecer a dinastia de Davi para sempre (7.13, 16). Não somente isso,

Deus também prometeu a Davi todas as mesmas coisas que prometera a Abraão: a promessa da terra (7.10) e a da descendência (7.12). É verdade que não há aqui menção explícita de bênção para todas as nações, mas os salmistas e os profetas suplementam excelentemente esse ponto. Por isso, em Salmos 2, Deus diz ao rei:

> Pede-me, e eu te darei as nações por herança e as extremidades da terra por tua possessão (v. 8).

E para as nações a bênção é evidente: "Bem-aventurados todos os que nele se refugiam".[6]

Você pode ver o que acontece nesta passagem. Todas as promessas que Deus fez a Abraão, que foram legadas a Isaque e Jacó e, depois, à nação de Israel, vêm recair em uma única pessoa, o Rei de Israel. Acham seu cumprimento em e por meio de alguém que se assenta no trono de Israel. De fato, à medida que Deus revela mais e mais do seu plano para eles, os profetas começam a ver que todas essas promessas terão seu cumprimento final – ou seja, a reconciliação final do homem com Deus será realizada – por meio do sofrimento e da morte deste Rei, como representante de seu povo. Por isso, em Isaías, se torna claro que o Rei vindouro referido nos capítulos 9 e 11 é, de fato, *a mesma* pessoa descrita como

---

6   Ver também Is 2.2; 60.3-4; Jr 3.17; Mq 4.1-2; Zc 2.11 e outras passagens, segundo as quais as nações subirão a Jerusalém para adorar o Senhor, no último dia. Ver também Is 19.23-25, segundo a qual, "naquele dia" o Egito e a Assíria serão chamados admiravelmente de "meu povo" e "obra de minhas mãos".

Servo sofredor no capítulo 53. O Rei não apenas governa seu povo, em um reino de amor e compaixão; ele leva as iniquidades deles, para que possam ser considerados justos (Is 53.11) e trazidos de volta ao relacionamento perfeito e ininterrupto com Deus.

É claro que nenhum dos reis da linhagem de Davi viveu à altura destas grandes promessas registradas em 2 Samuel. Por um tempo, houve uma era dourada, de paz e prosperidade, sob o governo de Salomão, o filho de Davi. Mas Salomão falhou em promover a salvação do povo de Deus, e ele mesmo caiu em pecado. O reino se dividiu em duas partes sob o domínio de Roboão, o neto de Davi, e a história dos reis declinou em uma exposição de atos horríveis, com exceções notáveis, aqui e ali. Por fim, o trono do reino do Norte, Israel, se perdeu no exílio, e o último rei de Judá, Zedequias, viu seus filhos serem mortos, teve seus olhos vazados e foi levado em cadeias ao exílio na Babilônia (2 Rs 25.7). Sim, o rei da Babilônia o tratou gentilmente enquanto ele esteve em cativeiro. Contudo, embora houvesse algum presságio de restauração, foi, no máximo, a piedade, e não o temor, que levou o rei da Babilônia a tratar daquela maneira o herdeiro de Davi. É assim que termina a história dos reis de Israel... pelo menos, por um momento.

Cristo

Desde as suas primeiras páginas, o Novo Testamento faz a impressionante afirmação de que o trono de Davi não está mais vazio. O grande Rei prometido, que traria bênção às nações e reconciliaria o homem pecaminoso com o Deus santo, chegou finalmente. E ele não é outro, senão Jesus Cristo. Na verdade, as primeiras palavras do Novo Testamento são uma genealogia traçando a descendência de Jesus até ao rei Davi e, depois, até Abraão (Mt 1.1-17). O ensino, salientado por vários toques de estilo fascinantes da parte de Mateus, é que Jesus possui um direito legal ao trono de Davi e que Jesus satisfaz às promessas feitas a Abraão. De fato, a maioria dos comentaristas concorda em que a divisão da genealogia em três seções de catorze gerações cada é talvez um jogo com o valor numérico das três letras hebraicas que representam a palavra "Davi". Tanto implícita como explicitamente, Mateus está declarando que Jesus é o rei esperado há muito tempo ou o Messias.

Lucas é, talvez, ainda mais explícito, ao recordar o anúncio do anjo a Maria em termos claros:

> O anjo lhe disse: Maria, não temas; porque achaste graça diante de Deus. Eis que conceberás e darás à luz um filho, a quem chamarás pelo nome de Jesus. Este será grande e será chamado Filho do Altíssimo; Deus, o Senhor, lhe dará o trono de Davi, seu pai; ele reinará para sempre sobre a casa de Jacó, e o seu reinado não terá fim (Lc 1.30-33; ver também 2.4).

Todos os evangelhos enfatizam diversas vezes o fato de que Jesus é rei e culminam com uma imagem de realeza em torno da crucificação de Jesus: o manto de púrpura, a coroa de espinhos, a placa feita por Pilatos que continha a inscrição "Rei dos Judeus" – todos esses detalhes são testemunhos irônicos e providenciais do que Jesus realmente era. Embora não era isso que os judeus esperavam de seu Messias, Jesus era verdadeiramente Rei.

É importante observarmos que Jesus entendia que, inerente ao seu reinado, estava a salvação de seu povo dos pecados deles e, assim, a restauração da comunhão entre eles e Deus. Por isso, o anjo disse a José referindo-se a Maria: "Ela dará à luz um filho e lhe porás o nome de Jesus, porque ele salvará o seu povo dos pecados deles" (Mt 1.21). Jesus mesmo disse: "O próprio Filho do Homem não veio para ser servido, mas para servir e dar a sua vida em resgate por muitos" (Mc 10.45). E, na última ceia com seus discípulos, antes de sua morte, ele lhes disse sobre o cálice: "A seguir, tomou um cálice e, tendo dado graças, o deu aos discípulos, dizendo: Bebei dele todos; porque isto é o meu sangue, o sangue da [nova] aliança, derramado em favor de muitos, para remissão de pecados" (Mt 26.27-28). Desde o começo de seu ministério, Jesus entendia que ele estava unindo todos os fios de esperança dos judeus baseada no Antigo Testamento. Ele não era somente o rei; ele era o Rei que, ao mesmo tempo, era o Servo Sofredor referido em Isaías, que levaria as iniquidades do seu povo e os tornaria justos diante do Pai. Somente assim poderia ser restaurada a perfeita comunhão do Éden.

Essa nota foi ressoada logo após a morte de Jesus, quando o véu do templo se rasgou. A cortina entretecida que separava as pessoas do Santo dos Santos, onde habitava a presença de Deus, foi partida em duas, de alto a baixo (Mt 27.51 e textos correspondentes). Esse ato de Deus – a cortina tinha 20 metros de altura – simbolizou dramaticamente o fim do exílio da humanidade da presença de Deus. Agora, depois de alguns milênios, eles são convidados a entrar novamente no Santo dos Santos. Além disso, os sepulcros ao redor de Jerusalém se abriram, e aqueles que estavam mortos foram ressuscitados e entraram na cidade (Mt 27.52-53). Isso foi outra indicação de que a maldição da morte lançada sobre a raça de Adão foi quebrada.

É claro que o maior de todos os triunfos sobre a morte foi a ressurreição de Jesus, no terceiro dia. Depois de sofrer e morrer como aquele que tomou o pecado de seu povo, Jesus ressuscitou dos mortos e venceu a morte, de uma vez por todas. E o que é mais sublime: para aqueles que são o seu povo – aqueles que estão unidos com ele pela fé – Jesus desfez a maldição do Éden e restauração a comunhão com Deus. Como Hebreus nos diz, o Jesus ressurreto está agora assentado à direita de Deus, o Todo-Poderoso, e aqueles que estão unidos com ele, pela fé, também estão agora ressuscitados e assentados "nos lugares celestiais" (Ef 2.5-6). Além disso, há para nós que estamos unidos com Cristo a promessa gloriosa de que, no último dia, nosso corpo físico será ressuscitado, como o foi o corpo de Cristo. Como Paulo disse: "Se habita em vós o Espírito daquele que ressuscitou a Jesus dentre os mortos, esse mesmo que ressuscitou a Cristo

Jesus dentre os mortos vivificará também o vosso corpo mortal, por meio do seu Espírito, que em vós habita" (Rm 8.11).

Consumação

Depois de sua ressurreição, Jesus deu aos seus discípulos a incumbência de ir ao mundo e testemunhar do que tinham visto e experimentado com ele e a respeito dele.[7] Em outras palavras, eles deveriam proclamar o reino de Jesus, o perdão dos pecados e a salvação que eram oferecidos por meio dele. A Bíblia nos diz que, depois de haver dado a incumbência, Jesus ascendeu ao céu e assentou-se à direita de seu Pai; sua obra de redenção estava consumada (Mc 16.19; Hb 1.3b; 10.12). Agora, o povo de Cristo vive nesta época sob o reinado de Cristo, desfrutando de seus dons e testemunhando dele entre todas as nações do mundo. Por meio de suas vidas unidas em igrejas, eles dão testemunho da vida do reino e aguardam o dia em que o seu rei Jesus retornará ao mundo, para naquela ocasião estabelecer completa e plenamente o reino de Deus em uma terra renovada e transformada.

Os profetas anunciavam o fim do tempo. Isaías, como já vimos, falou sobre o tempo em que o reino do Messias seria estabelecido e disse que ele seria firmado em juízo e justiça (Is 9.7). Ele prosseguiu e falou sobre a

---

7 Sobre as Grandes Comissões dadas por Jesus, ver capítulo 2.

promessa de Deus de criar "novos céus e nova terra" (Is 65.17) – um lugar onde as coisas anteriores não serão lembradas (65.17), onde nunca mais se ouvirá a voz de choro (65.19), onde as crianças não morrem e os idosos não sofrem (65.20), onde o trabalho não é em vão (65.23), onde o lobo deitará junto ao cordeiro (65.25) e onde ninguém fará mal nem dano algum em todo o monte santo do Senhor (65.25).

Que visão maravilhosa do estado final do povo redimido de Deus! Um novo céu e uma nova terra transformada onde não existe violência, onde doenças não existem, onde a morte não reina, onde Deus se alegra novamente em seu povo. É esse relacionamento restaurado que representa o clímax da visão de Isaías – não meramente o fim da violência e o fim das doenças, embora essas coisas sejam maravilhosas – e sim a restauração do relacionamento entre Deus e o seu povo. Eles não são mais rejeitados e exilados, cheios de vergonha e nudez; agora eles são "alegria" e "regozijo" para Deus (65.18). Em vez de amaldiçoá-los, Deus exultará "por causa de Jerusalém" e se alegrará no seu povo (65.19). Em vez de expulsá-los de sua presença, Deus os responderá "antes que clamem" (65.24). "Estando eles ainda falando", o Senhor exulta e diz: "Eu os ouvirei" (65.24). Por fim, aquele grande refrão do Antigo Testamento se cumprirá totalmente: "Eu serei o seu Deus, e eles serão o meu povo".

O livro de Apocalipse termina com a mesma visão de relacionamento restaurado, quando o povo redimido de Deus habita com ele, sob o governo dele. João escreveu em Apocalipse 21.13:

> Vi novo céu e nova terra, pois o primeiro céu e a primeira terra passaram, e o mar já não existe. Vi também a cidade santa, a nova Jerusalém, que descia do céu, da parte de Deus, ataviada como noiva adornada para o seu esposo. Então, ouvi grande voz vinda do trono, dizendo: Eis o tabernáculo de Deus com os homens. Deus habitará com eles. Eles serão povos de Deus, e Deus mesmo estará com eles.

Novamente, a ênfase está em Deus habitar de novo com o homem, a inimizade entre eles estará terminada, e o pecado que separa o homem de Deus, perdoado. João prossegue e diz que na cidade eterna de Deus, "nunca mais haverá qualquer maldição" e que, talvez o mais maravilhoso de tudo, os servos de Deus "contemplarão a sua face" (Ap 22.4). A maldição e a separação que havia entre Deus e o homem terá desaparecido completamente. O véu é rasgado, a maldição é aniquilada, a separação termina. De maneira definitiva, o povo de Deus contempla a sua face.

CONCLUSÃO

O que vimos nesta breve e incompleta investigação da história bíblica é que a principal tensão da narrativa bíblica parece girar em torno desta pergunta: *como podem pessoas terrivelmente rebeldes e pecaminosas viver na presença de um Deus perfeitamente justo e santo?* Sim, há outros temas e outras ênfases que nem mesmo citamos aqui, mas essa pergunta parece nortear a história em todos os pontos. "Toda a história" não é, como sugere um autor, sobre nos tornarmos "canais para que Deus traga cura à terra e aos seus habitantes". Não é a respeito de nossa chamada "para sermos companheiros em uma obra restauradora, para que a tocha da esperança seja levada até que Cristo volte".[8] A história bíblica não é a respeito de trabalharmos com Deus para tornar o mundo correto novamente. É a respeito da obra de Deus em tornar-nos retos, para vivermos de novo com ele.

Ora, se entendermos essa história e suas características centrais, não teremos dificuldade para saber por que Jesus fez da incumbência "sereis minhas testemunhas" a comissão final de seus discípulos e por que ele declarou que, por meio deles, seria pregado, "em seu nome", arrependimento e perdão de pecados "a todas as nações, começando de Jerusalém" (At 1.8; Lc 24.47). Afinal de contas, o meio de os seres humanos serem reconciliados com Deus – o grande assunto da Bíblia – é por serem perdoados do pecado e declarados justos, em vez de culpados. E essa declaração de retidão, essa justificação do ímpio, ocorre

---

[8] Gabe Lyons, *The Next Christians: How a New Generation Is Restoring the Faith* (New York: Doubleday, 2010), 55.

somente por meio da união com o Rei que sofreu, morreu e ressuscitou triunfantemente no lugar do seu povo.

CAPÍTULO 4

Não Compreendemos Todo o Evangelho?
Entendendo as Boas Novas

ALGUM TEMPO ATRÁS, a revista *Christianity Today* publicou online uma série de artigos intitulados "O Nosso Evangelho É Muito Pequeno?" A proposta dos artigos era perguntar se o entendimento das "boas novas" do cristianismo como o perdão dos pecados, por meio de Jesus, estava realmente menosprezando o evangelho bíblico. Não é verdade – os artigos perguntavam – que, ao falar sobre as "boas novas", a Bíblia está falando sobre algo muito mais do que, como disse indelicadamente certo autor, "colocar nossos traseiros no céu, quando morrermos"? E, embora o assunto do evangelho *seja* o perdão dos pecados e da justificação diante de Deus – os autores perguntavam – o assunto do evangelho não é também o refazer o mundo, o fim da opressão, o libertar cativos, a criação de uma sociedade baseada em justiça e retidão, ao invés de injustiça e impiedade? E, se este é o assunto do evangelho – os autores perguntavam – não devemos também como igreja, trabalhar por isso?

Essas perguntas não são fáceis de responder. Você não pode simplesmente dizer sim ou não para elas. Essa é a razão por que temos achado proveitoso escrever todo um livro sobre estas coisas! O fato é que a pergunta o que é realmente o evangelho e o que ele inclui e não inclui tem causado controvérsia entre os evangélicos. O que esperamos fazer neste capítulo é examinar com atenção a maneira como o Novo Testamento fala sobre "o evangelho" e tentar chegar a algumas conclusões sobre se o nosso evangelho é "muito pequeno".

IGNORANDO UNS AOS OUTROS

Nos últimos anos passados, nós dois temos mergulhado no mundo da discussão evangélica sobre o evangelho. Assistimos a conferências, lemos os livros, olhamos os blogs e escrevemos algumas coisas sobre estes temas importantíssimos e cheios de controvérsia. Uma das coisas que concluímos, no passar dos anos é que, em muitas maneiras, os evangélicos parecem ignorar uns aos outros nesta questão de o que é o evangelho.

Por um lado, alguns definem o evangelho como as boas novas de que Deus vai refazer o mundo e de que Jesus Cristo, por meio de sua morte e ressurreição, é o penhor dessa transformação e renovação. Eles olham para o evangelho com a maior perspectiva possível, falando sobre todas as promessas que Deus fez ao seu povo, incluindo não somente o perdão dos pecados, mas também a ressurreição do corpo, a transformação do mundo, o estabelecimento do reino de Deus e tudo mais.

Por outro lado, há aqueles que definem o evangelho como as boas novas de que Deus agiu para salvar pecadores por meio da morte de Jesus no lugar deles e sua subsequente ressurreição. Olham para o evangelho com uma perspectiva restrita, focalizando especificamente o que está no alicerce da salvação.

A conversa entre esses dois grupos tem ficado bem tensa e, às vezes, acalorada: um lado acusa o outro de ser "reducionista", e este lado atira de volta a acusação de que o primeiro lado está "diluindo" e ignorando o âmago do evangelho.

Boa parte desta confusão pode ser resolvida, pensamos nós, por fazermos algumas observações cuidadosas a respeito de como esta conversa geralmente se desenvolve. Parece-nos que os dois grupos – aqueles que dizem que o evangelho é as boas novas de que Deus está reconciliando pecadores consigo mesmo por meio da morte e ressurreição de Jesus (vamos chamá-los de "pessoas de foco restrito") e aqueles que dizem que o evangelho é as boas novas de que Deus vai refazer o mundo por meio de Cristo (nós os chamamos de "pessoas de foco amplo") – estão realmente respondendo a duas perguntas diferentes, mas altamente relacionadas. É claro que ambos os grupos *dizem* que estão respondendo à pergunta "O que é o evangelho?" (E estão realmente!) Mas, se examinamos com mais atenção como eles falam, descobrimos que há muita coisa pressuposta por ambos os lados sobre uma questão que parece simples.

Para uma pessoa de foco restrito, a pergunta "O que é o evangelho?" traduz-se em "Em que mensagem uma pessoa tem de crer para ser salva?" Portanto, ela responde falando sobre a morte vicária de Jesus no lugar de pecadores e a chamada ao arrependimento e a fé. Para uma pessoa de foco amplo, a pergunta "O que é o evangelho?" se traduz em "O que são todas as boas novas do evangelho?" É claro que ela responde falando não apenas sobre perdão, mas também sobre todas as grandes bênçãos que fluem do perdão, incluindo o propósito de Deus para refazer o mundo.

Com isso em mente, podemos ver de onde vem a confusão. Quando uma pessoa de foco restrito ouve uma pessoa de foco amplo respondendo a pergunta "O que é o evangelho?" falando sobre a nova criação, ela pensa: "Não! Você está tirando o foco da cruz e da ressurreição! Uma pessoa não precisa crer nisso para ser salvo! Você está diluindo o evangelho!" Por outro lado, quando uma pessoa de foco amplo ouve uma pessoa de foco restrito responder a mesma pergunta falando sobre o perdão dos pecados por meio da cruz, ele também pensa: "Não! As boas novas não param aí! Há mais do que isso! Você está reduzindo o evangelho a algo menor do que ele é!"

O fato é que, dependendo de como pensamos sobre isso, nem a pessoa de foco amplo nem a pessoa de foco restrito está errada. É verdade que, quando alguém perguntou, no Novo Testamento, "O que devo fazer para ser salvo?", a resposta foi: arrepender-se e crer no Cristo crucificado e ressurreto. Também é verdade que a Bíblia, às vezes (até frequentemente!), fala sobre o evangelho com um foco amplo. Ela inclui em todas as boas novas do cristianismo não somente perdão dos pecados, mas também todas as outras bênçãos que vêm para aqueles que estão em Cristo.

Outra maneira de expressar isso é dizer que nenhuma destas duas perguntas é ilegítima. Nenhuma é mais bíblica do que a outra. De fato, a Bíblia faz tanto a pergunta "Em que uma pessoa precisa crer para ser salva?" como a pergunta: "O que são todas as boas novas do evangelho?" E responde a ambas as perguntas em termos da palavra *evangelho*.

UM FOCO AMPLO E UM FOCO RESTRITO DO EVANGELHO

Quando lemos o Novo Testamento, ele parece usar a palavra evangelho em ambas as maneiras. Às vezes, o Novo Testamento vê as boas novas com um foco amplo, chamando de "evangelho" todas as grandes bênçãos que Deus tenciona derramar sobre o seu povo, começando com o perdão e, a partir deste, indo até uma criação refeita e renovada, na qual passaremos a eternidade. Outras vezes, o Novo Testamento vê as boas novas do cristianismo com um foco bem restrito – com lentes de aumento, se você quiser – e se contenta em chamar de "evangelho" a bênção singular do perdão dos pecados e do relacionamento restaurado com Deus, por meio da morte sacrificial de Jesus.

Talvez seja proveitoso examinarmos com atenção algumas passagens de foco amplo e algumas de foco restrito e, por fim, algumas passagens nas quais a Bíblia parece mover-se de um foco para o outro com apenas algumas palavras.

Foco amplo

Há muitas passagens em que a Bíblia parece adotar um foco amplo do evangelho e aplicar a palavra traduzida por "evangelho" – *euangelion* – a todo o conjunto de bênçãos que Cristo garante ao seu povo. Aqui estão as mais importantes.

Mateus 4.23

> Percorria Jesus toda a Galileia, ensinando nas sinagogas, pregando *o evangelho do reino* e curando toda sorte de doenças e enfermidades entre o povo.

Esta é a primeira menção do evangelho no livro de Mateus, portanto deveríamos esperar que o evangelista nos desse alguma explicação do que estava incluído neste "o evangelho do reino" que Jesus pregava. E ele faz isso no versículo 17 deste mesmo capítulo, onde ele relata que a mensagem que Jesus pregava – pelo menos em resumo – era: "Arrependei-vos, porque está próximo o reino dos céus".

Devemos observar várias coisas sobre o uso da palavra "evangelho", por parte de Mateus, nesta passagem. Primeiramente, o interesse de todo o livro de Mateus até esta altura tem sido provar que Jesus é, de fato, o Messias há muito esperado. A genealogia de abertura do seu livro, como vimos no capítulo anterior, é altamente estilizada para provar isso, como o são a história da vinda dos magos e a maneira como Mateus usa os textos do Antigo Testamento para descrever o caráter e a missão do Messias (Mt 2).

Também é significativo o fato de a declaração de Jesus em Mateus 4.17 ser exatamente idêntica – palavra por palavra – à de João Batista em Mateus 3.2: "Arrependei-vos, porque está próximo o reino dos céus". Apesar de toda a semelhança entre as suas mensagens, há uma diferença importante entre o que João Batista pregava e o que Jesus pregava. Quando João pregava que o reino dos céus estava "próximo", ele queria dizer que o reino estava *perto*, quase aqui, mas ainda não. De fato, esse entendimento integrava o âmago de todo o seu ministério. João estava preparando Israel para a vinda do reino (Mt 3.3).

Quando Jesus pregava que o reino estava "próximo", ele queria dizer algo um pouco diferente. Ele queria dizer que o reino estava *ali*, naquele momento.

Como sabemos isso? Sabemos isso pela maneira como Mateus apresenta o começo do ministério público de Jesus em Mateus 4.12-16. Ressaltando que Jesus deixara a Judeia e se mudara para Cafarnaum, Mateus cita Isaías 9.1:

> Terra de Zebulom, terra de Naftali, caminho do mar, além do Jordão, Galileia dos gentios! O povo que jazia em trevas viu grande luz, e aos que viviam na região e sombra da morte resplandeceu-lhes a luz (Mt 4.15-16).

Há muitas coisas que poderíamos dizer, mas o importante é que Mateus está afirmando que o reino não está apenas perto; o reino começou! Sobre as pessoas que haviam sido bastante afligidas pela invasão dos assírios, que eram zombadas como pessoas atrasadas, mestiças e ridículas da nação – sobre *estas* pessoas Deus resolveu que brilhassem os primeiros raios da aurora do reino. Assim, quando Jesus pregava: "Está próximo o reino dos céus", não podemos entender isso de outra maneira, senão à luz da citação de Isaías 9.1 por parte de Mateus.

Mas, o que resplandeceu exatamente? Consideraremos mais o "reino dos céus" no capítulo seguinte; por enquanto, basta dizermos que a grande esperança dos israelitas era que, um dia, Deus restauraria o destino de Israel e estabeleceria seu governo perfeito sobre a terra, vindicando seu povo e punindo os inimigos deles. E Deus faria isso por meio de um Rei divino que reinaria para sempre no trono de Davi. Quando João Batista e Jesus começaram a pregar que o reino dos céus estava "próximo", esta mensagem era eletrizante. Significava que todas as promessas que Deus havia feito ao seu povo nos profetas – eles pensavam – estavam prestes a se cumprir. O reino está prestes a ser estabelecido (Is 9), a nova aliança está prestes a ser firmada (Jr 33), o conhecimento da glória de Deus está prestes a encher a terra (Hb 2.14), as nações logo afluirão para Jerusalém (cf. Is 61), e o Senhor está prestes a criar novos céus e nova terra (Is 65.17). A citação de Isaías 9.1 por Mateus nos diz que há mais em foco aqui do que o perdão dos pecados. Certamente não é menos do que isso, mas Isaías 9.1 é a introdução da profecia de Isaías que culmina com o Messias assentado no trono de Deus e reinando com "o juízo e a justiça, desde agora e para sempre". O que está em foco aqui é todo um novo mundo. Isso é o que Jesus chamou de "*o evangelho* do reino".

Outra coisa importante a obervarmos é que estas boas novas também incluem uma chamada a uma resposta – a maneira como a pessoa pode ser incluída neste reino. Aqui, em Mateus 4, Jesus pregava (como o fazia João Batista): "*Arrependei-vos*, porque está próximo o reino dos céus". O evangelho do reino, conforme apresentado aqui, é as boas novas de que (a) o reino começou, e (b) aqueles que se arrependerem podem entrar no reino (ver também Mc 1.14-15).

Lucas 4.18-19

O Espírito do Senhor está sobre mim, pelo que me ungiu para evangelizar os pobres; enviou-me para proclamar libertação aos cativos e restauração da vista aos cegos, para pôr em liberdade os oprimidos, e apregoar o ano aceitável do Senhor.

Retornando ao seu lar de infância, em Nazaré, Jesus se levanta e lê o profeta Isaías para aqueles que se reuniram para ouvi-lo. Jesus abre o rolo, Lucas nos diz, em Isaías 61 e lê o versículo 1 e *parte* do versículo 2. Quando Jesus se assenta, como um mestre de sinagoga teria feito quando estava para começar a ensinar, ele diz apenas: "Hoje, se cumpriu a Escritura que acabais de ouvir" (Lc 4.21). Essas palavras causaram agitação entre as pessoas, que, a princípio, se admiraram e falaram palavras agradáveis a respeito dele (v. 22), mas logo se tornaram uma turba que pretendia lançar Jesus de um despenhadeiro para baixo, se tivessem poder para fazer isso (vv. 29, 30).

O que causou esta reação foi que Jesus, como ele o fez repetidas vezes em seus sermões, estava proclamando que as maiores promessas das Escrituras estavam se cumprindo naquele momento – *nele*. Não somente isso, mas também Jesus estava fazendo para aquelas pessoas uma afirmação poderosa de que sua missão era uma missão de graça, e não de julgamento – pelo menos ainda não. Muitos daqueles que ouviam Jesus estariam acompanhando a leitura em sua mente e, por isso, devem ter ficado surpresos quando ele parou e fechou o rolo no meio de uma sentença! A frase seguinte da profecia de Isaías, depois de "apregoar o ano aceitável do Senhor", é "e o dia da vingança do nosso Deus". Jesus não leu essa parte – deliberadamente. Este não é o dia da vingança. Ainda não. É o ano do favor, o tempo das boas novas!

A passagem de Isaías 61 tem atraído muita atenção recentemente, em especial daqueles que argumentam que o *evangelho* tem um significado amplo, que envolve todo o mundo. E, neste caso, eles estão totalmente certos! Isaías 61 começa um poema lindo e triunfante sobre a vitória final de Deus e o estabelecimento de seu reino por meio de seu Servo. Jerusalém seria reconstruída como uma coroa de glória na mão de Deus (Is 61.4; 62.3), os inimigos de Deus e de Israel seriam destruídos pelo poderoso braço do Senhor (63.1-7), e os problemas anteriores seriam completamente esquecidos (65.27). O poema termina, de fato, na admirável visão que consideramos no último capítulo, em que Deus cria novos céus e nova terra, onde o som de choro e aflição não são mais ouvidos, onde os infantes não morrem mais depois de viverem apenas poucos dias, onde o lobo e o cordeiro deitam lado a lado, e onde ninguém, Deus diz, ferirá ou destruirá alguém ou alguma coisa em todo o seu monte santo. Jesus estava dizendo que isso estava sendo iniciado com a sua vinda. É claro que Jesus não estava sugerindo que todas essas bênçãos haviam começado em sua plenitude. Mas o Servo de Deus, que, por fim, estabelecerá todas essas grandes bênçãos, havia chegado!

Atos 13.32-33

Nós vos anunciamos *o evangelho* da promessa feita a nossos pais, como Deus a cumpriu plenamente a nós, seus filhos, ressuscitando a Jesus...

Estes versículos são parte do final do sermão que Paulo pregou na sinagoga em Antioquia da Pisídia. Depois de ler as Escrituras, os líderes da sinagoga perguntaram se Paulo e Barnabé tinham alguma palavra de exortação para as pessoas. (Será que eles tiveram alguma experiência com os apóstolos naquele dia?) De qualquer forma, Paulo se levantou e se dirigiu às pessoas, fazendo uma recapitulação razoavelmente extensa da história de Israel. Parece que o objetivo do discurso era estabelecer o lugar de Jesus na história de Israel como o Descendente do rei Davi, que eles há muito esperavam – e, ainda mais, que Jesus era o Messias ressuscitado por meio de quem todas as promessas se cumpririam.

Quando Paulo terminou a história de Israel no rei Davi, referindo-se à promessa divina de um herdeiro para Davi, ele disse claramente: "Da descendência deste, conforme a promessa, trouxe Deus a Israel o Salvador, que é Jesus" (At 13.23). Depois, Paulo falou como João Batista também mostrou a Jesus como o Messias aguardado, como os judeus mataram a Jesus e como, por fim, Deus o ressuscitou dos mortos. Nesta altura, no fim do sermão, Paulo declarou que ele lhes trazia as boas novas "da promessa feita a nossos pais, como Deus a cumpriu plenamente a nós, seus filhos, ressuscitando a Jesus". Ao usar o termo "pais", Paulo se referia indubitavelmente aos patriarcas de Israel, de quem ele estivera falando. Como já vimos, a promessa que Deus fez a esses pais – a Abraão e a seus filhos – eram enormes em escopo. Terra, Descendente, nome e bênção foram prometidos a Abraão, e todas essas coisas serão nossas na vida, morte, ressurreição e volta de Jesus Cristo (1 Co 3.21-23).

Em todas estas passagens, temos visto que *evangelho* pode se referir a toda a série de esperanças e promessas cumpridas em Cristo. A Bíblia nunca nos diz que o evangelho é "Deus vai refazer o mundo". Contudo, sem dúvida, o escopo destas promessas bíblicas é cósmico. Cristo é aquele por quem esperamos, e todas as coisas serão restauradas por meio dele. Com certeza, isto é boas novas.

Foco restrito

Embora haja muitas passagens, como as que já consideramos, que falam sobre o evangelho em uma maneira bem ampla, há outras passagens que parecem focalizar "o evangelho" muito mais restritamente no perdão dos pecados, por meio da morte vicária de Jesus, na cruz. Eis alguns exemplos:

Atos 10.36-43

> Esta é a palavra que Deus enviou aos filhos de Israel, anunciando-lhes *o evangelho da paz*, por meio de

Jesus Cristo. (Este é o Senhor de todos...) Dele todos os profetas dão testemunho de que, por meio de seu nome, todo aquele que nele crê recebe remissão de pecados.

Este é um sermão que Pedro jamais pensou que pregaria. Foi pregado na casa de um gentio, Cornélio, e aconteceu somente depois que Deus convenceu Pedro, em uma visão, de que, como Pedro mesmo disse, "Deus não faz acepção de pessoas". Era uma lição importante que Pedro tinha de aprender, pois este é o tempo em que o evangelho de Jesus penetra o mundo dos gentios.

A estrutura das sentenças dos versículos 36 e 37 é um pouco formal, mas a mensagem é bastante clara. Pedro estava prestes a explicar àqueles gentios, pela primeira vez, "o evangelho da paz, por meio de Jesus Cristo", que o Senhor enviara primeiramente ao povo de Israel. Mas, o que é este "o evangelho da paz"? É a frase entre parêntesis "este é o Senhor de todos"? Talvez não. Por um lado, a frase é um parêntesis. Não é o ensino principal que a sentença formula. Portanto, é um candidato improvável para definir a expressão "o evangelho da paz". Não somente isso, a menos que Pedro esperasse que os ouvintes gentios possuíssem grande quantidade de entendimento do Antigo Testamento para ouvirem essa frase, ela não contém nada que fale necessariamente de paz. Parece mais provável que a frase era uma confissão de Pedro (novamente) de que Jesus é Senhor não somente dos judeus, mas também de "todos". Era como se Pedro tivesse de lembrar a si mesmo, repetidas vezes, que a paz que Cristo dá não é somente para Israel, mas para todo o mundo.

Então, o que é "o evangelho da paz"? O melhor entendimento é que as boas novas da paz se refere à última frase do sermão: "Dele todos os profetas dão testemunho de que, por meio de seu nome, todo aquele que nele crê recebe remissão de pecados" (At 10.43). A expressão "todo aquele", na sentença, é crucial porque Pedro está mais do que pouco surpreso em estar pregando *este* sermão para *essas* pessoas pela primeira vez! Para sua admiração, o evangelho da paz é que *todo aquele* que crê em Jesus – não apenas judeus – recebe perdão dos pecados. Em outras palavras, eles são reconciliados e trazidos à paz com Deus. É a mesma ideia que Paulo formula em Efésios 2: "Mas, agora, em Cristo Jesus, vós, que antes estáveis longe, fostes aproximados pelo sangue de Cristo. Porque ele é a nossa paz" (vv. 13-14).

É claro que Pedro poderia ter dito muito mais, e talvez ele teria dito, se o Espírito Santo não o houvesse interrompido naquele ponto crucial! Ele também poderia ter falado que o reino vindouro é para os gentios, ou que a ressurreição não é apenas para os judeus, ou que os novos céus e a nova terra é um lugar em que judeus e gentios viverão juntos. Mas nesta ocasião, pelo menos, ele não falou essas coisas. "O evangelho da paz", ele se contentou em dizer, é as boas novas de perdão dos pecados para todo aquele que crê.

Romanos 1.16-17

> Pois não me envergonho d*o evangelho*, porque é o poder de Deus para a salvação de todo aquele que crê, primeiro do judeu e também do grego; visto que a justiça de Deus se revela no evangelho, de fé em fé, como está escrito: O justo viverá por fé.

Estas sentenças são entendidas universalmente como as "sentenças-tema", a tese, do livro de Romanos. Paulo declara que o evangelho não o deixa envergonhado porque "é o poder de Deus para a salvação". A ênfase – como poderíamos esperar de Paulo, o apóstolo dos gentios – é que a salvação não é apenas para judeus, mas também para todo o mundo.

No versículo 17, Paulo nos dá um resumo do que ele entende que o evangelho faz. Paulo diz: "A justiça de Deus se revela no evangelho, de fé em fé". Duas frases diferentes nos dizem o que Paulo entende ser o evangelho. Primeiramente, ele diz que no evangelho "a justiça de Deus" é revelada. Essa frase tem suscitado grande quantidade de discussão![1] Ela se refere a uma justiça que *vem de* Deus em um sentido legal – uma justiça que é imputada a nós e que é realmente uma justiça de outrem? Ou se refere a uma retidão moral que há em nós ou talvez ao próprio caráter santo de Deus? Alternativamente, ela se

---

1 Quanto a uma breve e proveitosa introdução, ver Thomas R. Schreiner, "What Does Paul Mean by 'the Righteousness of God'?", em *40 Questions about Biblical Law* (Grand Rapids: Kregel, 2010), 121-28.

refere à justiça de Deus, definida como sua ira contra o pecado humano? O que Paulo queria dizer ao falar que a justiça de Deus se revela no evangelho?

Sem dúvida, a melhor maneira de compreender o que Paulo quer dizer é seguir o resto do seu argumento em todo o livro de Romanos. Começando com a declaração de que "a ira de Deus se revela do céu contra toda impiedade e perversão dos homens" (1.18), Paulo gasta a maior parte dos três primeiros capítulos do livro imputando a toda a humanidade a acusação de pecado e rebelião contra Deus. O capítulo 1 tem como alvo os gentios, o capítulo 2, os judeus, e no capítulo 3 ele reúne tudo em uma acusação devastadora de que "todos, tanto judeus como gregos, estão debaixo do pecado" e de que "se cale toda boca, e todo o mundo seja culpável perante Deus" (vv. 9, 19). Em seguida, depois de estabelecer a condição de desamparo de toda a humanidade, Paulo se volta para as boas novas. "Mas agora", Paulo escreve, "sem lei, se manifestou a justiça de Deus" (3.21). Eis aqui a expressão novamente – "a justiça de Deus". O que ela significa? E o que significa o fato de que ela se manifestou agora "sem lei"?

A resposta fica evidente nos versículos posteriores, quando Paulo explica como Abraão "foi justificado" diante de Deus (Rm 4.3-6). Talvez esta expressão nos ajude entender o que Paulo quer dizer quando fala sobre "a justiça de Deus". A pergunta que Paulo responde em toda esta seção de Romanos é esta: como uma pessoa pode ser justificada diante de Deus? Em outras palavras, como uma pessoa pode receber de Deus um veredito final de "justo" em lugar de "culpado"? É esse veredito final que Paulo chama aqui de "a justiça de Deus".² É uma justiça *da parte de* Deus, uma justiça que é reputada como nossa, ou imputada a nós, embora não seja de nós mesmos. A resposta de Paulo para essa pergunta é que uma pessoa jamais receberá um veredito de justo da parte de Deus pelas obras da lei, e sim apenas por meio do sacrifício expiatório de Jesus Cristo. Por isso, Paulo diz, no versículo 6: "Bem-aventurado o homem a quem Deus atribui justiça, independentemente de obras". E ele usa esta mesma ideia em Filipenses 3.9 para dizer que esperava ser achado em Cristo "não tendo justiça própria, que procede de lei, senão a que é mediante a fé em Cristo, a justiça que procede de Deus, baseada na fé". Portanto, "a justiça de Deus" que Paulo diz em Romanos 1.17 ser revelada no evangelho é precisamente esta – a justiça *da parte de* Deus que vem àqueles que tem fé em Cristo.

Para servir aos nossos propósitos neste livro, o importante a observar é que no início de Romanos, quando Paulo descreve em resumo o que é revelado "no evangelho", o que ele diz é que o evangelho revela as gloriosas notícias de que uma "justiça de Deus" imputada é revelada e está disponível para seres humanos pecadores, por meio da fé. É claro que Paulo poderia ter falado muito

---

2   Observe que "a justiça de Deus", em Romanos 1.17, é seguida imediatamente pela discussão de uma expressão paralela – "a ira de Deus". Aquela representa o veredito de vindicação de Deus; esta, o juízo condenatório de Deus.

mais sobre isso, e, na verdade, ele o faz. Uma das passagens mais notáveis da Bíblia que fala sobre a renovação futura da criação é Romanos 8. Mas aqui, no começo da epístola, quando Paulo quer descrever em resumo o que o evangelho revela, ele aponta para a justificação pela fé em Jesus crucificado e ressuscitado.

1 Coríntios 15.1-5

> Irmãos, venho lembrar-vos o evangelho que vos anunciei, o qual recebestes e no qual ainda perseverais; por ele também sois salvos, se retiverdes a palavra tal como vo-la preguei, a menos que tenhais crido em vão. Antes de tudo, vos entreguei o que também recebi: que Cristo morreu pelos nossos pecados, segundo as Escrituras, e que foi sepultado e ressuscitou ao terceiro dia, segundo as Escrituras. E apareceu a Cefas e, depois, aos doze.

Aparentemente, alguns dos cristãos de Corinto haviam começado a negar a ressurreição dos mortos. Por isso, Paulo argumenta aqui, com base no próprio evangelho – a mensagem proclamada por ele e pelos outros apóstolos –, que esta posição não é correta. Afinal de contas, a ressurreição de Jesus dentre os mortos constitui o âmago do evangelho cristão, e argumentar contra ela é argumentar que Jesus ainda está morto e que a fé cristã não tem valor algum. Paulo lembra os coríntios as verdades básicas do evangelho, citando o que parece ser uma forma de credo bem conhecido. Essas verdades, ele diz, não são verdades que ele mesmo formulou; são verdades cruciais. Os cristãos de Corinto tinham de "perseverar" nelas. Essa afirmação do evangelho consiste de quatro cláusulas principais:

1. Cristo morreu pelos nossos pecados, segundo as Escrituras,
2. Foi sepultado,
3. Ressuscitou ao terceiro dia, segundo as Escrituras,
4. Cristo apareceu a Cefas e, depois, aos doze.[3]

Você pode perceber facilmente que este "credo" é estruturado em torno de dois fatos-chave (Cristo morreu pelos nossos pecados, segundo as Escrituras, e ressuscitou ao terceiro dia, segundo as Escrituras). Cada um desses fatos é seguido por um fato histórico confirmatório (o sepultamento de Cristo confirma que ele morreu realmente, e a aparição a Pedro e aos doze confirma que ele ressuscitou verdadeiramente). Esses dois fatos juntos, com suas confirmações, são "o evangelho que vos anunciei", insiste Paulo. Eles são o que, em última análise, os cristãos devem entender como essenciais.

É claro que Paulo prossegue e traça as implicações da ressurreição de Cristo – aqueles que estão unidos com ele, pela fé, também serão ressuscitados –, e já vimos

---

3   Os relatos seguintes da aparição de Jesus aos outros, incluindo Paulo, não devem ser entendidos como parte do "credo". A linguagem não é tão rígida e formulista, sendo mais bem entendida como a explicação de Paulo a respeito de como chegou a ser um apóstolo, juntamente com Cefas e os doze.

como a Bíblia, em outras passagens, chama de "evangelho" todo o complexo das promessas de Deus, incluindo a ressurreição dos mortos. Mas, pelo menos aqui, em uma forma sucinta, que é quase certamente uma forma primitiva de confissão de fé cristã, o evangelho é designado como as boas novas de que Cristo morreu por nossos pecados e ressuscitou dos mortos.

1 Coríntios 1.17-18

> Porque não me enviou Cristo para batizar, mas para pregar *o evangelho*; não com sabedoria de palavra, para que se não anule a cruz de Cristo. Certamente, a palavra da cruz é loucura para os que se perdem, mas para nós, que somos salvos, poder de Deus.

Para cumprir os nossos propósitos, não precisamos falar muito neste ponto. A ênfase está na correspondência simples entre "o evangelho" e "a palavra da cruz". Na mente de Paulo, as boas novas são as novas da cruz, a "loucura" da mensagem de que, por meio do Cristo crucificado, Deus salva "os que creem" (1 Co 1.21).

JUNTANDO TUDO

Examinando atentamente o Novo Testamento, podemos perceber que os primeiros cristãos parecem ter usado a palavra *evangelho* em duas maneiras diferentes – uma perspectiva ampla e uma perspectiva restrita. Por um lado, eles usavam frequentemente a palavra *evangelho* para referirem-se a todo o complexo de promessas que Deus faz àqueles que são redimidos por meio de Cristo. Podemos chamar este sentido amplo de "evangelho do reino". Por outro lado, há também passagens em que os escritores do Novo Testamento se contentaram em aplicar a palavra *evangelho* à mensagem de que pecadores podem ser perdoados por meio do arrependimento e da fé na morte expiatória e na ressurreição de Jesus Cristo. Podemos chamar este sentido restrito de "o evangelho da cruz".

Como, então, juntamos estes dois sentidos de *evangelho*? Como o evangelho da cruz e o evangelho do reino se relacionam? São dois evangelhos? São duas coisas diferentes, mas conectadas como as duas asas de um pássaro? O evangelho da cruz é parte do evangelho do reino? Se este é o caso, o evangelho da cruz é central ou periférico ao evangelho do reino? Ou é apenas uma parte entre muitas, ou algo totalmente diferente? Quanto a isso, por que os escritores do Novo Testamento se contentam em chamar de "evangelho" a bênção única do perdão dos pecados por intermédio da morte de Cristo e não dão esta dignidade a nenhuma outra bênção? Por que nunca vemos Paulo dizendo: "Isto é o evangelho: a terra será renovada"? Ou por que ele nunca prega: "O evangelho é as boas novas de que judeus e gentios podem se reconciliar uns com os outros por meio de Jesus"? Por que o perdão dos pecados é chamado tão prontamente de "o evangelho", enquanto nenhuma outra bênção específica é designada assim?

Vamos tentar compreender essas questões esclarecendo algumas coisas.

Primeiramente, *há somente um evangelho, e não dois*. Eu (Greg) recordo que falei sobre essas coisas em uma conferência há alguns anos. Abordei com alguma profundidade estes dois sentidos em que o Novo Testamento parece usar a palavra evangelho. E, no final de minha palestra, uma pessoa levantou a mão e perguntou: "Então, você está dizendo que há dois evangelhos e que podemos escolher qual deles queremos pregar?" Não, certamente não. Há somente um evangelho – uma mensagem de boas novas – mas os escritores do Novo Testamento parecem não ter tido qualquer problema em ver de maneira abrangente ou de maneira limitada aquela mensagem única. Às vezes, contemplavam todo o panorama das promessas de Deus e o chamavam de evangelho; outras vezes, se focalizavam especificamente no perdão dos pecados e chamavam *isso* de evangelho.

Em segundo, *o evangelho do reino inclui* necessariamente *o evangelho da cruz*. Você não pode proclamar "todo o evangelho" se deixa de fora a mensagem da cruz, ainda que fale por uma hora sobre todas as outras bênçãos que Deus tem em estoque para os redimidos. Fazer isso seria como você segurar a maior quantidade possível de folhas e dizer que está segurando toda a árvore. A menos que essas folhas estejam conectadas ao tronco, você não tem a árvore. Você tem apenas uma porção de folhas mortas. De igual forma, a menos que as bênçãos do evangelho do reino estejam conectadas com a cruz, não temos o evangelho, de modo algum.

Examine novamente aquelas passagem de Mateus e Marcos nas quais Jesus pregava a chegada do reino. Se você examinar atentamente, observará que Jesus nunca pregava simplesmente: "Está próximo o reino dos céus". Ele sempre pregava: "*Arrependei-vos*, porque está próximo o reino dos céus" ou: "O reino de Deus está próximo; *portanto, arrependei-vos e crede no evangelho*". Isso é algo crucial que temos de conservar em mente; de fato, é a diferença entre pregar o evangelho e pregar algo que não é o evangelho, de forma alguma. Proclamar a inauguração do reino e todas as outras bênçãos de Deus, sem dizer às pessoas como podem se tornar participantes dessas bênçãos, significa pregar um falso evangelho. Na verdade, significa pregar um *anti*evangelho – *más novas* – porque você está apenas explicando coisas maravilhosas das quais seus ouvintes pecadores nunca terão a oportunidade de tomar parte. O evangelho do reino – o sentido amplo de "evangelho" – não é meramente a proclamação do reino. É a proclamação do reino *juntamente com* a proclamação de que as pessoas podem entrar no reino, por meio do arrependimento e da fé em Cristo. Talvez fosse mais exato (embora grotesco) falar do evangelho da cruz e do evangelho do reino *por intermédio da cruz*. E isso nos leva a outro ponto.

Em terceiro, e mais especificamente, *o evangelho da cruz é o manancial do evangelho do reino*. É a porta pela qual todas as bênçãos do reino devem ser obtidas. O fato repetido muitas vezes em todo o Novo Testamento é que a única maneira de alguém se tornar participante das bênçãos do reino é vir com fé e arrependimento ao Senhor Jesus crucificado e ressuscitado, para a salvação. Expressando isso nos termos de *O Peregrino*, de John Bunyan, uma pessoa não pode simplesmente pular o muro e tornar-se participante das bênçãos do reino. Você tem de entrar pela Porta Estreita da fé e do arrependimento, pois, do contrário, as bênçãos do reino lhe serão fechadas. Essa é também a razão por que nunca vemos o Novo Testamento chamar de evangelho qualquer *outra* promessa de Deus para os redimidos. Por exemplo, nunca vemos a promessa da nova criação sendo chamada de "o evangelho". Também não vemos a reconciliação entre seres humanos sendo chamada de "o evangelho". Contudo, vemos a reconciliação entre o homem e Deus sendo chamada de "o evangelho", precisamente porque esta é a bênção que leva a todo o resto.

MUDANDO O FOCO

Admiravelmente, há poucas passagens em que o pensamento dos escritores do Novo Testamento parece mover-se de acordo com esta maneira de entender a estrutura da mensagem do evangelho. Os escritores do Novo Testamento parecem mudar prontamente o foco no espaço de poucas palavras, do evangelho do reino para o evangelho da cruz, e vice-versa.

Considere, por exemplo, o sermão de Paulo registrado em Atos 13.26-40. Já observamos que Paulo usou a palavra *evangelho* nesse sermão para se referir a todas as bênçãos que Deus outorgou aos pais. Mas também é instrutivo observarmos como, à medida que o sermão se desenvolve, Paulo muda gradualmente o foco de todo o grande panorama das promessas de Deus para a gloriosa verdade de que tudo começa e acha seu fundamento no perdão dos pecados por meio da morte de Cristo. De fato, é assim que o sermão termina: "Tomai, pois, irmãos, conhecimento de que se vos anuncia remissão de pecados por intermédio deste; e, por meio dele, todo o que crê é justificado de todas as coisas das quais vós não pudestes ser justificados pela lei de Moisés" (vv. 38-39).

De modo semelhante, em Colossenses 1.15-23, Paulo começa com um hino glorioso sobre Cristo e o termina com a declaração de que, por meio de Jesus, Deus tenciona reconciliar "consigo mesmo todas as coisas, quer sobre a terra, quer nos céus" (v. 20). Mas, imediatamente, Paulo se torna mais específico, mudando de "todas as coisas" para "*vós*" (v. 21). "E a vós outros", ele diz, "que, outrora, éreis estranhos e inimigos no entendimento pelas vossas obras malignas, agora, porém, vos reconciliou no corpo da sua carne, mediante a sua morte". E isso acontece quando eles se apegam firmemente ao "evangelho" que ouviram (v. 23).[4]

---

4   Também é interessante a afirmação, repetida três vezes em Atos, de que os apóstolos anunciavam as boas novas "do reino de Deus e do nome de Jesus Cristo" (At 8.12; ver também 28.23, 31). Será isto outro exemplo das boas novas amplas do reino e das boas

Em ambos os casos, a estrutura do pensamento é clara: "o evangelho" inclui, certamente, todas as grandes bênçãos prometidas por Deus e anunciadas pelos profetas. Todavia, a maior de todas as bênçãos – da qual dependem todas as demais – é a reconciliação com Deus por meio do perdão outorgado através da morte de Jesus.

ALGUMAS IMPLICAÇÕES

Entender desta maneira a estrutura da mensagem do evangelho nos ajuda a evitar uma boa dose de confusão desnecessária. Também nos ajuda a fazer progresso em responder algumas perguntas importantes sobre a missão do povo de Deus nesta época. Eis algumas implicações que nos levarão ao próximo capítulo sobre o reino:

1. É errado dizer que o evangelho é a *proclamação de que o reino de Deus chegou*. O evangelho do reino é a declaração do reino de Deus *juntamente com o meio de entrar neste reino*. Lembre: Jesus não pregava: "O reino de Deus está próximo". Ele pregava: "O reino de Deus está próximo; portanto, arrependei-vos e crede".

2. *É errado dizer que a proclamação de todas as bênçãos do reino é uma diluição do verdadeiro evangelho*. Visto que todas as bênçãos do reino estão conectadas essencialmente à cruz, elas são parte de todas as boas novas do

---

novas restritas da cruz?

cristianismo, e a Bíblia chama prontamente toda a mensagem – o reino por meio da cruz – de "o evangelho". Em outras palavras, uma vez que a pergunta é: "O que são todas as boas novas do cristianismo?", o evangelho do reino por meio da cruz não é uma adição ao evangelho. É o próprio evangelho.

3. É errado dizer que a mensagem de perdão dos pecados por meio da morte e da ressurreição de Jesus é uma redução do *verdadeiro evangelho*. Visto que a mensagem de perdão é o acesso para todas as outras bênçãos do evangelho, a Bíblia chama a mensagem da cruz de "o evangelho". Em outras palavras, uma vez que a pergunta é: "Em que mensagem uma pessoa tem de crer para ser salva?", o evangelho da cruz não é "pequeno demais"; antes, é o próprio evangelho.[5]

4. *Ninguém* é um cristão apenas porque está vivendo *uma "vida do reino"*. Ser um cristão significa ter vindo a Cristo em fé e arrependimento, crendo nele como o único que tem o poder e a autoridade de perdoar pecados e de garantir um veredito de justo da parte de Deus. Não basta apenas reconhecer a Cristo como um bom mestre ou um rabino sábio ou para "segui-lo" como um exemplo de viver moral e do reino. Mas isso é desmerecê-lo. Não

---

5   Jesus mesmo pregou com clareza o evangelho da cruz (em Marcos 10.45, por exemplo), embora não tenha vinculado explicitamente a palavra evangelho às suas palavras registradas. Numa observação mais geral, quando reconhecemos o benefício do estudo de palavras, não deveríamos vincular *muito* restritamente nossa definição do evangelho e nossa identificação dele no texto às ocorrências da palavra *evangelho*. Do contrário, teríamos de dizer que João quase não falou do evangelho, pois ele usou a palavra somente uma vez em todos os seus escritos no Novo Testamento.

somente isso, essa atitude ignora totalmente o caminho para as bênçãos do reino. Se você não vem ao Rei com arrependimento e fé – reconhecendo-o como aquele que foi crucificado em seu lugar e agora reina em vida ressurreta – então, você não é um cidadão do reino de Deus, não é um cristão. O Novo Testamento não pode ser mais claro. O único caminho para o reino é por meio do sangue do Rei.

5. *Os não cristãos não fazem as "obras do reino"*. A expressão "obras do reino" pode ser confusa, não bíblica e, talvez, deveria ser descartada. Todavia, se admitimos o seu uso, devemos concordar em que ela não pode ser aplicada às coisas boas que os não cristãos fazem. Quando um não cristão faz uma boa obra, uma obra que é certamente boa (em algum nível), ela é uma ocorrência da graça comum de Deus, a graça que restringe o mal em toda a humanidade. O fato de que os seres humanos não são tão maus quanto poderiam ser é uma bondade singular de Deus. E tudo que podemos dizer sobre tais obras é que elas são "boas". Não são as "obras do reino", porque não são feitas em nome do Rei (ver Rm 14.23b). C. S. Lewis estava errado. Você não pode gastar toda a sua vida servindo a Tash (ou a si mesmo!) e esperar que Aslan fique feliz com isso.[6]

6. E o que é mais importante para os nossos propósitos: *tudo isto nos ajuda a entender porque Jesus comissionou sua igreja a dar testemunho dele e fazer discípulos*. Se for ver-

---

6 C. S. Lewis, *The Last Battle* (New York: HarperCollins, 2000), 188.

dade que as bênçãos do reino são desfrutadas apenas por aqueles que vieram ao Rei, com arrependimento e fé, então, é perfeitamente lógico que o Rei dê ao seu povo, como sua comissão permanente, o mandamento de proclamar esse fato. E, como já observamos, é exatamente isso o que Jesus faz: ele ordena a seus seguidores, em suas últimas palavras na terra, antes de sua ascensão, a dizerem às nações como as bênçãos do reino podem ser delas. A história do livro de Atos ecoa o refrão "Crescia a palavra de Deus".

Isso foi o que os primeiros discípulos admitiram ser a sua comissão. Visto que falaremos mais sobre isso depois, os discípulos eram conscientes de que não lhes fora dada a missão de trazerem, eles mesmos, o reino de Deus à existência. Deus faria isso sem a ajuda deles. A comissão deles era, antes, declarar que o reino chegara, chamar o mundo a desfrutar das bênçãos do reino e declarar aos homens como poderiam fazer isso. É por isso que vemos, no livro de Atos, a história da propagação do evangelho desde Jerusalém à Judeia, cruzando Samaria e rompendo a barreira final, a fim de penetrar as partes mais remotas da terra – e não a história do cristianismo agindo em favor do aprimoramento social de Jerusalém e Antioquia. Aqueles primeiros cristãos entenderam, como nós devemos entender, que a sua comissão da parte de seu Rei era propagarem em muitos lugares as boas novas do reino e proclamarem que o caminho para o reino era através da vinda ao Rei com arrependimento e fé. Essa era a única coisa que introduziria pessoas no reino e numa vida de serviço ao Rei.

CAPÍTULO 5

Reis e Reinos
Entendendo o Governo Redentor de Deus

NINGUÉM ME FALOU muito sobre o reino de Deus quando eu (Greg) estava crescendo. As aulas da Escola Dominical e o grupo de jovens "Hora de Poder", às quartas-feiras à noite, na igreja, eram fiéis em ensinar o evangelho e em incentivar o discipulado cristão. Mas as principais categorias de pensamento eram o pecado, a graça, a santidade, ética e obediência (todas são boas, é claro!). Não se falava muito sobre "o reino". E, quando era mencionado, era quase sempre em referência ao céu.

Quando fui para a faculdade e comecei a estudar história do cristianismo, o reino se tornou cada vez mais uma categoria de pensamento para mim. Contudo, mesmo nesse tempo, o reino era quase exclusivamente o ramo de conhecimento e a linguagem de teólogos liberais – tanto passados como presentes. Por isso, o assunto do reino era também quase sempre acompanhado de certa agenda política que tinha a ver com serviços sociais ampliados e um estado de prosperidade mais robusto.

Lembro quando compreendi, pela primeira vez, que o Novo Testamento fala *muito* sobre o reino de Deus. Foi a primeira coisa que Jesus pregou (Mt 4.17). Era o principal tema de sua pregação em todo o seu ministério (ver, por exemplo, Mt 13). Era também um elemento essencial na pregação dos apóstolos, depois da ascensão de Jesus e a vinda do Espírito Santo (At 1.3; 8.12; 19.8; 28.23, 31). Essa compreensão me desconcertou, porque comecei a admirar como, em todos os meus anos de crescimento e de ensino na igreja, ignorei esse tema aparentemente imenso na história do Novo Testamento. Por isso, comecei a ler. E, à medida que eu lia, começava a crer no que lia. Afinal de contas, eu não tinha nada para usar como contraste. Por isso, quando eu ouvia alguém falando sobre "o reino", eu aceitava quase tudo que eles haviam dito sobre o reino. O problema, porém, foi que muito do que eu estava lendo e aceitando como verdade sobre o reino não era realmente verdade. De fato, foi apresentado com inexatidão bíblica, más interpretações, excesso de generalizações e implicações exageradas. Mas sem nunca ter sido ensinado sobre o reino, eu não tinha nada que servisse para testar esses erros. Por isso, me inclinei a flertar, por um tempo, com uma "teologia do reino", que esteve muito à vontade entre os teólogos liberais no final do século XIX.

Conto essa história porque algumas outras pessoas, talvez algumas que leem este livro, contariam a mesma história – uma formação em que o reino de Deus foi raramente mencionado, e, quando mencionado, era apenas como sinônimo do céu; um momento de exultação resultante de compreenderem que a Bíblia tem muito a dizer sobre isso; uma pergunta constante a respeito do motivo por que nunca foram ensinados sobre o reino de Deus; e um desejo resultante de aprender mais sobre este assunto. Esse é um bom desejo! Nas últimas décadas, tem havido um ressurgimento do pensamento evangélico sobre o reino. Muitos eruditos estão voltando sua atenção para este assunto. E estão sendo publicados mais livros que têm o reino de Deus como seu tema principal. Alguns desses livros são bons materiais que consideram com atenção o que a Bíblia ensina sobre o reino e formulam conclusões sobre o que o reino significa para nós hoje, como cristãos.[1] Contudo, há por aí muitos outros livros sobre o reino que são inúteis. E esses livros aparecem muito frequentemente nas listas de best-sellers. E, por isso, estão formando a maior parte do "ensino" sobre o reino de Deus.

---

1 Alguns estudos exegéticos clássicos do século XX incluem G. E. Ladd, *The Gospel of the Kingdom: Scriptural Studies in the Kingdom of God* (Grand Rapids: Eerdmans, 1959); Herman Ridderbos, *The Coming of the Kingdom* (Philadelphia: Presbyterian and Reformed, 1962); G. R. Beasley-Murray, *Jesus and the Kingdom of God* (Grand Rapids: Eerdmans, 1986).

Devemos reconhecer que nós dois estamos convencidos de que a melhor maneira de entender o ensino bíblico sobre o reino de Deus é em termos de uma "escatologia inaugurada", uma posição popularizada algumas décadas atrás por George Eldon Ladd e outros. Essa posição afirma que o reino de Deus já *surgiu* neste mundo, mas *ainda não* se cumpriu plenamente.

O já e o ainda não dos últimos dias

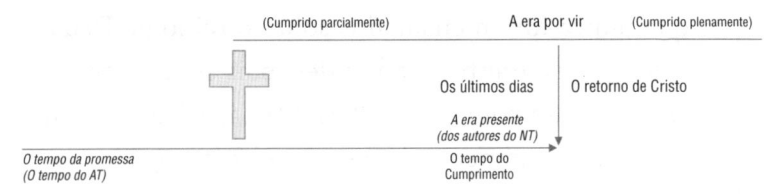

	(Cumprido parcialmente)	A era por vir	(Cumprido plenamente)
		Os últimos dias	O retorno de Cristo
		A era presente (dos autores do NT)	
O tempo da promessa (O tempo do AT)		O tempo do Cumprimento	

Embora haja muito a ser discutido nesta estrutura de escatologia inaugurada, os evangélicos parecem ter chegado a um consenso amplo em relação à sua estrutura e esquema básicos.[2] Compreendemos que o consenso amplo não significa consenso total, e há muitos evangélicos que discordarão de nós totalmente quanto a este entendimento do reino; talvez mais notoriamente, alguns dispensacionalistas. Embora discordemos de nossos irmãos e irmãs neste assunto, reconhecemos a força de muitos de seus argumentos e esperamos que eles ainda sejam capazes de concordar com e ressoar muitos dos excelentes pontos que apresentaremos aqui.

---

2   Ver Russel D. Moore, *The Kingdom of Christ: The New Evangelical Perspective* (Wheaton, Il: Crossway, 2004).

O QUE É O REINO DE DEUS?

Nem "reino de Deus" nem "reino dos céus" é uma expressão usada no Antigo Testamento. Esta é uma expressão exclusiva do Novo Testamento. A singularidade desta expressão no Novo Testamento não significa que o reino de Deus é um conceito alheio ao Antigo Testamento. Pelo contrário, o reino de Deus permeia toda a narrativa do Antigo Testamento,[3] desde a criação da humanidade, para governar sob a autoridade de Deus, à entrega da lei à nação de Israel, à sua acusação de que Israel "rejeitou... mas a mim [o SENHOR], para eu não reinar sobre ele", pedindo um rei como "todas as nações" (1 Sm 8.5, 7); às suas promessas reiteradas de que o reino pertenceria finalmente apenas a ele (Ob 21).

O tema do reino de Deus chega ao cumprimento no Novo Testamento, de maneira poderosa. Sem dúvida, por causa de sua proeminência no ensino do próprio Jesus, a linguagem do reino aparece frequentemente no Novo Testamento (a palavra *basileia* ocorre mais de 160 vezes). E muitas vezes ela aparece em pontos importantes do desdobramento da história. Já vimos, por exemplo, como "reino" constitui o principal tema nos primeiros ensinos de Jesus. E devemos também notar que o reino é o tema predominante nos primeiros capí-

---

3 Introduções proveitosas sobre isto são Graeme Goldsworthy, *According to Plan: The Unfolding Revelation of God in the Bible* (Downers Grove, IL: InterVarsity, 2002), e Vaughn Roberts, *God's Big Picture: Tracing the Storyline of the Bible* (Downers Grove, IL: InterVarsity, 2003).

tulos do evangelho de Mateus, bem como no resumo de Lucas sobre a pregação dos apóstolos. O versículo final do livro de Atos nos diz que Paulo permaneceu em Roma "pregando o reino de Deus, e, com toda a intrepidez, sem impedimento algum, ensinava as coisas referentes ao Senhor Jesus Cristo" (At 28.31).

De todo este material bíblico, há várias coisas que podemos dizer sobre a natureza do reino de Deus.

O reino de Deus é o reino redentor de Deus sobre o seu povo

A palavra *reino* evoca em nossa mente a imagem de reis e castelos, cavaleiros e terras com limites que podem ser expandidos e têm de ser defendidos. Todavia, no sentido bíblico, *reino* não se refere essencialmente a um pedaço de terra, e sim a "governo" ou "domínio". Talvez seja melhor pensarmos sobre ela não em termos de *reino*, devido às conotações dessa palavra, e sim em termos de *reinado*. Em outras palavras, o reino é um conceito *dinâmico* ou *relacional*, e não um conceito *geográfico*.

Considere, por exemplo, Salmos 145, uma das afirmações mais claras sobre o reino ou reinado de Deus no Antigo Testamento. O versículo 11 é importante em ajudar-nos a entender o que Davi queria dizer ao falar sobre o "reino" de Deus. "Os teus santos te bendirão", declarou Davi.

> Falarão da glória do teu reino
> e confessarão o teu poder.

Este versículo é um ótimo exemplo de uma característica comum da poesia hebraica – o paralelismo. Frequentemente, os poetas hebraicos afirmariam um pensamento duas ou mais vezes, mas em palavras diferentes, focalizando o mesmo conceito a partir de ângulos diferentes, como o virar um diamante para que a luz refrata através dele em maneiras múltiplas. O benefício disso para nós, além de sua maravilhosa promessa devocional, é que isso pode nos ajudar a ver o que os poetas queriam dizer quando usavam termos obscuros ou difíceis. Neste versículo, o poeta diz que os santos tanto falam da glória do reino de Deus como confessam o seu poder. No entanto, essas duas ações são a mesma coisa. "Reino" é paralelo a "poder".

Isso também é verdadeiro no versículo 13:

> O teu reino é o de todos os séculos,
> e o teu domínio subsiste por todas as gerações.

Neste versículo, a palavra "reino" é paralela a "domínio". Quando Davi falou sobre o reino de Deus, ele não estava se referindo a uma terra ou uma região com fronteiras definidas. Não falava em termos geográficos. Antes, ele falava do "poder" ou "domínio" de Deus. É uma palavra *dinâmica* (sobre poder) e uma palavra *relacional* (sobre o relacionamento de seres humanos com Deus, o seu Rei).

Isso não significa, é claro, que a geografia é irrelevante para o reino. Pelo contrário, o reinado de Deus sobre o seu povo em maior parte da Bíblia é exercido em certa localidade geográfica. Antes da Queda, esse local era o jardim do Éden. Para a nação de Israel, o local era a terra de Canaã. E, para nós, na eternidade, o local será os novos céus e a nova terra. Contudo, a geografia não é *essencial* ao reino. De fato, um dos pontos mais salientes a respeito de nossa vida, como cristãos, nesta era, é o fato de que somos "estrangeiros e peregrinos sobre a terra" (Hb 11.13), "peregrinos e forasteiros" (1 Pe 2.11). Somos, pelo menos agora, uma nação sem uma terra e um reino sem um lugar.

Outro ponto importante é que o Novo Testamento usa a expressão "reino de Deus" para se referir ao reino de Deus *especificamente sobre o seu povo redimido*. É verdade que o governo de Deus se estende sobre todo o universo. Nada e ninguém está fora ou é independente da soberania de Deus. E, quando Jesus e os apóstolos falavam sobre o reino de Deus, eles falavam especificamente sobre o reino de Deus benevolente e redentor sobre aqueles que ele salvara. Por isso, Jesus podia falar sobre aqueles que entrarão e os que não entrarão no reino (Mc 10.14, 23-25; Lc 18.17) é sobre aqueles que serão lançados fora do reino (Mt 8.12; Lc 13.28). Paulo também foi bastante claro em dizer que há alguns que estão *no* reino e outros que estão *fora* do reino: "Ou não sabeis que os injustos não herdarão o reino de Deus?" (1 Co 6.9; ver também Gl 5.21). Paulo até ensinou que aqueles que creem em Cristo são transportados de um reino para outro – do "império das trevas" para o "reino do Filho" de Deus (Cl 1.13). De acordo com o ensino bíblico, nem todos são cidadãos do reino de Deus.

Há algumas ramificações importantes que fluem do entendermos o reino de Deus como o seu governo redentor. Por um lado, entender que *reino* é uma palavra de conotação *dinâmica* e *relacional*, e não geográfica, nos guarda de pensar que "estender o reino de Deus" é a maneira correta de descrevermos as atitudes de plantar árvores e dar comida quente a moradores de rua. Às vezes, pessoas falam como se, por meio de renovarmos o parque da cidade ou por tornarmos um cortiço em apartamentos baratíssimos e habitáveis, estivéssemos estendendo o reino de Deus sobre aquele parque ou aquele bairro. Alguém poderia dizer que estamos "criando ordem a partir do caos" e, por isso, estamos expandindo o reino. Mas, como já vimos, o reino não é geográfico. Antes, ele é definido em termos relacionais e dinâmicos; existe onde joelhos e corações se prostram ao Rei e se submetem a ele. Portanto, você não pode "estender o reino" por trazer paz, ordem e justiça a certa área do mundo. Boas realizações são, de fato, boas, mas não ampliam as fronteiras do reino. A única maneira pela qual o reino de Deus – o governo redentor de Deus – se estende é quando ele leva outro pecador a renunciar o pecado e a justiça própria e a se submeter ao Rei Jesus.

De modo semelhante, é importante afirmarmos que não podemos estender o governo redentor de Deus sobre os não cristãos. É claro que podemos mostrar ao mundo incrédulo como o reino é e será; podemos dar testemunho quanto à existência e à natureza do reino. No entanto, visto que o reino é uma questão de relacionamento entre o Rei e seus súditos, não podemos estender o reino de Deus sobre pessoas que não se submetem ao governo do Rei. É por meio da fé no Rei que uma pessoa é transportada do reino das trevas para o reino do Filho (Cl 1.13). Em termos práticos, não podemos designar os nossos esforços para mudar as estruturas sociais como "estender o reino", ainda que sejam bem sucedidos. Uma pessoa não cristã pode estar vivendo em uma sociedade tão boa e justa quanto podemos imaginar, mas a Bíblia diz que, se tal pessoa não vier a Cristo, ela não tem parte no reino do Filho. Ela ainda está cativa no reino das trevas – embora se sinta relativamente confortável, por um tempo.

O reino de Deus é o reino do Messias, Jesus

O reino pertence ao Rei Jesus e é governado por ele. É o reino do Filho amado de Deus (Cl 1.13). Jesus se referiu a ele como "meu reino" (Lc 22.30; Jo 18.36; cf. Mt 20.21; Lc 23.42). O reino de Deus é um reino mediado, governado por aquele único "Mediador entre Deus e os homens, Cristo Jesus, homem" (1 Tm 2.5).

Tudo isso é coerente com a história do Antigo Testamento. Em 2 Samuel 7, Deus prometeu ao grande rei Davi que seu trono seria estabelecido para sempre. Com o passar do tempo, quando os reis de Israel falharam repetidas vezes, o Senhor revelou por meio dos profetas que, um dia, viria um Rei que cumpriria todas as promessas de Deus ao seu povo e estabeleceria um reino eterno, no qual a justiça seria mantida perfeitamente, para sempre (Is 9, 11). Daniel 7.13-14 deixa bem claro que este Messias seria divino. A expressão "filho do homem", nesta passagem, foi a expressão que Jesus aplicou repetidas vezes a si mesmo, querendo dizer que essa visão do reino sendo entregue a "um como o Filho do Homem" estava se cumprindo nele. Ele era o Filho do Homem. Era o Messias prometido. Toda a autoridade do reino de Deus – "Toda a autoridade... no céu e na terra" – foi dada a ele.

É claro que esta ideia simples de que somente Jesus é o Rei prometido nos guarda de muitos erros. Por um lado, nos guarda de pensar que há caminhos múltiplos para o reino de Deus. A realidade é que só podemos entrar no reino por meio de Jesus. O reino redentor de Deus é exercido exclusiva e totalmente por Jesus. Ninguém vem ao Pai senão por meio de Jesus (Jo 14.6). Isso significa que ninguém vem ao Pai *de maneira direta*. Uma pessoa não pode apenas dizer que "crê em Deus" ou "ama a Deus" e pensar que está no reino de Deus. Pedro foi tão claro quanto poderia ter sido, quando disse: "Esteja absolutamente certa, pois, toda a casa de Israel de que a este Jesus, que vós crucificastes, Deus o fez Senhor e Cristo" (At 2.36). E, por essa razão, "não há salvação em nenhum outro; porque abaixo do céu não existe nenhum outro nome, dado entre os homens, pelo qual importa que sejamos salvos" (At 4.12). O reino de Deus é o reino de Jesus, e a maneira de entrar no reino é por meio da submissão ao Rei.

O reino de Deus envolve a era por vir invadindo a era presente

A Bíblia nos dá um vislumbre do que nos aguarda no final. Não é um quadro bem detalhado, mas é um quadro glorioso. Isaías nos diz que o reino consumado e pleno de Deus será um reino em que felicidade e gozo jamais acabam, lágrimas nunca são derramadas, morte, doença e pecado não existem mais, há paz e segurança perfeitas, Deus é tudo em todos, e o mal é banido para sempre (Is 65.17-25). Apocalipse nos fala, semelhantemente, da Nova Jerusalém, onde Deus e seu povo habitarão em harmonia recíproca e onde "a morte já não existirá, já não haverá luto, nem pranto, nem dor, porque as primeiras coisas passaram". Não somente isso, mas também as portas dessa cidade estarão sempre abertas, porque não haverá mais inimigos, a árvore da vida estará novamente acessível para a cura das nações, e os servos de Deus o adorarão para sempre (Ap 21.1-4, 9-27; 22.1-5). Tudo isso é uma figura de um Éden reconstituído. Tudo será, novamente, como era antes da Queda – e muito melhor! – pois não haverá mais a possibilidade de pecado no povo de Deus redimido e glorificado.

É claro que isso é o fim de todas as coisas. Mas ainda não estamos lá.

A declaração do Novo Testamento sobre o reino de Deus é que na pessoa de Jesus, o Rei, a glória da era por vir irrompeu na era presente e a invadiu. Isso é o que pretendemos dizer realmente quando usamos a expressão "escatologia inaugurada". É o entendimento de que o *eschaton* – "o fim" – foi *inaugurado* ou começado. Podemos ver esta verdade mostrada de maneira dramática na vida e no ministério de Jesus. Quando ele curava doentes e expulsava demônios, essas coisas eram sinais que comprovavam sua reivindicação de ser o Filho de Deus. Eram também a contraofensiva do Rei ao domínio das trevas e aos efeitos da Queda. Até a morte começou a fracassar em seu poderoso domínio sobre a humanidade, quando Jesus disse: "Lázaro, vem para fora!" (Jo 11.43). E o homem morto ressuscitou.

Vemos esta verdade também no fato de que muitas das bênçãos que a Bíblia atribui à era por vir são nossas agora, na era presente. Por exemplo, Joel 2.28-29 profetiza:

> E acontecerá, depois, que derramarei o meu Espírito sobre toda a carne; vossos filhos e vossas filhas profetizarão, vossos velhos sonharão, e vossos jovens terão visões; até sobre os servos e sobre as servas derramarei o meu Espírito naqueles dias.

Na profecia de Joel, isso é claramente uma visão da era por vir. Toda a profecia da qual esses versículos fazem parte começa com a declaração de que "o Dia do

SENHOR vem, já está próximo" E Joel 2.30-32 contém uma descrição comum do Dia de Juízo. Quando Joel diz que o Espírito será derramado, ele está falando sobre a era por vir. Mas Jesus diz aos seus seguidores que esta bênção da era vindoura é deles agora. "Recebereis poder, ao descer sobre vós o Espírito Santo, e sereis minhas testemunhas", ele diz em Atos 1.8; e Pedro diz que os eventos do Pentecostes são explicitamente o cumprimento da profecia de Joel. A habitação do Espírito Santo em nós é uma bênção da era por vir, mas temos essa bênção agora.

Vivemos "na sobreposição das eras". A era presente ainda não acabou – "Estou convosco todos os dias", disse Jesus, "até à consumação do século" (Mt 28.20). A era por vir já começou. Em Cristo, nós somos "nova criatura"! "As coisas antigas já passaram; eis que se fizeram novas" (2 Co 5.17). Como resultado, vivemos na tensão de estarmos em duas "eras" – uma tensão que nenhum judeu pensava que existiria. Quando os judeus liam as profecias de Isaías, Joel e Daniel, esperavam que houvesse um rompimento severo entre a era presente e a era por vir. Uma acabaria, e a outra começaria. Contudo, na sabedoria de Deus, a vinda do Messias seria não apenas um acontecimento, e sim dois – sua primeira vinda para inaugurar a era por vir em meio à era presente, e sua segunda vinda para finalizar definitivamente a era presente e consumar a era por vir. Portanto, desfrutamos o perdão do pecado, enquanto lutamos contra ele; desfrutamos a presença do Espírito, ainda que possamos entristecê-lo; fomos ressuscitados com Cristo, assentados à sua direita nos lugares celestiais, embora saibamos que, por um tempo, retornaremos ao pó. Assim, vivemos em um mundo que é permeado de injustiça, pecado, opressão, mal, lágrimas e tristeza, mas um mundo que sabemos *será* permeado dessas coisas até que Jesus volte, mesmo enquanto nos esforçamos para andar "como filhos da luz" e resplandecer como "luzeiros" em uma "geração pervertida e corrupta" (Ef 5.8; Fp 2.15).

O reino de Deus é manifestado nesta era presente na igreja

Há um hino antigo que diz:

Eu amo teu reino, Senhor,
A casa de tua habitação,
A igreja que o Redentor bendito salvou
Com o seu próprio sangue precioso!

É muito comum nos seminários algumas pessoas fazerem graça desse hino, rindo da ingenuidade do autor em igualar o reino de Deus e a igreja dessa maneira. É claro que existe alguma verdade nesse pensamento. Não discutindo se Timothy Dwight *realmente* igualou o reino de Deus e a igreja, devemos ressaltar que, de acordo com o ensino bíblico, não podemos fazer isso. O reino de Deus é, de fato, muito mais do que – e diferente de

– a igreja. E você percebe rapidamente que eles não são sinônimos.

No entanto, também é verdade que, como no caso de uma imagem do seu espelho retrovisor, essas duas coisas – a igreja e o reino – estão realmente "mais próximas do que parecem" e mais próximas do que frequentemente dizemos que estão.

As palavras de Jesus registradas em Mateus 16 são muito importantes, pois é neste capítulo que ele institui sua igreja "sobre esta rocha" da confissão de fé de Pedro e lhes diz imediatamente: "Dar-te-ei as chaves do reino dos céus; o que ligares na terra terá sido ligado nos céus; e o que desligares na terra terá sido desligado nos céus" (Mt 16.19). A palavra "te" se refere não a Pedro, mas a toda a igreja, como se evidencia em Mateus 18. Todavia, isso é uma afirmação admirável. As chaves do reino de Deus – a autoridade desse reino, o direito de agir em seu nome – são dadas nesta era, pelo Rei, à igreja. Não é ao governo, nem a qualquer rei, nem ao papa, nem a qualquer outro governante, e sim à igreja – a este desalinhado bando de pecadores egocêntricos, argumentadores, que lutam por santidade, mas gloriosamente *perdoados* – que as chaves do reino de Deus são dadas. Afirmando-o de outra maneira, a igreja age como um tipo de embaixada para o governo do Rei. É um posto do reino de Deus cercado pelo reino das trevas. E, assim como uma embaixada de uma nação tem o propósito, pelo menos em parte, de exibir a vida daquela nação para as pessoas ao seu redor, assim também a igreja tem o propósito de manifestar a vida do reino de Deus para o mundo ao seu redor.[4]

Paulo escreveu sobre isso em Efésios 4. Depois de dizer que, no evangelho de Jesus, a parede de separação entre judeus e gentios é derrubada (Ef 2.14), Paulo fez esta afirmação extraordinária: Deus planejou que, "pela igreja, a multiforme sabedoria de Deus se torne conhecida, agora, dos principados e potestades nos lugares celestiais" (Ef 3.10). Em outras palavras, a vida de reconciliação e amor que existe na igreja será uma manifestação da sabedoria de Deus para o mundo. A vida do reino – uma vida de pobreza de espírito, humildade, misericórdia, pureza e paz – será manifestada ao mundo *na igreja*. A igreja não é perfeita, tampouco ela exibe a vida do reino sem falhas. Mas, creiamos ou não, a igreja é o palco principal que Deus escolheu para tornar visível o seu reino redentor sobre as pessoas. Como alguns têm dito, a igreja é a manifestação inicial do reino de Deus nesta era. E, à medida que o mundo vê e responde a esta vida do reino, a igreja não somente *manifestará* o reino, mas também *dará testemunho* do reino.

Resumo

O reino de Deus, podemos dizer, é o reino redentor de Deus na pessoa de seu Filho, Jesus, o Messias, o reino

---

4 Ver Jonathan Leeman, *Surprising Offense of the Love of God* (Wheaton, IL: Crossway, 2010).

que irrompeu na era presente e é agora visível na igreja. Com esse entendimento, há algumas outras questões que devemos considerar em relação ao ensino do Novo Testamento sobre o reino de Deus.

A ÚLTIMA PERGUNTA DOS APÓSTOLOS FEITA A JESUS

Pouco antes de assistirem à ascensão do Messias Jesus ao céu, os apóstolos lhe perguntaram: "Senhor, será este o tempo em que restaures o reino a Israel?" (At 1.6). Em outras palavras, este é o tempo em que estabelecerás e consumarás o reino, levando-o à sua plenitude? A resposta que eles receberam de Jesus deve ter sido bastante insatisfatória: "Não vos compete conhecer tempos ou épocas que o Pai reservou pela sua exclusiva autoridade" (v. 7). Mas é claro que eles sabiam *realmente* algo a respeito de como e quando o reino seria estabelecido. O próprio Senhor lhes ensinara essas coisas.

Quando o reino será final e plenamente estabelecido?

Já vimos que o reino de Deus foi inaugurado com a primeira vinda de Jesus. Como ele mesmo disse, "é chegado o reino de Deus sobre vós" (Mt 12.28). Mas também é verdade que o reino que Jesus inaugurou não está ainda consumado; ainda não foi estabelecido em sua plenitude. Isso se torna bastante claro apenas por compararmos os vislumbres bíblicos sobre a consumação com o mundo ao nosso redor. Este não é um mundo de justiça e retidão perfeitas; na realidade, ele está longe disso. Além disso, os apóstolos sabiam que, relacionadas ao reino, havia mais coisas do que as que eles já haviam recebido. Essa era a compreensão por trás da pergunta deles em Atos 1.6. Era a compreensão por trás do pedido da mãe de Tiago e João, o pedido de que seus filhos se assentassem à direita de Jesus (Mt 10.21). Era também a compreensão por trás do anseio de Paulo pela ressurreição dos mortos (1 Co 15) e de sua declaração de que o Espírito Santo é "o penhor da nossa herança, *ao resgate da sua propriedade*" (Ef 1.14). Era também a esperança daquele futuro que estava por trás do ensino de Jesus de que seus apóstolos pedissem a Deus que viesse o seu reino e sua vontade fosse feita tão perfeitamente aqui na terra como é feita no céu (Mt 6.10). Fica evidente que os apóstolos esperavam por algo, mesmo quando já desfrutavam das bênçãos do reino, que irrompera na era presente.

Aquilo pelo que eles esperavam era o estabelecimento pleno e final do reino de Jesus. E isso só acontecerá quando Jesus retornar para fazê-lo. Ele lhes disse que esperassem por isso.

> Então, aparecerá no céu o sinal do Filho do Homem; todos os povos da terra se lamentarão e verão o Filho do Homem vindo sobre as nuvens do céu, com poder e muita glória. E ele enviará os seus anjos, com grande clangor de trombeta, os quais reunirão os seus escolhidos, dos quatro ventos, de uma a outra extremidade dos céus (Mt 24.30-31).

Apocalipse 19 e 20 afirmam este mesmo ensino. Os acontecimentos finais – a derrota das nações reunidas contra o Senhor e seus ungidos, a derrota de Satanás, a criação dos novos céus e da nova terra – tudo isso acontecerá *somente quando* o Rei Jesus voltar em glória, e não antes.

É importante que lembremos isso, por algumas razões. Por um lado, isso nos protege de um otimismo errado e desencorajador a respeito de quão bom devemos esperar que seremos capazes de tornar este mundo. Em Romanos 8, Paulo nos diz que um dia a criação será "redimida do cativeiro da corrupção, para a liberdade da glória dos filhos de Deus" (Rm 8.21). Contudo, Paulo também diz com clareza que, até aquele dia chegar, a criação permanece "sujeita à vaidade", em seu "cativeiro da corrupção" (vv. 20-21). Receamos que muitos líderes de igreja estão prestando um mau serviço ao seu povo por levá-los a esperar demais por um melhoramento da sociedade neste "mundo perverso", que ainda perece em escravidão e vaidade. Afirmações de missão da igreja como "Transforme a Cidade e o Mundo" e "Mude a Cidade, Mude o Mundo" expressam um desejo recomendável, mas vão além do que a Bíblia diz que devemos esperar ver no mundo durante esta era, antes da volta de Jesus. E o resultado, como tememos, é que, no decorrer dos anos, quando as cidades não se tornam céus de virtude e justiça, quando a pobreza persiste, quando permanecem moradias inadequadas, quando os governos continuam suscetíveis à corrupção, os cristãos ficarão desanimados e talvez até questionem a bondade e o poder de Deus. E tudo isso acontece porque suas esperanças eram elevadas demais e foram colocadas em coisas erradas.

Parece-nos que uma maneira realista e mais bíblica de pensar sobre o mundo na era presente é compreender que até à volta de Jesus (como ele mesmo nos disse) sempre teremos "os pobres" conosco (Mt 26.11) e que nossa sociedade e civilização será sempre caracterizada por corrupção, injustiça e opressão. Isso deve nos tornar complacentes? De modo algum! Devemos nos esforçar e trabalhar contra esses males? Certamente! Tudo isso é motivo para nos assentarmos, acomodarmos e resolvermos não resistir ao mal? Claro que não. A generosidade e o interesse social, especialmente para com os pobres, como Tim Keller nos recorda, "refletem o caráter de Deus". Viver piedosamente em nosso mundo consiste de "um grande leque de atividades, desde o simples lidar honesto e justo com as pessoas, na vida diária, a dar radical e regularmente de seu tempo e recursos, ao ativismo que busca acabar com formas específicas de injustiça, violência e opressão".[5] Devemos lutar contra e resistir ao mal no mundo, com uma compreensão robusta de que Deus não espera que sejamos capazes de tornar o mundo perfeito e de que esses males persistirão até que o nosso Rei volte e acabe com eles.

---

5   Timothy Keller, *Generous Justice: How God's Grace Makes Us Just* (New York: Dutton, 2010), 18.

Eu (Greg) passei alguns anos ministrando em Washington D.C. E uma das coisas que observei lá – algo que me surpreendeu – é quão frequentemente pessoas graduadas em faculdades vinham à cidade pensando que iriam mudar o mundo, passavam três ou quatro anos desperdiçando seu tempo em algo impossível e, por fim, deixavam a cidade desanimadas, fatigadas e convencidas de que tudo era inútil. Acho que grande parte desse desânimo poderia ter sido evitada se eles tivessem apenas entrado naqueles labores com um realismo bíblico sobre a era em que vivemos. Assim, poderiam ter se empenhado para fazer o bem no mundo e se alegrado com as vitórias obtidas; e não seriam esmagados quando, por fim, descobrissem que não podiam realmente consertar o mundo. Isso lhes teria dado tanto a motivação para fazer o bem *como* a determinação inflexível de labutarem mesmo em meio à oposição forte e persistente dos poderes deste mundo.

Outra razão por que é importante lembrarmos que o reino será estabelecido somente quando Jesus voltar é que isso fixa os nossos olhos no Rei e não nas coisas que o Rei dá – no Doador e não nas dádivas. Como cristãos, nossa grande esperança é o refrão que ressoa em toda a Bíblia: "Seremos o seu povo, e ele será o nosso Deus". Como disse o apóstolo João, contemplaremos a face de Deus novamente (Ap 22.4). Isso é o que aguardamos – e não tanto as ruas de ouro, as portas de pérola ou o mundo esvaziado de injustiça e opressão. Embora essas coisas sejam importantes e maravilhosas, elas não são, em última análise, suficientes. Esperamos ver o nosso Rei, face a face. Como cristãos, desejamos que nossos olhos se fixem não tanto no reino, e sim no Rei do reino.

Como o reino será final e plenamente estabelecido?

Se é verdade que o reino será plenamente estabelecido somente *quando* Jesus voltar, também é verdade que o reino será estabelecido somente *pelo próprio Rei*. Novamente, a pergunta dos discípulos, registrada em Atos 1.6, é instrutiva. Eles não estavam sob a ilusão de que estabelecer o reino de Deus era tarefa deles. O reino já fora inaugurado sem a ajuda deles; e reconheceram que o reino também será consumado sem a sua ajuda. Eles perguntaram: "Senhor, será este o tempo em que *restaures* o reino a Israel?" Também haviam aprendido isso do próprio Senhor. Considere outra vez a passagem de Mateus 24.30-31: o Filho do Homem vem sobre as nuvens do céu; é *ele* quem envia os seus anjos para reunir os eleitos. Além disso, Isaías diz que é *Deus* quem criará "novos céus e nova terra". E Apocalipse nos mostra outra vez que é *Deus* quem "enxugará dos olhos toda lágrima" (Ap 21.4). Não somente isso, os dois versículos seguintes deixam claro que é Jesus, e somente Jesus, quem estabelece o reino:

> E aquele que está assentado no trono disse: Eis que faço novas todas as coisas. E acrescentou: Escreve, porque estas palavras são fiéis e verdadeiras.

Disse-me ainda: Tudo está feito. Eu sou o Alfa e o Ômega, o Princípio e o Fim. Eu, a quem tem sede, darei de graça da fonte da água da vida (Ap 21.5-6).

Ele diz: "Eis que [eu] faço novas todas as coisas". E há a declaração de realização: "Tudo está feito". O fato de que isto é algo que pertence apenas ao Senhor Jesus redunda em sua glória, pois ele declara na sentença seguinte: "Eu sou o Alfa e o Ômega, o Princípio e o Fim". A edificação do reino é um ato divino e messiânico, digno de louvor divino e messiânico.

Quando abrimos o evangelho e examinamos os verbos associados com o reino, descobrimos algo surpreendente. Grande parte de nossa linguagem sobre o reino é um tanto inexata. Falamos constantemente em "edificar o reino", "introduzir o reino", "estabelecer o reino". Contudo, esta é realmente a maneira como o Novo Testamento fala sobre o reino? George Eldon Ladd, o homem que tornou o reino popular para os evangélicos, não pensava assim.

> O reino pode estar próximo dos homens (Mt 3.2; 4.17; Mc 1.15, etc.); pode vir (Mt 6.10; Lc 17.20, etc.), chegar (Mt 12.28), manifestar-se (Lc 19.11), ser tomado por esforço (Mt 11.12). Deus pode dar o reino aos homens (Mt 21.43; Lc 12.32), mas os homens não podem dar o reino de Deus aos outros homens. Além disso, Deus pode tirar o reino dos homens (Mt 21.43), mas os homens não podem ti-

rá-lo dos outros, embora eles possam impedir que outros entrem no reino. Os homens podem entrar no reino (Mt 5.20; 7.21; Mc 9.47; 10.23; etc.), mas não podemos dizer que eles edificam ou constroem o reino. Os homens podem receber o reino (Mc 10.15; Lc 18.17), herdá-lo (Mt 25.34) e possuí-lo (Mt 5.4), mas não podemos dizer que eles o estabelecem. Os homens pode rejeitar o reino, ou seja, recusarem-se a recebê-lo (Lc 10.11) ou a entrar nele (Mt 23.13), mas eles não podem destruí-lo. Eles podem esperar o reino (Lc 23.51), orar por sua vinda (Mt 6.10) e buscá-lo (Mt 6.33; Lc 12.31), mas não podem fazê-lo existir. Os homens podem estar no reino (Mt 5.19; 8.11; Lc 13.29, etc.), mas a Bíblia não nos diz que o reino cresce. Os homens podem fazer coisas por causa do reino (Mt 19.12; Lc 18.29), mas não podem realizar o próprio reino. Os homens podem pregar o reino (Mt 10.17; Lc 10.9), mas somente Deus pode dá-lo aos homens (Lc 12.32).[6]

Citamos esta seção em nossas obras. Mas, quando a usamos no passado, ficamos insatisfeitos com a sentença "a Bíblia não nos diz que o reino cresce". Parece-nos que a parábola do lavrador que dorme (Mc 4.26-29) e a parábola do grão de mostarda (4.30-32) ensinam claramente que o

---

6 George Eldon Ladd, *The Presence of the Future* (Grand Rapids: Eerdmans, 1996), 193. Quanto a uma explicação exegética deste parágrafo, ver George Eldon Ladd, *A Theology of the New Testament*, rev. ed. (Grand Rapids: Eerdmans, 1993), 89-102.

reino cresce. Todavia, quando estudamos essas passagens mais atentamente, pensamos que podemos formular um bom argumento no sentido de que Jesus não estava ensinando sobre o crescimento do reino e que, em vez disso, ele demonstrava que o reino de pequeno começo será, no final desta era, o reino de significância cósmica. O reino parecia inexpressivo naquele momento, contando apenas com um grupo de doze discípulos inábeis, mas será visto, um dia, em seu glorioso final.

Emprestando um clichê bastante usado, o reino é o que ele é. O reino não se expande. Não aumenta. Não cresce. Mas o reino pode manifestar-se mais e mais. Pense no reino como o sol. Quando as nuvens vão embora em um dia nublado, não dizemos: "O sol cresceu". Dizemos: "O sol apareceu". Nossa visão do sol mudou ou os obstáculos foram removidos, mas não mudamos o sol. O sol não depende de nós. Não podemos trazê-lo até nós, nem fazê-lo brilhar. O sol pode aparecer. Seu calor pode ser sentido ou inibido. Mas o sol não cresce. (Rapazes da ciência, não entendam tudo isso no sentido técnico, vocês sabem o que estou querendo dizer.) Isto parece uma boa analogia para o reino.

Deus usa meios e nos emprega em sua obra. Entretanto, não fazemos nem trazemos o reino. O reino pode ser recebido por mais e mais pessoas, mas isso não envolve *crescimento* do reino. Anunciamos o reino e vivemos de acordo com suas regras, mas não o edificamos, nem o fazemos crescer, porque ele já é e já está aqui. Como Ladd o disse:

> O reino é o produto da vontade de Deus. É o ato do próprio Deus. Está relacionado aos seres humanos e pode operar em e por meio deles, mas o reino nunca se torna sujeito a eles... O fundamento da exigência de que os homens recebem o reino está no fato de que Jesus, o Rei, veio à História.[7]

A verdade é que, falando biblicamente, nós, seres humanos, podemos anunciar o reino, entrar nele, rejeitá-lo, herdá-lo e possuí-lo, mas é Deus, e somente Deus, quem estabelece e introduz o reino. É Deus quem reconcilia todas as coisas consigo mesmo, por meio de Cristo (Cl 1.19-20). Não devemos pensar que estes versículos de Colossenses nos dizem o que devemos fazer como cooperadores de Deus. Antes, eles falam do escopo cósmico daquilo que o próprio Deus realizará por meio da cruz. Esta consumação final é, totalmente, uma obra de Deus e para a glória de Deus.

COMO VOCÊ ENTRA NO REINO?

Se o reino de Deus é tão bom como a Escritura diz que ele é – o governo de Deus benevolente, feliz e pleno de gozo sobre o seu povo redimido –, e se é verdade que você pode estar *dentro* ou *fora* desse reino, é muito importante que sejamos claros a respeito de como alguém entra *no* reino. Já vimos que o reino é especificamente o reino de

---

[7] Ibid., 102.

Jesus, o Messias, e que isso nos leva uma resposta simples para esta pergunta: *a inclusão no reino de Deus é totalmente condicionada à nossa reação para com o Rei.*

A inclusão no reino não depende de uma vida bem conduzida ou de uma vida comparativamente menos má em relação à pior pessoa em que você possa pensar. Se você quer ser incluído no reino de Deus, tem de responder corretamente ao Rei do reino. Essa é a mensagem unânime tanto de Jesus como dos apóstolos. Portanto, em Marcos 10, quando lemos que o jovem rico perguntou o que devia fazer para herdar a vida eterna, que depois Jesus equiparou a "entrar no reino de Deus" (v. 24), a resposta de Jesus para ele foi: "Segue-me". Sim, Jesus lhe disse primeiramente que vendesse tudo que tinha e desse aos pobres, mas o foco não era nem o vender nem os pobres. O foco era a idolatria do homem, e Jesus o chamou a renunciar a idolatria de suas posses e lançar sua fé nele. O mesmo é verdade na história das ovelhas e dos bodes em Mateus 25. A linha de divisão entre aqueles que são recebidos no reino e aqueles são ordenados a apartar-se do Senhor é a maneira como eles reagiram para com Jesus e sua mensagem na pessoa de seus "irmãos", aqueles que deram testemunho dele.

Os apóstolos também ensinaram constantemente que a salvação – a inclusão no reino – tem de ser obtida por reagir corretamente para com o Rei. "Se, com a tua boca, confessares Jesus como Senhor", disse Paulo, "e, em teu coração, creres que Deus o ressuscitou dentre os mortos, serás salvo" (Rm 10.9). Ele pregou: "Tomai, pois, irmãos, conhecimento de que se vos anuncia remissão de pecados por intermédio deste" (At 13.38). E Pedro proclamou sobre Jesus que "Deus o fez Senhor e Cristo" e que a maneira de ser salvo é "arrependei-vos, e cada um de vós seja batizado em nome de Jesus Cristo para remissão dos vossos pecados" (At 2.36, 38). Repetidas vezes, tanto Jesus como os apóstolos deixaram claro que o perdão dos pecados e a inclusão no reino de Deus são dados a uma pessoa que vem a Jesus, com arrependimento e fé, e crê nele como o único que pode dar o direito e o poder que qualificam alguém para compartilhar da herança dos santos.

O REI SOFREDOR

Toda a história bíblica se move, de fato, em direção a essa conclusão. Os profetas de Israel sempre entenderam que o Messias sobre o qual eles profetizavam não seria apenas grande, poderoso e honrado. Ele seria também um *representante* do povo de Deus e *sofreria* no lugar deles. Isaías, por exemplo, fez um maravilhoso e profundo jogo de palavra ao descrever o Servo, que ele sabia, com base em várias passagens correspondentes, seria o Messias prometido. À primeira vista, parece que o Servo era a nação de Israel. Por isso, em Isaías 49.3, o Servo disse:

> E me disse: Tu és o meu servo, és Israel, por quem hei de ser glorificado.

Mas, em Isaías 49.5, é claro que a missão do Servo-
-Messias tinha em vista a nação de Israel:

> Agora diz o SENHOR, que me formou desde o ventre para ser seu servo, para que torne a trazer Jacó e para reunir Israel a ele.

Então, o que acontece nesta passagem? É o servo Israel agindo ou o servo fazendo algo *por* Israel? A resposta é ambas as coisas. O que parece estar acontecendo é que o Servo está, ao mesmo tempo, *representando* Israel e cumprindo uma missão *para* Israel.

Depois Isaías mostra, no capítulo 53, como esta representação atinge o seu auge, quando o Servo assume o lugar do seu povo até à morte, em favor dos pecados deles:

> Certamente, ele tomou sobre si as nossas enfermidades e as nossas dores levou sobre si; e nós o reputávamos por aflito, ferido de Deus e oprimido. Mas ele foi traspassado pelas nossas transgressões e moído pelas nossas iniquidades; o castigo que nos traz a paz estava sobre ele, e pelas suas pisaduras fomos sarados. Todos nós andávamos desgarrados como ovelhas; cada um se desviava pelo caminho, mas o SENHOR fez cair sobre ele a iniquidade de nós todos (vv. 4-6).

Você pode ver o sofrimento representativo nestes versículos.

Ele foi traspassado *pelas nossas transgressões*
e moído *pelas nossas iniquidades*.

De fato, sofrer e morrer pelo povo era o âmago do ofício do Messias.

Se isso é verdade, não é surpreendente que as narrativas da paixão de Cristo, nos evangelhos, sejam tão carregadas de cenas de realeza! Pensamos normalmente na morte de Cristo em conexão íntima com o seu ofício como Sacerdote, e o livro de Hebreus nos diz que isso é totalmente correto. Mas também é verdade que a morte de Cristo está inerente e estritamente conectada com sua realeza. O manto de púrpura, a coroa de espinhos, a inscrição acima de sua cabeça – Jesus morreu *como Rei* e não como Sacerdote. O que isto significa é que toda conversa sobre Jesus como Rei é totalmente inadequada se não tem em seu âmago um entendimento de sua morte representativa e vicária no lugar do seu povo. Isso é o que *significava* ser o Messias; e, de acordo com os profetas, isso é o que o Messias deveria fazer. Sim, ele inauguraria um reino e o regeria com justiça e sabedoria. Mas ele também levaria o pecado de seu povo. O Senhor lançaria sobre ele as iniquidades do seu povo. O Messias seria ferido pelas transgressões do seu povo e esmagado pela rebelião deles. E dessa maneira ele obteria o perdão dos pecados para eles e os tornariam dignos de serem incluídos em seu grande reino! Jesus não é apenas Rei; ele é o Rei sofredor. Não é apenas o Rei Jesus, o Grande, mas também o Rei Jesus, o Crucificado e Ressuscitado.

Entenda isso, e ficará bastante claro por que a inclusão no reino depende da resposta de alguém ao Rei. É somente o Rei que tem – por virtude de sua morte vicária e sua ressurreição – a autoridade de perdoar pecados, declarar justo e fazer um ser humano pecaminoso compartilhar das bênçãos de seu reino. O Rei veio aos seus súditos que se rebelaram contra ele, pronunciou a sentença de morte contra eles, e, apesar disso – esperança de esperanças! – agora ele oferece perdão, havendo recebido em si mesmo a sentença de morte. Como pode algum rebelde esperar que a absolvição ou o perdão lhe seja dado, senão por confiar no Rei e receber a oferta que ele faz? Para um rebelde seria tolice dizer: "Sim, eu quero o teu perdão, mas não nos termos em que o ofereces". Se o perdão e a absolvição têm de ser obtidos, eles têm de ser recebidos das mãos misericordiosas do próprio Rei.

Também fica bastante claro, novamente, por que a tarefa primária dos cristãos, nesta era, em referência ao reino, não é edificá-lo ou estabelecê-lo, e sim dar testemunho do seu Rei sofredor, representante, perdoador. Você pode ver esta lógica em Mateus 28.18-20. Se é verdade que toda a autoridade no céu e na terra foi dada a Jesus – a autoridade de julgar, perdoar, introduzir no reino e excluir do reino –, então, todas as nações precisam ouvir sobre essa realidade e serem chamadas a virem a Jesus como Rei e Salvador. "Falem sobre mim a todas as nações", parece que Jesus estava dizendo. "Eu tenho toda a autoridade; então, digam-lhes que devem me seguir!"

Você percebe: os discípulos não deveriam ficar sentados, regozijando-se com o fato de que o Rei Jesus possuía toda a autoridade. Deveriam ir e proclamar esse fato ao mundo entenebrecido que não tinha a menor ideia dessa realidade. Eles deveriam testemunhar – não edificar, não estabelecer, não introduzir, e sim *dar testemunho* do reino. Deveriam ser súditos e arautos, e não agentes, do reino.

CAPÍTULO 6

Entendendo a Justiça Social
Exposição

ALGUNS ANOS ATRÁS, eu (Kevin) fui, por uma semana, capelão em um acampamento cristão. O acampamento era como muitos acampamentos cristãos, repleto de cavalos, arborismo, uma parede de escalada, muitos jovens cheios de energia e um grupo de conselheiros entusiastas, de idade universitária. Meu trabalho como capelão consistia em dirigir alguns poucos cultos e tentar encorajar os jovens e os conselheiros. O que vi nos aconselhamentos me surpreendeu.

Lembro, nitidamente, que tive uma conversa com um jovem líder e pensei: "Isto é o começo de algo diferente". Embora aquele fosse um acampamento conservador, que atrairia jovens de igrejas conservadoras e contrataria seus jovens universitários conservadores, tive o sentimento de que aquele estudante representava uma mudança já em andamento nos evangélicos mais jovens. Ele estava lendo *God's Politics* (A Política de Deus), escrito por Jim Wallis. Estava cansado de George W. Bush. Tinha muito interesse por justiça social. Aquele universitário era pensativo, estava cansado do que julgava ser um cristianismo inoperante e era zeloso por fazer diferença no mundo.

Desde aquela época, nós (Kevin e Greg) temos falado em diferentes eventos em nosso país, geralmente para cristãos jovens. Com base em nossa evidência anedótica, não temos achado nenhum assunto mais debatido do que a justiça social, especialmente em faculdades cristãs e entre jovens bem educados de 20 e 30 anos. Os evangélicos mais novos são mais preocupados com pobreza, com cavar poços, com tráfico sexual, com órfãos do que em qualquer outro tempo recente que podemos lembrar. Justiça social é um assunto predominante em nossos dias e continuará sendo assim por algum tempo. Um erudito proeminente chegou a dizer que um novo interesse em justiça social, ou o que ele prefere chamar de evangelho missional ou holístico, representa a maior mudança no evangelicalismo neste último século.[1]

O QUE A BÍBLIA DIZ SOBRE JUSTIÇA SOCIAL E OS POBRES?

No entanto, mesmo com todo o barulho e toda a energia que giram em torno da justiça social, tem havido poucos esforços para examinar os textos bíblicos. Pouco tempo tem

---

1 Scot McKnight, blog "Jesus Creed", http://blog.beliefnet.com/jesuscreed/2010/01/20th-century-biggest-change-i.html. Acessado em 29 de janeiro de 2010.

sido gasto em considerar as principais passagens que se referem à "justiça social", para averiguar o que elas realmente dizem. Bem, correndo o risco de sermos tediosos, queremos fazer exatamente isso. Este capítulo incluirá algumas aplicações ao longo de suas considerações, mas o cerne será a exegese honesta. Se você quer saber o que tudo isso significa, trataremos disso no próximo capítulo, onde sintetizamos nossas descobertas numa série de pensamentos concludentes e de afirmações resumidoras. Agora, consideraremos doze textos bíblicos comuns que falam sobre "justiça social".

Você observará que ressaltamos muitos dos mesmos temas, mesmos pecados e mesmas incompreensões em texto após texto. Nossa abordagem pode ser redundante, mas pensamos que é importante considerar muitos textos, em vez de poucos, porque assim podemos ver que não estamos tentando ser seletivos em nossa leitura; e assim teremos uma visão mais ampla do que a Bíblia diz sobre justiça social. Visto que algumas das passagens que expomos são capítulos inteiros ou grandes seções, não incluímos o texto da Escritura ao qual nos referimos. Recomendamos fortemente que você acompanhe este capítulo com a Bíblia aberta.

LEVÍTICO 19.9-18: AMARÁS O TEU PRÓXIMO COMO A TI MESMO

Levítico 19 não é a passagem mais famosa sobre justiça social, mas é representativa de muitas passagens semelhantes. Por isso, começaremos nesta passagem e nos deteremos nela por algum tempo.

O clímax da passagem e seu tema predominante se acham na segunda metade do versículo 18: "Amarás o teu próximo como a ti mesmo". Como a maioria dos cristãos sabem, Jesus se referiu a este como o segundo grande mandamento (Mt 23.39; Mc 12.31). Paulo e Tiago viram o mandamento como um paradigma para o resto da lei (Rm 13.9; Gl 5.14; Tg 2.8). De acordo com o Novo Testamento, amor é o que devemos mostrar aos pobres e a todas as pessoas. Levítico 19 é uma passagem terrível, porque o amor, aqui, é bastante concreto. Esta passagem não é poética. Não se eleva aos céus. As pessoas não estão escrevendo canções sobre essa passagem e tocando-as em casamentos. É clara e prática. Todos já ouvimos que devemos amar o próximo como a nós mesmos. Talvez 95% das pessoas em nosso país concordam em que amar nosso próximo é uma boa ideia. Mas como é esse amor? Como o praticamos? Os versículos 9 a 18 nos mostram como.

Esta passagem aplica o amor a cinco diferentes áreas da vida, delimitada em cinco seções pela frase concludente "Eu sou o SENHOR" (vv. 9-10, 11-12, 13-14, 15-16, 17-18). Você pode pensar nestes versículos como que apresentando cinco linguagens de amor que todo cristão tem de falar. Temos de amar nosso próximo com nossos bens, nossas palavras, nossas ações, nossos julgamentos e nossas atitudes.

Amando os outros com nossos bens (vv. 9-10)

Levítico 19.9-10 resume brevemente o conceito de rebuscar – deixar algo da sua colheita remanescente, nos campos (ou nas vinhas), para que o pobre e o estrangeiro catassem o que era deixado. Como muitos já ressaltaram, a índole do rebuscar é que isso requeria não somente generosidade da parte do proprietário da terra, mas também esforço da parte dos pobres. Não era uma doação (havia lugar para isso também); era uma oportunidade de trabalhar para comer.

Erraríamos se entendêssemos as leis de rebuscar como nada mais do que uma lição moral sobre responsabilidade pessoal. A principal lição a ser aprendida é a de que o povo de Deus deve ser generoso. O princípio para nós é este: temos de planejar deliberadamente nossa vida financeira de modo que tenhamos dinheiro extra para dar aos que se acham em necessidade. Não colha os cantos de seu campo. E não gaste todo o seu dinheiro em você mesmo. Pense naqueles que têm menos do que você e seja generoso com os seus bens. Em outras palavras, não seja mesquinho. Não colha todo último cacho de uvas para você mesmo. Permita que outros se beneficiem da sua colheita. Como Paulo disse no Novo Testamento, devemos trabalhar com empenho para que tenhamos "com que acudir ao necessitado" (Ef 4.28).

Amando os outros com nossas palavras (vv. 11-12)

Amar é falar a verdade. Vemos nestes versículos dois contextos em que a honestidade é preeminente e, às vezes, está em escassez: nos negócios e nos tribunais. Aqui, o primeiro mandamento é o de não furtar. Mas o contexto sugere que o furtar acontece por mentir, pessoas lidando falsamente umas com as outras, como em um ambiente de negócios. Por contraste, o povo de Deus ama os outros por falar a verdade em suas transações. Nenhuma balança, pesos ou medidas injustas (vv. 35-36).

O segundo cenário é o de um tribunal. Especialmente numa época em que não havia câmeras de vigilância, testes de DNA ou fitas de gravação, tudo dependia do testemunho. Essa é a razão por que dar falso testemunho é um crime tão grave na Bíblia. A vida de outra pessoa poderia ser, literalmente, arruinada por uma simples mentira. Amor – ao nosso próximo ou aos nossos inimigos – exige que tenhamos cuidado com nossas palavras.

Amando os outros por nossas ações (vv. 13-14)

O versículo 13 nos apresenta o exemplo clássico e mais comum de opressão dado na Bíblia: não pagar o salário combinado no tempo combinado. Opressão não era o mesmo que desigualdade. Opressão acontecia quando os diaristas eram contratados para trabalhar nos campos e no final do dia o proprietário da terra não lhes pagava o salário. Isso era uma ofensa grave para com o próximo e diante de Deus, porque com frequência o pagamento do dia era, literalmente, o pão diário do trabalhador. As pessoas dependiam deste pagamento para sobreviver.

Era muito fácil privar os trabalhadores de seu salário. Você podia dizer que não tinha nada para dar. Ou podia argumentar que o trabalho fora muito mal feito. Ou podia apenas se recusar a pagar hoje ou sempre. Se a questão era apenas a palavra de um homem contra a palavra de outro, havia pouco que um trabalhador podia fazer para conseguir justiça, especialmente *naquele* tempo, quando tudo que o trabalhador precisava era de alimento para comer, e não de um processo legal.

Essa é exatamente a opressão referida em Tiago 5.1-6. Os ricos, disse Tiago, viviam em autossatisfação e luxúria. E eles não eram ricos que reinvestiam seu dinheiro nos negócios para contratar mais trabalhadores. Eram ricos que faziam negócios desonestos. A riqueza fora acumulada por reterem, por fraude, o salário dos trabalhadores. A injustiça contra a qual Tiago protestou existia não porque o salário era relativamente baixo ou porque havia uma disparidade entre ricos e pobres. A injustiça era que os ricos haviam contratado trabalhadores para a colheita, mas se recusavam a pagar o salário deles (v. 4).

O princípio mais amplo contido nestes dois versículos de Levítico é que o povo de Deus não pode aproveitar-se dos fracos. Não amaldiçoe o surdo, mesmo que não possa ouvi-lo. Não ponha tropeço diante do cego, mesmo que ele não saiba quem fez tal coisa. Deus sabe. Se outros não sabem a linguagem de seu país, ou não entendem o sistema, ou não têm as conexões necessárias, eles evocam nossa compaixão e generosidade, e não o nosso desejo de ganhar dinheiro às suas custas.

Amando os outros em nossos julgamentos (vv. 15-16)

Levítico 19.15 é um versículo importante em estabelecer o fato de que justiça na Bíblia, pelo menos no que diz respeito aos tribunais (mas, como pesamos, além dos tribunais), é um processo justo e não um resultado igual. "Não farás injustiça no juízo, nem favorecendo o pobre, nem comprazendo ao grande; com justiça julgarás o teu próximo." Novamente, isso não significa que não nos importamos quando as pessoas têm menos do que nós temos. Isso não significa que devemos ser indiferentes às desvantagens que muitas pessoas têm na vida não por causa de erros que tenham cometido. Contudo, isso significa que a justiça se esforça para aplicar a lei com igualdade. No contexto de um tribunal, os juízes devem julgar sem parcialidade – quer em favor do rico, quer em favor do pobre.

Imagine que dois homens de sua igreja têm uma disputa. Um homem pobre da igreja fez um trabalho na casa de um homem rico. O homem pobre diz que o rico lhe falou que pagaria dez mil dólares pelo trabalho. O rico afirma que ofereceu dez mil dólares somente se fosse realizado até certa data; do contrário, só pagaria cinco mil dólares. Agora, os presbíteros têm de resolver a questão. O que você faz? O trabalhador deve receber cinco mil ou dez mil dólares? O que é justiça neste caso? De acordo com o versículo 15, justiça significa dar o veredito justo. Você não pode condescender ao maior porque ele dará mais à igreja se você ficar do lado dele ou porque ele é mais influente na comunidade. E você não pode, neste caso, mostrar parcialidade ao homem pobre porque ele poderia realmente usar o dinheiro e porque, afinal de contas, o rico tem mais do que o seu "quinhão justo".

A justiça está sempre do lado da verdade, e um dos dois homens não está falando a verdade. Caridade, generosidade e boa mordomia são imprescindíveis na vida. Mas, neste caso, justiça significa fazer o que é justo, não tornar os resultados como pensamos que eles deveriam ser.

Nossa contenção é que a justiça social na Bíblia não é um resultado atingido, e sim o tratamento igualitário e um processo justo. Nenhum suborno. Nenhum acordo secreto. Nenhum julgamento calunioso. Nenhuma quebra de suas promessas. Nenhum aproveitar-se dos fracos. Isso é o que significa justiça social na Bíblia.[2] Idealmente, a justiça é cega. Essa é a razão por que a dama Justiça, em nossos tribunais, tem seus olhos cobertos. É a razão por que o edifício da Suprema Corte dos Estados Unidos tem a inscrição "Justiça Igual Sob a Lei". Justiça implica que deve haver um único padrão, uma única lei, para todos, e não leis diferentes para tipos diferentes de pessoas.

Amando os outros em nossa atitude (vv. 17-18)

O amor é concreto, mas é também afetivo. "Não aborrecerás teu irmão no teu íntimo." Não basta ser educado no exterior e cheio de ira no íntimo. Se ficamos irados com nosso irmão, devemos arrazoar sinceramente com ele e tentar acertar as coisas. A verdade crucial é que devemos amar como gostaríamos de ser amados

---

2 Discutiremos mais profundamente a origem e o significado desta expressão nos capítulos seguintes.

(como Jesus expressou na Regra Áurea – Mt 7.12, Lc 6.31). Somos responsáveis não somente por tratar nosso próximo corretamente, mas também por dar os passos necessários para que nosso coração tenha sentimentos corretos para com nosso próximo.

Portanto, em última análise, este mandamento de amar o nosso próximo como a nós mesmos – este mandamento citado mais do qualquer outro no Novo Testamento – se condensa em cinco mandamentos básicos, comuns e diários: compartilhar, falar a verdade, não aproveitar-se dos fracos, ser justo, resolver as questões. É mais simples do que você possa imaginar. Contudo, é mais fácil de ser dito do que de ser feito.

LEVÍTICO 25: O ANO DO JUBILEU

Nosso próximo texto bíblico descreve os arranjos para o famoso Ano do Jubileu. Esta passagem é uma das favoritas dos defensores de "justiça social". Todavia, o que o texto diz pode ser diferente do que muitos imaginam.

O Ano do Jubileu (que provavelmente nunca aconteceu) deveria acontecer em Israel a cada 50 anos. A celebração tinha dois componentes: um retorno ao quinhão de terra original e liberdade da servidão.

O primeiro componente lidava com a terra

Levítico 25 antecipava o tempo em que Israel herdaria a Terra Prometida e cada tribo receberia de Deus a sua herança (ver Js 13, ss.). Com o passar do tempo, algumas pessoas seriam inevitavelmente forçadas a vender parte de sua terra. Se isso acontecesse por causa de morte, gafanhotos, clima ruim, ladrões, má administração ou indolência – não importava a causa da venda da terra – toda família receberia de volta no Ano do Jubileu o seu quinhão de terra original. Os pobres obteriam alívio; os ricos perderiam parte da terra que haviam comprado.

Antes do Ano do Jubileu, uma pessoa poderia comprar de volta sua terra, pagando um preço de redenção. Este preço de venda e o preço de redenção eram ambos calculados com base em quantos anos faltavam até ao Ano do Jubileu. Em essência, não se podia nunca comprar ou vender uma terra, somente emprestá-la ou alugá-la. O proprietário original tinha o direito de comprar de volta a terra em qualquer tempo. Portanto, a sentença no final do último parágrafo não é totalmente correta. Os ricos não perderiam suas terras, pois havia o arrendamento da terra que eles alugavam de seus compatriotas mais pobres.

Havia outras leis concernentes a cidades muradas, vilas sem muralhas e propriedades dos levitas, mas o princípio básico para o Ano do Jubileu era claro: (1) a terra poderia ser vendida/arrendada por um preço que se baseava no número de anos restantes até ao Jubileu; (2) a terra poderia ser comprada de volta a qualquer tempo, de acordo com o mesmo princípio; (3) depois de 50 anos, todos os direitos de propriedade da terra voltavam aos seus donos originais.

O segundo componente no Jubileu lidava com as pessoas

Há um progresso acontecendo aqui. Se uma pessoa estivesse em dificuldades financeiras, ela poderia vender/arrendar parte da terra ao seu parente mais próximo. Se não tivesse essa opção, ela poderia vender/arrendar parte da terra a alguém que não era seu parente. Se isso não desse certo, ou se a pessoa vendesse a terra completamente, ela daria o próximo passo: obteria um empréstimo livre de interesses (ou seja, um empréstimo de subsistência, e não um empréstimo de capital), que seria perdoado a cada sete anos. Se um empréstimo não resolvesse a situação, a pessoa poderia vender-se a si mesma a outro israelita. No pior cenário, a pessoa se venderia a um estrangeiro ou peregrino que vivia entre eles. Em os casos de vender-se a si mesmo, a pessoa poderia ser redimida por um membro da família ou por si mesma em qualquer tempo. O preço de compra era calculado com base nos anos que ainda restavam até ao Jubileu. Se houvesse mais anos até ao Jubileu, a pessoa tinha de pagar mais por sua liberdade. Se houvesse menos anos até ao Jubileu, a pessoa pagava menos. E, se ela ainda fosse escrava quando chegasse o Ano do Jubileu – um israelita escravo, e não um estrangeiro escravo –, seria libertada automaticamente.

Uma palavra de cautela

Simplificamos bastante as coisas, mas esta é a descrição geral quanto às provisões do Jubileu. Sabendo que o Ano do Jubileu proporcionava liberdade aos escravos e realocação das propriedades, muitos cristãos equiparam o Ano do Jubileu com programas de redistribuição forçados. Mas advogar essa abordagem com base em Levítico 25 incorre em muitos problemas.

1. *Não somos uma antiga sociedade agrária.* A maioria de nós não lida com terras e agricultura. Nenhum de nós lida com escravos, ou escravos de contrato, ou cidades muradas. Acima de tudo, a terra não é a nossa principal fonte de renda. Algumas das pessoas mais ricas dos Estados Unidos vivem numa cobertura em Manhattan, enquanto um agricultor de Dakota do Sul pode ter milhares de hectares de terra e possuir um padrão de vida mais baixo. Portanto, libertar escravos e devolver a terra aos seus donos originais não é o mundo em que a maioria de nós vivemos.

2. Principalmente, *as nossas propriedades não foram designadas diretamente por Deus.* Este é o verdadeiro bicho-papão de se tentar aplicar o Ano do Jubileu. Qual é o "ano um" para os proprietários de terra? O ano passado? 1776? 1492? O Ano do Jubileu faz sentido somente quando é visto no contexto da Terra Santa. Canaã era um dom de Deus para Israel. Deus queria que seu povo tivesse aquela terra. Ele queria que as tribos e os clãs originais conservassem sua herança original. É verdade que o Ano do Jubileu dizia respeito a ajudar o pobre, mas também se referia à perpetuidade dos quinhões de terra originais. Toda a terra se mantinha unida porque Deus designara propriedades específicas a tribos específicas (e

não quantidades iguais de terra). A propriedade da terra havia sido definida por Deus mesmo. Essa era a razão por que a terra não podia ser realmente vendida; podia ser apenas arrendada.

3. *Nossa economia não se fundamenta em um pedaço de terra fixo.* Consequentemente, a divisão da riqueza também não é fixa. Em Israel (como muitos lugares no mundo antigo), se alguém ficava rico, isso acontecia porque outra pessoa havia ficado mais pobre. O rico se tornava rico porque o pobre ficava pobre. Ou, no mínimo, o pobre, por se tornar pobre, capacitava o rico a ficar rico. Se você desperdiçasse seu dinheiro ou o perdesse, não tinha outra escolha senão vender a sua terra ou vender-se a si mesmo. Se você fosse à falência, isso seria bom para outra pessoa. Na maioria das vezes, prosperidade era um jogo de perda de um e ganho de outro.

No entanto, numa economia moderna, a riqueza pode ser criada. Isso não significa que os ricos nunca exploram os pobres. Isso também acontece. Mas, nas economias capitalistas, o rico pode ficar rico enquanto o pobre também fica rico. Isto é, de fato, o que está acontecendo em quase todos os países nestes últimos dois séculos. Quase em todas as classes, as pessoas vivem mais e têm mais, embora muitas pessoas não tenham tanto como as que vivem no mundo industrializado.

4. *As nações modernas não estão sob a aliança de Moisés.* Não temos a promessa de colheita miraculosa no sexto ano. As bênçãos e as maldições para o povo da

aliança, em Levítico 26, não fazem sentido em nosso contexto e não se aplicam diretamente aos Estados Unidos ou a qualquer outra nação.

5. *A maioria de nós não somos judeus.* Se você lê atentamente as leis concernentes ao Ano do Jubileu, observará que elas fazem distinção clara entre israelitas e estrangeiros. O Ano do Jubileu era boas novas para os israelitas, mas não propiciava qualquer proveito para quem não era israelita. De fato, se um estrangeiro vivesse entre os israelitas e adquirisse terra, ele a perderia totalmente no Ano do Jubileu, e não haveria em Israel terra nenhuma para a qual retornar. Se um estrangeiro se tornasse escravo, ele não seria libertado. Mas, se tivesse um escravo hebreu, teria de libertá-lo, com sua família. Portanto, se queremos tornar o Ano do Jubileu nosso modelo de justiça, como aplicaríamos esta distinção? Entre cidadãos legais e residentes não legais? Entre pessoas de nosso país e pessoas de fora de nosso país? Entre cristãos e não cristãos?

Não estamos dizendo que o Ano do Jubileu era injusto. Estamos dizendo apenas que o seu propósito era algo diferente de "justiça social", na maneira como as pessoas usam frequentemente a expressão em nossos dias. O Ano do Jubileu tinha o propósito de manter os israelitas livres e na porção de terra específica que Deus lhes dera. Certamente, uma parte importante do Jubileu era a amenização da pobreza e o cuidado de Deus por seu povo. Mas, se você não fazia parte do povo de Deus, o Jubileu não faria muito para ajudá-lo.

E agora?

Mencionamos os cinco pontos anteriores para acautelar-nos de aplicar o Ano do Jubileu de uma maneira que parece boa, mas não faz justiça ao texto bíblico. Mas isso não significa que o Jubileu não tem ramificações no modo como vemos a riqueza e a pobreza. Há várias aplicações.

1. *Fazemos bem quando damos oportunidade para os pobres prosperarem.* É claro que não devemos ser rudes para os pobres. Não devemos aproveitar-nos dos fracos. Mas, além disso, devemos encontrar maneiras de lhes proporcionar um novo começo.

O grande ensino dessas leis do Ano do Jubileu é que elas não davam um montante único de dinheiro aos pobres (embora isso possa ser evocado em algumas ocasiões). O Jubileu fazia algo melhor: dava aos pobres oportunidades. Dava-lhes acesso ao capital (ou seja, a terra). Garantia-lhes nova liberdade. Era um auxílio inteligente. Nem todos devem receber doação em dinheiro, mas todos precisam de oportunidades que tornem possível a autossuficiência econômica. O Ano do Jubileu não fazia pelas pessoas o que elas precisavam fazer por si mesmas. Mas dava às tribos e às famílias pobres outra oportunidade para, pela graça de Deus, fazerem algo por si mesmas.

2. *A Bíblia apoia a existência de propriedade privada.* Em Israel, a terra era possuída não pelo Estado, e sim por indivíduos, famílias, clãs e tribos. De fato, os direitos de

propriedade eram garantidos por Deus aos proprietários originais, em perpetuidade. A permanência da posse da terra servia como um incentivo para o cultivo, o desenvolvimento e a iniciativa. A terra era deles, e eles tinham o direito de ganhar a vida por meio dela. Há poucos fatores mais cruciais à prosperidade econômica do que o direito da propriedade privada e um código de leis firme para proteger esse direito.[3]

3. *A Bíblia relativiza a propriedade privada*. O direito de possuir propriedades não era absoluto, mas derivado. O verdadeiro dono de toda a terra era Deus (ver Lv 25.23). "Ao SENHOR pertence a terra e tudo o que nela se contém" (Sl 24.1). O Jubileu recordava ao povo que eles não ganhariam o prêmio grande nesta vida. Os israelitas tinham de devolver toda terra recém-comprada a cada 50 anos. Nós temos de devolver tudo a cada 70 ou 80 anos (Sl 90.10). A propriedade privada não é aquilo pelo que devemos viver.

4. *Nosso Deus é o Deus de segundas chances*. Um texto como este poderia ser usado para apoiar as leis de falência modernas e de reabilitação de prisioneiros. Certamente apoiaria a existência de uma rede de segurança social – pelo Estado, alguns poderiam argumentar, mas certamente no âmbito da família e da comunidade da aliança. O Jubileu tencionava dar, pelo menos para algumas pessoas, uma chance de um novo começo. Também é bom

---

3 Quanto a uma discussão detalhada sobre esta ideia, ver Hernando DeSoto, *The Mystery of Capital: Why Capitalism Triumphs in the West and Fails Everywhere Else* (New York: Basic Books, 2003).

prover essa mesma chance para os pobres e desamparados em nossos dias. No Novo Testamento, este tema é transportado a um nível espiritual, ensinando-nos que devemos ser dispostos a perdoar e libertar os outros de seus débitos espirituais para conosco (Mt 18.21-35).

5. *Jesus é o Jubileu.* Quando Jesus leu o rolo de Isaías, em Lucas 4, sua mensagem simples foi, em essência: "Eu sou o Jubileu". Ele não apresentou um plano para realizar uma reforma social. Em vez disso, Jesus afirmou claramente: "Hoje, se cumpriu a Escritura que acabais de ouvir" (Lc 4.21). Tudo para o que o Jubileu apontava e muito mais foi realizado na revelação de Jesus em Nazaré. As excelentes notícias de Levítico 25 acham sua expressão plena nas boas novas de Jesus Cristo.[4]

ISAÍAS 1: CONFRONTANDO O PECADO DE JUDÁ, O POVO DE DEUS

O primeiro capítulo de Isaías começa com o Senhor repreendendo fortemente Judá e Jerusalém (v. 1). Eles são rebeldes (v. 2), não têm entendimento (v. 3). Judá é uma "nação pecaminosa, povo carregado de iniquidade" (v. 4). Por causa de sua rebelião, o povo de Deus fora derrotado, consumido, devorado e sitiado (vv. 5-8). É claro que Deus oferece a esperança de perdão e purificação (v. 10), mas o tema predominante no capítulo é desapontamento. O povo de Deus se tornara ímpio.

---

4 Para saber mais a respeito de Lucas 4, ver as discussões nos capítulos 2 e 4.

Como?

Bem, o fracasso dos judeus não ocorreu por falta de observância religiosa. Eles se reuniam para adorar e guardar as festas do Senhor. Contudo, o Senhor não se impressionava com isso. Não podia mais suportar a iniquidade e a assembleia solene deles (v. 13). O Senhor odiava as festas dos judeus e estava cansado de sua obediência mecânica (v. 14). Tampouco ouviria as suas orações (v. 15).

O problema dos judeus ocorre frequentemente na literatura profética: eles cumpriam os detalhes da religião, mas não o seu âmago. Fora da "igreja", os israelitas estavam fazendo o mal, e não o bem (vv. 16-17). Em particular, eles eram culpados de injustiça para com os órfãos e as viúvas, as categorias básicas usadas na Bíblia para descrever os desamparados e vulneráveis (v. 17).

Qual era a injustiça?

> Os teus príncipes são rebeldes e companheiros de ladrões; cada um deles ama o suborno e corre atrás de recompensas. Não defendem o direito do órfão, e não chega perante eles a causa das viúvas (v. 23).

O Senhor estava irado com seu povo, porque os líderes estavam oprimindo os fracos, recebendo suborno para ficarem ao lado dos ricos e tratando injustamente os órfãos e as viúvas.

Veremos isso também em outras passagens, mas Isaías é um grande exemplo de que a Bíblia fala sobre a justiça social tanto mais como menos do que pensamos. No lado do "mais", vemos Jerusalém sendo chamada de "prostituta" por causa de sua injustiça (v. 21). Oprimir o pobre e o desamparado não é uma ofensa insignificante. De fato, ela tornava nula e fútil toda a obediência religiosa dos judeus. Até que eles praticassem a "justiça" e corrigissem a opressão, Deus prometeu que Judá seria devorado "pela espada" (vv. 17, 20).

No lado do "menos", observe que a opressão nesta passagem não era uma disparidade entre ricos e pobres, nem mesmo que os pobres da sociedade não estavam recebendo cuidado. Há outras passagens bíblicas que exigem que a comunidade da aliança cuide dos pobres em seu meio (o que não é idêntico a cuidar dos pobres em toda a sociedade "mista"). Contudo, esta passagem fala de opressão, uma palavra que não deve ser igualada com pobreza.

A injustiça não era que havia pobres na sociedade. Pobreza não indica inerentemente injustiça. O povo de Deus era culpado de injustiça porque estavam defraudando os fracos e desamparados, a fim de forrarem seus próprios bolsos. Especificamente, Deus estava irado com os reis porque, "no antigo Oriente Próximo, as preocupações com justiça, opressão e os desamparados eram responsabilidade especial do rei".[5] A justiça exigia que o rei de Judá (e outros oficiais pertinentes) parasse de

---

5   John Oswalt, *The Book of Isaiah: Chapters 1-39*, The New International Commentary on the Old Testament (Grand Rapids: Eerdmans, 1986), 99.

receber subornos e começasse a defender a causa justa dos desamparados, em vez de enganá-los. A repreensão profética de Isaías 1 se aplica a homens e mulheres culpados desses erros.

ISAÍAS 58: DEUS CHAMA SEU POVO À RESPONSABILIDADE DE JUSTIÇA MAIS DO QUE A RITUAIS RELIGIOSOS

Isaías 58 é o primo mais famoso de Isaías 1, mas ambos tratam do mesmo tema: Deus não se impressiona com observância religiosa melindrosa, quando a vida diária de seu povo está cheia de impiedade. Na verdade, Deus está dizendo: "O jejum e o pano de saco de vocês é inútil para mim, visto que continuam em flagrante desobediência a mandamentos mais importantes".

Como os israelitas eram pecaminosos? Eles oprimiam seus trabalhadores, o que geralmente significava defraudá-los nos salários combinados (v. 3; Tg 5.4). Eles contendiam e feriam com "punho iníquo" (Is 58.4). Eles realizavam negócios e buscavam seus próprios interesses no sábado (v. 13).

O que o povo de Deus devia ter feito? Eles deviam ter soltado as ligaduras da impiedade e libertado os oprimidos (v. 6). Deviam ter repartido seu pão com o faminto, vestido o nu e recebido os pobres desabrigados (v. 7). Deus prometeu: "Romperá a tua luz como a alva, a tua cura brotará sem detença", mas somente quando os israelitas agissem com justiça e se dessem em favor dos famintos e dos aflitos (vv. 8-10).

Evidentemente, cuidar dos pobres, dos famintos e dos aflitos não é apenas a coisa liberal a fazermos. É a *coisa bíblica a fazermos*. Temos de permitir que este capítulo desagradável nos inquiete um pouco. Aqueles de nós que somos de círculos conservadores podemos realizar todo tipo de ritual religioso correto. Mas isso não vale nada e menos do que nada, se não amamos nosso próximo como a nós mesmos.

Calvino faz este resumo:

> Retidão e justiça são divididas em duas partes: primeira, não devemos prejudicar ninguém; segunda, devemos dar nossa riqueza e abundância aos pobres e necessitados. E essas duas coisas têm de andar juntas, pois não basta abster-se de atos de injustiça, se você recusa sua assistência aos necessitados; também será inútil prestar sua ajuda aos necessitados, se, ao mesmo tempo, você rouba aquilo que dá aos outros... Portanto, estas duas partes têm de ser mantidas juntas, para que nosso amor para com o próximo seja aprovado e aceito por Deus.[6]

As implicações de Isaías 58 são claras: o povo de Deus deve odiar a opressão, amar e ajudar o pobre.

---

6 John Calvin, *Calvin's Commentaries*, vol. 8, *Isaiah 33-66* (Grand Rapids: Baker, 1998), 233.

JEREMIAS 22: EXECUTE A JUSTIÇA E A RETIDÃO

A ordem básica de Jeremias 22 é dada no versículo 3: "Executai o direito e a justiça". O povo de Deus (em sentido técnico, neste versículo, os reis) é ordenado a executar justiça. Não podemos obedecer a Deus e ignorar a chamada divina para fazermos justiça. De fato, o Senhor disse aos reis de Israel que julgar a causa dos pobres e dos necessitados (corretamente) é conhecê-lo (vv. 15-16). Os seus títulos, sua riqueza e suas observâncias religiosas não importavam. Se os reis oprimiam os pobres, em vez de tratá-los com justiça e misericórdia, eles provavam sua ignorância de Deus. E, se continuassem nessa desobediência flagrante, os reis e seu reino seriam destruídos (vv. 24-30).

Portanto, fazer justiça é sobremodo importante. Mas, o que isso significa? Felizmente, Jeremias nos dá algumas respostas:

Jeremias 21 e 22 não foram escritos para todas as pessoas (embora estes capítulos se apliquem, em várias maneiras, a todos). Estas palavras foram anunciadas diretamente para os reis de Judá (21.3; 22.1, 11, 18). Os reis antigos tinham poder tremendo para fazer o bem ou o mal. Expressando-o em anacronismo, eles exerciam, por si mesmos, autoridade executiva, legislativa e judiciária. Julgavam casos, faziam decretos e instituíam leis, justas ou injustas.

Tragicamente, nos anos de declínio da soberania de Judá, os reis agiram com injustiça em todos os três relatos. O seu pecado predominante, que Phil Ryken chamou de "luxúria por tirania",[7] assumiu várias formas:

- Os reis não defendiam os oprimidos de seus opressores (22.3a).
- Eles faziam violência aos fracos, até ao ponto de assassinato, derramando sangue inocente, para obterem ganho desonesto (vv. 3b, 17).
- Construíram suas casas esplêndidas com injustiça. Aqui não temos uma situação de ricos que ficavam mais ricos enquanto os pobres também ficavam ricos. Esses reis, num esforço de viverem como os reis opulentos de outras nações, recrutavam trabalho forçado e privavam os trabalhadores de seu salário (vv. 13-16). Viviam em luxúria à custa dos pobres. Os ricos ficavam mais ricos *porque* tornavam os pobres mais pobres.

Fazer justiça, neste contexto de crimes, não era terrivelmente complicado. Significava que os reis fariam o seguinte: julgariam os pobres com justiça, em vez de explorá-los, parariam de enganar os pobres e de forrar seus bolsos reais por meio de opressão e parariam de matar os pobres para ficarem com suas terras ou seus bens. Nenhum rei, nem qualquer israelita, culpado desses pecados podia conhecer, em um sentido pactual, o Deus de Israel. Conhecer a Deus significava obedecer a ele.

---

7   Philip Graham Ryken, *Jeremiah and Lamentations: From Sorrow to Hope* (Wheaton, IL: Crossway, 2001), 328-30.

Então, eis o ensino para nós: os cristãos que não trapaceiam, enganam, roubam, matam, recebem subornos, defraudam e retêm os salários combinados estão, provavelmente, fazendo justiça. Os cristãos culpados destas coisas talvez não sejam verdadeiros cristãos.

AMÓS 5: DEIXE A JUSTIÇA CORRER COMO AS ÁGUAS

O capítulo 5 de Amós contém uma das mais famosas e mais impressionantes linguagem de justiça da Bíblia. O Senhor repreende o seu povo por converter "o juízo em alosna" (v. 7), por abominar aquele que fala a verdade (v. 10), por pisar o pobre (v. 11; ver também 4.1), por rejeitar os necessitados na porta (5.12). Por causa do pecado do povo, o Senhor despreza as festas e as assembleias de Israel (v. 21) e ameaça visitar a terra com trevas e escuridão (vv. 18-21). A única esperança do povo de Deus é que busquem "o bem e não o mal", para estabelecerem "na porta o juízo" (vv. 14-15). Ou, citando a famosa exortação concludente de Martin Luther King Jr., Israel tinha de deixar

> A justiça correr como as águas,
> E a retidão, como ribeiro perene (v. 24).

Evidentemente, Deus se preocupa com a justiça e com o pobre. Por outro lado, sua ira se acende contra aqueles que cometem injustiça e pisam o pobre. Quais são os *pecados específicos* condenados por Amós?

Desamparar os pobres quando eles estão fracos, em vez de socorrê-los. Parece que os ricos estavam vendendo os pobres à escravidão, mesmo quando o pobre devia apenas um par de sandálias (2.6-7). Isto era crueldade, em vez de misericórdia.

Fazer "justiça" para quem paga mais. No Israel antigo, os homens que lideravam o povo se reuniam nas portas da cidade para decidir os casos que lhes eram trazidos. Em vez de fazerem julgamento justo, baseado na verdade, os homens dos dias de Amós aceitavam subornos e não davam atenção aos apelos justos dos pobres (5.10, 12).

Taxação arbitrária e excessiva sobre o pobre, para beneficiar o rico (5.11). A situação em Israel era o oposto de nossa situação atual, em que os ricos proveem quase todos os fundos procedentes do imposto de renda, e o pobre não paga imposto de renda e se beneficia de vários programas e serviços pagos, em sua maioria, pelos impostos dos ricos.

Uma segurança presunçosa da parte dos ricos que vivem na luxúria à custa dos pobres. Nos dias de Amós, os ricos, como muitos em nossos dias, se orgulhavam de sua riqueza. Eles se deleitavam na riqueza (4.1; 6.4-7). Sentiam segurança na riqueza (6.1). Para tornar as coisas piores, o tornarem-se ricos foi possível porque os pobres se tornaram mais pobres. Os ricos haviam trapaceado, pervertido a justiça e, de acordo com um comentarista, feito sua riqueza por "confiscação ultrajante" e "apropriação de terra" (cf. Is 5.8).[8]

---

8   William Rainey Harper, *A Critical and Exegetical Commentary of Amos and Hosea* (1905; repr. Edinburgh: T&T Clark, 1973), 49.

Amós 5 reafirma o que vimos nas passagens anteriores do Antigo Testamento. Deus odeia a injustiça. Mas a injustiça tem de ser definida em termos bíblicos, e em nossos termos. Injustiça implica um sistema judicial corrupto, um código de leis arbitrário e crueldade ousada para com os pobres.

MIQUÉIAS 6.8: PRATIQUE A JUSTIÇA, AME A MISERICÓRDIA E ANDE HUMILDEMENTE COM DEUS

Miquéias 6.8 é a passagem bíblica de "justiça social" mais amada de todas. É poderosa, elegante e direta. Miquéias 6 começa com um litígio pactual contra Judá ("defende a tua causa", v. 1). Depois, faz-se esta pergunta: "Com que me apresentarei ao SENHOR?" (v. 6). O povo de Deus deve trazer uma oferta queimada ou milhares de carneiros e ribeiros de azeite (vv. 6-7)? A obediência ritual mecânica é agradável a Deus? Não! "Ele te declarou, ó homem, o que é bom" (v. 8). E o que é isso? O Senhor exige que seu povo

> pratique a justiça, ame a misericórdia e ande humildemente com o seu Deus (v. 8).

Mas, o que significa praticar a justiça? Essa é a pergunta importante. E tem de ser respondida exegeticamente. Miquéias mostra a sua noção de justiça por repreender Judá por toda a sua injustiça.

Em Judá, alguns estavam cobiçando campos e arrebatando-os, oprimindo outros por meio de corrupção e quebra da lei (2.2). Ralph Smith argumenta:

Os principais ofensores eram um grupo relativamente pequeno de homens de negócio gananciosos e poderosos, que gastavam suas noites planejando esquemas para apossarem-se da terra de pequenos agricultores. No dia seguinte, eles realizavam os seus esquemas porque tinham suficiente poder econômico, político e judicial para cumprirem seus objetivos, mesmos quando estes despojavam um homem e sua família de sua herança que era parte de um direito da aliança.[9]

Em outras palavras, esses homens eram arrebatadores de terras, tomando o que não lhes pertencia. E tinham o poder de não serem punidos por isso. Não estavam comprando mais terra – estavam roubando-a, em violação do Oitavo Mandamento e em oposição às estipulações sobre proteger a herança de uma família.

No capítulo 3, Miquéias fala contra os "cabeças de Jacó" e "chefes da casa de Israel" (v. 1). Isso é, provavelmente, uma referência aos magistrados locais que faziam julgamentos nas portas da cidade. Esses homens eram como uma corte de juízes, responsáveis por ministrar justiça imparcial que atentava para o status dos apelantes. Em 2 Crônicas 19, lemos como Josafá designou juízes que deveriam julgar não "da parte do homem, e sim da parte do SENHOR, e, no julgardes, ele está con-

---

9   Ralph L. Smith, *Micah-Malachi*, Word Biblical Commentary (Nashville: Nelson, 1984), 24.

vosco. Agora, pois, seja o temor do SENHOR convosco; tomai cuidado e fazei-o, porque não há no SENHOR, nosso Deus, injustiça, nem parcialidade, nem aceita ele suborno" (2 Cr 19.6-7). Neste importante capítulo, o cronista nos dá uma ilustração clara da essência da justiça: juízes que julgam casos com justiça e imparcialidade. Mas, infelizmente, os homens dos dias de Miquéias não conheciam a justiça. Ele odiavam o bem e amavam o mal (Mq 3.2). Agiam como canibais para com o seu próprio povo, devorando-os com seu poder pervertido (vv. 1-3). Parece que eles eram especialmente cruéis para com os pobres desamparados (v. 5).

Projetado nesta corrupção, havia um ganancioso amor por dinheiro. Os "cabeças" tomavam decisões baseados em subornos. Os sacerdotes ensinavam por preço. E os profetas praticavam adivinhação por dinheiro (v. 11). Como já vimos repetidas vezes nestas passagens de "justiça social", *a forma clássica de injustiça é ficar ao lado dos ricos em detrimento dos pobres, porque os ricos o pagarão por ficar ao lado deles, e os pobres não podem fazer nada para parar você*. Para Miquéias e os profetas em geral, os ricos tendiam a serem subornadores gananciosos que tomavam a terra por força, contavam mentiras para conseguir o que queriam e oprimiam os pobres para aumentar sua riqueza (6.11-12). Esse é o tipo de pessoa rica que o Senhor despreza.

Então, o que Miquéias, e o Senhor por meio dele, queria dizer com "praticar a justiça"? Ele queria dizer que não devemos roubar, subornar ou trapacear. Por outro lado, quando estamos na posição de juízes, devemos fazer julgamentos imparciais e justos. E, sempre, em qualquer vocação, devemos fazer o bem e não o mal.

O Antigo Testamento é veemente no que concerne a praticar a justiça. Mas os cristãos não têm refletido sobre o que isso significa na Bíblia. Praticar a justiça não é o mesmo que redistribuição; também não envolve tudo que um israelita piedoso poderia fazer em obediência a Jeová. A injustiça se refere àqueles que oprimem, enganam ou fazem decisões judiciais com parcialidade. Praticar a justiça implica equidade, decência e honestidade. É igualmente importante que vejamos que a pessoa justa faz mais do que apenas refrear-se do mal. Ela busca positivamente ajudar os fracos, doar para os necessitados e, se for capaz, lidar com situações de injustiça extrema.

MATEUS 25.31-46: ESTES PEQUENINOS

Mateus 25 se tornou uma passagem favorita para muitos evangélicos progressistas e mais novos. Mesmos nos principais meios de comunicação é difícil passar uma semana sem que alguém faça referência ao mandamento de Jesus sobre acolher o forasteiro, alimentar o faminto e vestir o nu. E poucas expressões bíblicas têm recebido tanta força como a expressão "estes pequeninos". Surgiram movimentos inteiros cuja doutrina central é cuidar dos "pequeninos" à maneira de Mateus 25. As implicações – ou aumento dos gastos governamentais, ou maior interesse por "justiça social", ou uma vergonha geral por não se fazer o suficiente – são consideradas óbvias, com base neste texto.

No entanto, no uso popular da expressão, não há quase nenhum exame cuidadoso do que Jesus realmente queria dizer ao falar "estes pequeninos". Por exemplo, um talentoso erudito cristão (embora não um erudito bíblico) argumenta que Cristo faz de "nosso tratamento dos forasteiros" uma "medida de justiça". Ele cita Mateus 25.34-40, seguido desta conclusão: "Hospedar os forasteiros – aqueles que estão fora da comunidade da fé – é hospedar a Cristo. Crente ou não crente, bonito ou feio, honrável ou indigno, correto ou vil – o forasteiro é marcado pela imagem de Deus".[10] Ora, é verdade que todos somos criados à imagem de Deus. Também é verdade, conforme outros textos, que tratar bondosamente os estranhos, até aqueles que estão fora da igreja, é uma atitude piedosa que devemos praticar (Gl 6.10). Mas é difícil chegarmos à conclusão de que este é o ensino de Jesus em Mateus 25.

"Estes pequeninos" no contexto

Quem são "estes pequeninos", se não são os pobres ou os desprezados da sociedade? *"Estes pequeninos" se refere a outros cristãos que se acham em necessidade, em*

---

10 James Davison Hunter, *To Change the World: The Irony, Tragedy, and Possibility of Christianity in the Late Modern World* (Oxford: Oxford University Press, 2010), 245. Quanto a uma conclusão semelhante, ver Richard Stearns, *The Hole in Our Gospel* (Nashville: Nelson, 2009), 292-93.

especial mestres cristãos itinerantes que dependem da hospitalidade da família da fé. Vejamos a evidência que apoia esta conclusão.

1. Em Mateus 25.45, Jesus usa a expressão "estes pequeninos", mas no versículo 40 ele usa a expressão mais exata "estes meus pequeninos irmãos". As duas expressões se referem ao mesmo grupo. A forma mais completa no versículo 40 poderia ser usada para explicar a forma mais curta no versículo 45. A referência a "meus irmãos" não pode ser uma referência a toda a humanidade que sofre. A palavra "irmão" não é usada dessa maneira no Novo Testamento. Ela sempre se refere a um irmão (ou irmã) de sangue ou à família espiritual de Deus. Evidentemente, Jesus não estava pedindo que cuidássemos apenas de sua família física. Ele estava insistindo nisto: o que fizermos por nossos irmãos da família cristã, nós o fazemos para ele.

Esta interpretação é confirmada quando examinamos a última vez, antes de Mateus 25, em que Jesus falou sobre "irmãos". Em Mateus 23, Jesus disse às multidões e aos discípulos (v. 1) que eles são todos irmãos (v. 8). O grupo de "irmãos" é restringido, nos versículos seguintes, àqueles que têm um único Pai, que está no céu, e um único mestre, Cristo (v. 10). Jesus não chamou de irmãos todas as pessoas de todos os lugares. Aqueles que pertencem a ele e fazem a sua vontade são os seus irmãos (Mc 3.35).

2. De modo semelhante, faz mais sentido pensar que Jesus estava equiparando serviço prestado aos irmãos crentes com serviço prestado a ele, do que imaginar que

ele estava dizendo: "Vocês veem minha imagem na face dos pobres". Reconhecemos que Jesus era um "homem de dores". Portanto, é totalmente apropriado entender que os que sofrem podem se identificar com Jesus de maneira especial. Mas, no restante do Novo Testamento, é o corpo de Cristo que representa Cristo na terra, e não os pobres. Cristo "em nós" é a promessa do evangelho para aqueles que creem, e não para aqueles que vivem em certa condição econômica. Mateus 25 equipara o cuidar da família espiritual de Jesus com o cuidar de Jesus. A passagem não oferece uma mensagem genérica: "Cuide dos pobres e, assim, você cuida de mim".

3. A palavra "pequeninos" é a forma superlativa de *mikroi* (pequenos), que sempre se refere aos discípulos no evangelho de Mateus (10.42; 18.6, 10, 14; ver também 11.11).

4. A similaridade entre Mateus 10 e Mateus 25 não é casual. As seções pertinentes em cada capítulo falam sobre a mesma coisa.

> Quem vos recebe a mim me recebe; e quem me recebe recebe aquele que me enviou. Quem recebe um profeta, no caráter de profeta, receberá o galardão de profeta; quem recebe um justo, no caráter de justo, receberá o galardão de justo. E quem der a beber, ainda que seja um copo de água fria, a um destes pequeninos, por ser este meu discípulo, em verdade vos digo que de modo algum perderá o seu galardão (Mt 10.40-42).

É evidente que nesta passagem Jesus estava falando dos discípulos. O contexto é o envio dos discípulos, por parte de Jesus, para realizarem um ministério itinerante (10.5-15). Em face da perseguição e de um mundo hostil (10.16-39), Jesus quer estimular seus seguidores a cuidarem dos ministros viajantes, não importando o custo. Os discípulos não seriam dependentes apenas da boa vontade de outros para acolhê-los, alimentá-los e apoiá-los em sua obra itinerante. Por isso, Jesus assegura seus seguidores de que mostrar amor desta maneira é realmente amá-lo.[11]

Resumo

Em conclusão, Mateus 25 é certamente a respeito de cuidar dos necessitados. Mas os necessitados em foco são nossos irmãos em Cristo, especialmente aqueles que dependem de nossa hospitalidade e generosidade para realizarem seu ministério. "Estes pequeninos" não é uma expressão abrangente sobre a responsabilidade da igreja de atender às necessidades de todos os pobres (embora não desejemos ser indiferentes para com pessoas desamparadas). A expressão também não deve ser

---

11 Um dos primeiros documentos pós-canon, *A Didaquê*, demonstra que cuidar de ministros itinerantes era um questão imprescindível nos primeiros séculos da igreja cristã. *A Didaquê*, que foi comparada com um estatuto de igreja, contém 15 capítulos breves, três dos quais lidam com o protocolo para receber mestres, apóstolos e profetas itinerantes. Alguns supostos ministros, conclui o documento, são trapaceiros em busca de caridade. Quanto ao verdadeiro mestre, "receba-o como se fosse o Senhor" (11:2). Ver também Craig Blomberg, *Matthew*, The American Commentary (Nashville: Broadman, 1992), 378.

usada como um pretexto para qualquer coisa e tudo que desejamos promover sob a bandeira de combate à pobreza. O que Jesus está dizendo é isto: *se ficamos muito embaraçados, se somos muito preguiçosos e muito covardes para apoiar nossos irmãos em Cristo que estão à nossa porta, dependem de nossa ajuda e estão sofrendo por causa do evangelho, iremos para o inferno.* Não devemos fazer esta passagem dizer nem mais nem menos do que isso.

LUCAS 10.25-37: O BOM SAMARITANO

Os detalhes da história do Bom Samaritano são familiares à maioria dos cristãos. Um judeu descia de Jerusalém para Jericó quando foi atacado por ladrões. Enquanto ele jazia na estrada, ferido e ensanguentado, três homens passaram. Os dois primeiros eram líderes religiosos em Israel: o primeiro, um sacerdote; o segundo, um levita. Por fim, passou um samaritano – um "mestiço", um homem de um povo étnica e religiosamente impuro. Somente ele parou para ajudar o homem que jazia semimorto na estrada.

O principal ensino da história de Jesus é simples: "Vai e procede tu de igual modo" (Lc 10.37). Jesus contou essa história porque um intérprete da lei o pôs à prova (v. 25). Esse homem queria saber como ter a vida eterna. Jesus lhe disse que devia amar a Deus e amar ao seu próximo; e o intérprete da lei, "querendo justificar-se, perguntou a Jesus: Quem é o meu próximo?" (Lc 10.29). O homem esperava que Jesus definisse com exatidão quem era o próximo. Jesus, porém, se moveu em direção oposta. A essência da parábola é: não se preocupe em saber "quem é o meu próximo?"; em vez disso, preocupe-se em *ser* um bom próximo (v. 36).

O que isso significa para a "justiça social"? Antes de tudo, isso significa que não devemos limitar nosso amor às pessoas que gostamos de amar. A parábola do Bom Samaritano é a narrativa correspondente à ordem que Paulo deu em Gálatas 6.10 – fazer o bem a todas as *pessoas*, quando temos oportunidade. Nem toda necessidade se nos apresentará como tão dramática e tão imperativa como a de um homem que jaz semimorto numa estrada, mas, onde exista a necessidade, nem raça, nem nacionalidade, nem gênero, nem cor, nem lealdade política devem nos impedir de ser o próximo que Jesus nos chama a ser. O resumo de Darrell Bock é excelente: "A questão não é a quem podemos ou não servir, mas servir onde existe a necessidade. Não devemos procurar limitar quem pode ser o nosso próximo. Pelo contrário, devemos ser um próximo para aqueles cujas necessidades podemos atender".[12]

LUCAS 16.19-31: O RICO E LÁZARO

Na famosa parábola do rico e Lázaro, um homem que tinha uma vida opulenta acaba atormentado na

---

[12] Darrel L. Bock, *Luke 9.51-24.53*, Baker Exegetical Commentary on the New Testament (Grand Rapids: Baker, 1996), 1035.

morte, enquanto um pobre que tivera uma existência miserável nesta vida é levado para o seio de Abraão, na morte. No estilo clássico de Lucas, a vida após a morte resulta numa grande inversão: aqueles que estavam no topo terminam embaixo, e aqueles que estavam embaixo terminam no topo (16.25; cf. o Magnificat no capítulo 1 e as bem-aventuranças no capítulo 6).

Supõe-se, frequentemente, que o ensino principal desta passagem é que as pessoas ricas são más por serem ricas, especialmente quando há tantas pessoas pobres no mundo. Mas isso não é verdade. Afinal de contas, por que o céu é descrito como "seio de Abraão", se pessoas ricas (como Abraão) são automaticamente excluídas do céu? Não, o homem rico mencionado em Lucas 16 não foi condenado por ter mais recursos do que Lázaro. Ele foi condenado porque tinha violado o axioma que Jesus afirmou antes nesta passagem: "Não podeis servir a Deus e às riquezas" (16.13). Esse rico era como o homem insensato descrito em Lucas 12, que estava convencido de que a vida consistia na abundância das posses de alguém (12.15), enquanto ignorava, o tempo todo, que era espiritualmente pobre (12.21).

Jesus não se opõe a que realizemos festas no tempo apropriado. Examine a parábola do Filho Pródigo em Lucas 15. Ele também não estava sugerindo que nos incriminamos por realizarmos negócios em um mundo caído. Mas ele se opõe resolutamente àqueles que amam as coisas mais do que a Deus. Essa é a razão por que Lucas registrou a história do jovem rico. Sim, a riqueza é um perigo grandioso. Pode ser uma armadilha mortal

(1 Tm 6.9). É difícil para o rico entrar no reino de Deus (Lc 18.27). Mas não é impossível. Não é por coincidência que a história de Zaqueu, em Lucas 19, segue a história do jovem rico, em Lucas 18. A história de Zaqueu demonstra que os ricos podem ser salvos. Eles não têm de livrar-se de tudo além do necessário, mas têm de arrepender-se de suas fraudes, fazer compensação de atos errados e dar generosamente de sua abundância.

Além disso, o rico mencionado em Lucas 16 foi condenado porque ignorava o pobre Lázaro à sua porta. Seu pecado foi um pecado de omissão. Mas esta omissão foi mais do que deixar de "fazer mais" ou de "fazer o suficiente". Sua riqueza extravagante o cegava para as necessidades que estavam *bem à sua frente*. Como John Schneider afirma:

> O forte poder que gera obrigação está na proximidade moral imediata de alguém em profunda necessidade. O que torna o comportamento dos ricos, nestas parábolas, tão detestável e condenável não é que eles tinham riqueza ou mesmo que gozavam da riqueza. É que eles faziam isso, como os ricos mencionados em Amós, em esquecimento espiritual para com o sofrimento humano que, no sentido moral, estava tão próximo deles quanto podia estar. O fato era não somente que eles negligenciavam "o pobre", mas também que negligenciavam um ser humano em necessidade *bem em frente deles*.[13]

---

13 John R. Schneider, *The Good of Affluence: Seeking God in a Culture of Wealth* (Grand Rapids: Eerdmans, 2002), 178.

Lázaro, e não o pobre em teoria, foi o teste do rico. E o rico falhou.

2 CORÍNTIOS 8-9: GRAÇA BASEADA EM GENEROSIDADE

As famosas instruções de Paulo aos cristãos de Corinto sobre generosidade podem ser divididas em quatro partes: a forma da generosidade (8.1-7), a motivação para a generosidade (8.8-15), a ministração da generosidade (8.16-9.5) e a bênção da generosidade (9.6-15). Graça é o tema recorrente em ambos os capítulos. Variações da palavra aparecem dez vezes nestes capítulos (8.1, 4, 6, 7, 9, 16, 19; 9.8, 14, 15). Paulo se empenha por demonstrar que os coríntios haviam recebido graça, deviam ser motivados pela graça, a sua generosidade seria graça para os outros e resultaria em mais graça para eles. Paulo não tem medo de falar sobre dinheiro, mas – e isto é um bom conselho para pregadores – ele formula toda a discussão em graça e não em vergonha.

Uma passagem, 2 Coríntios 8.13-15, é muito relevante à nossa análise de justiça social:

> Porque não é para que os outros tenham alívio, e vós, sobrecarga; mas para que haja igualdade, suprindo a vossa abundância, no presente, a falta daqueles, de modo que a abundância daqueles venha a suprir a vossa falta, e, assim, haja igualdade, como está escrito: O que muito colheu não teve demais; e o que pouco, não teve falta.

O princípio básico apresentado nesta passagem é bem fácil de entender: os cristãos que têm mais do que o suficiente devem compartilhar com os cristãos que não têm o suficiente. Isto, Paulo diz, é justo. É interessante que Paulo não usa a palavra grega comum que significava justiça (alguma derivação da raiz "*dik*"), mas a palavra incomum *isotēs*, que significa igualdade ou equidade. No entanto, o conceito está relacionado à justiça. Assim como Deus proveu o maná para todos no deserto (Êx 16.18), assim também a igreja deve ser agora o maná de Deus equalizador. Se temos além do suficiente, devemos compartilhar com nossos irmãos e irmãs que têm muito pouco, para que haja alguma medida de *isotēs*.

A aplicação de Calvino é sábia:

> Apliquemos a história ao objetivo de Paulo. O Senhor não nos prescreveu um ômer ou qualquer outra medida, de acordo com a qual a comida de cada dia deve ser regulada, mas nos impôs a frugalidade e a temperança e nos proibiu de irmos ao excesso, aproveitando-nos da abundância que ele nos deu. Portanto, aqueles que têm riquezas, deixadas por herança ou obtidas por trabalho e esforço, devem pensar que sua abundância não tem o propósito de ser empregada em intemperança ou extravagância, mas em aliviar as necessidades dos irmãos.[14]

---

14 John Calvin, *Calvin's Commentaries, vol. 20, 1 Corinthians, 2 Corinthians* (Grand Rapids: Baker, 1993), 297.

Este é o princípio básico: aliviar as necessidades dos irmãos. Mas Paulo foi cuidadoso em guardar-nos de potenciais mal-entendidos deste princípio. A expressão "no presente" sugere não somente que os coríntios podiam ter necessidade no futuro, mas também que a oferta presente é uma oportunidade única. Os gregos de Corinto tinham recebido bênçãos espirituais dos judeus. Agora, eles têm a oportunidade de oferecer uma bênção material aos seus irmãos e irmãs que sofriam de fome em Jerusalém (Rm 15.22-29). A necessidade do momento é urgente. Às vezes, esquecemos que o empenho de Paulo para ajudar os pobres (Gl 2.10) não é uma afirmação vaga sobre querer ajudar sua comunidade a prosperar, e sim um alvo específico de prover essencialmente alívio de calamidade a uma igreja-irmã em Jerusalém.

Depois, Paulo deixa claro que não está pedindo que os ricos troquem de lugar com os pobres (2 Co 8.13). Ele não espera que todos tenham a mesma quantidade de dinheiro e todas as coisas do mesmo tipo. Os discípulos de Jesus não tinham, todos, o mesmo perfil econômico. Alguns eram pescadores de classe média, um deles era um coletor de impostos próspero, algumas mulheres, no grupo mais amplo, eram abastadas (Lc 8.1-3); e outros talvez fossem bem pobres. Jesus advertiu frequentemente contra os perigos do dinheiro (Mt 6.19-24), mas nunca insistiu em um igualitarismo rígido, nem expôs um utilitarismo austero (Mt 26.6-13).

Crucialmente, devemos notar que Paulo faz um esforço extra para explicar que seu apelo por generosidade não é nem um mandamento (2 Co 8.8), nem uma cobrança (9.5). Ele não estava fixando uma taxa sobre os coríntios, nem impondo um plano de redistribuição de renda. "Isto não é uma 'igualdade' rígida e imposta, como no comunismo", escreveu Paul Barnett. "A iniciativa de dar e a dimensão da doação estavam com o doador".[15] Onde quer que acontecesse a redistribuição, ela era estritamente voluntária, à medida que Deus movia o coração dos coríntios para ver a graça que lhes fora dada e buscar a graça que receberiam por meio de sua generosidade. Atos 5 afirma algo semelhante. A igreja primitiva tinha todas as coisas em comum (At 4.32-34), mas é claro que isso era um compartilhar voluntário de bens que eles possuíam em particular. Pedro repreendeu Ananias e Safira por mentirem sobre a sua doação, mas também deixou claro que o problema não era que possuíam uma propriedade ou que tinham guardado algo para si mesmos (At 5.4). O problema foi o engano deles. Quando damos para satisfazer as necessidades de nossa igreja local, a generosidade tem de ser honesta, cheia de alegria e espontânea.

TIAGO 1, 2, 5: FÉ MOSTRADA PELAS OBRAS

O livro de Tiago fala sobre a fé que não tem valor. Enquanto Paulo enfatiza que somente a fé justifica

---

15 Paul Barnett, *The Second Epistle to the Corinthians*, The New International Commentary on the New Testament (Grand Rapids: Eerdmans, 1997), 415.

(Rm 3.23), Tiago enfatiza que a fé que justifica não está sozinha (Tg 2.24). "Mostra-me essa tua fé sem as obras", ele desafia, "e eu, com as obras, te mostrarei a minha fé" (2.18). Tiago não permite que nos contentemos com uma fé confortável e inoperante.

Há muitas maneiras de nossa fé produzir "obras". Algumas dessas se relacionam com os pobres. Devemos visitar os órfãos e as viúvas em suas aflições (1.27). Devemos tratar os pobres com dignidade e não mostrar parcialidade para com os ricos (2.1-7). Não devemos oprimir os pobres por negar-lhes o pagamento que prometemos (5.1-6). A Bíblia condena, em termos severos, a fraude e o favoritismo. Mais do que isso, somos exortados positivamente a mostrar compaixão especial para os mais desamparados entre nós. Se crermos verdadeiramente no evangelho da graça de Deus, seremos transformados para mostrar graça aos outros em seu tempo de necessidade.

Talvez você queira reler as três sentenças anteriores, porque elas proveem um bom resumo do ensino bíblico sobre a justiça social: sem fraude, sem favoritismo, ajudar os fracos, dar espontaneamente porque recebemos abundantemente.

No entanto, há muito mais que precisamos dizer em conclusão e continuação deste assunto intensamente debatido. Esse é o propósito do próximo capítulo.

CAPÍTULO 7

Entendendo a Justiça Social
Aplicação

DEPOIS DA EXEGESE DOS doze textos comuns sobre justiça social, estamos agora em condições de oferecer algumas sugestões e afirmações de resumo. Colocaremos as sugestões e as afirmações juntas e as chamaremos de "Sete Propostas Modestas sobre Justiça Social".

PROPOSTA 1: NÃO DEPRECIE O QUE A BÍBLIA DIZ SOBRE O POBRE E A JUSTIÇA SOCIAL

Em anos recentes, tem havido tanta conversa sobre o pobre e a justiça social, que alguns cristãos conservadores, especialmente se o conservadorismo é político e teológico, são tentados a ignorar, em qualquer tempo, um evangélico bem intencionado que repreende a igreja por negligenciar "estes pequeninos". Isso é o equivalente teológico da terceira lei de Newton: toda nova ação cristã radical e entusiasta produzirá uma reação igual e oposta. Em outras palavras, quanto mais alguns cristãos falam sobre o pobre, tanto mais outros cristãos ficarão entediados de ouvir isso.

No entanto, existe realmente muito sobre o pobre na Bíblia, e muito mais se expandirmos o assunto para incluir riqueza, dinheiro, possessões e justiça. A lei do Antigo Testamento continha inúmeras leis que garantiam o tratamento justo do pobre e tornavam possível o seu modesto alívio. A retidão de Jó, pelo menos em parte, consistia em sua compaixão para com os necessitados (ver Jó 29). Os Salmos exaltam um Deus que prometer socorrer os necessitados. Os profetas denunciam os ricos opressores e exigem misericórdia e justiça para com os desamparados. Jesus advertiu contra o acúmulo de riquezas e descobriu que os rejeitados da sociedade criam mais nele do que os poderosos da sociedade. Os apóstolos, por sua vez, falaram contra a avareza e o amor ao dinheiro e encorajaram o povo de Deus à generosidade sacrificial. E temos ainda Gênesis 1, Gênesis 9 e Salmo 8, os quais nos mostram o homem criado à imagem de Deus, possuindo valor e dignidade inerentes. Esta razão sozinha é, por si mesma, suficiente para cuidarmos de nosso próximo.

Acima de tudo, passagens do Novo Testamento como 2 Coríntios 8-9 e Gálatas 6.1-10 demonstram a motivação evangélica para a ministração de misericórdia. Visto que recebemos graça em Cristo, devemos estender graça aos outros em nome dele. Tim Keller está certo quando diz: servir aos pobres é um sinal primordial de que cremos realmente no evangelho.[1] Se amamos a Deus e conhecemos seu amor, aceitaremos com alegria os mandamentos das Escrituras que exigem, como diz o Catecismo de Heidelberg, "que eu faça o que puder pelo bem do meu próximo, que eu trate os outros como gostaria que eles me tratassem, que eu trabalhe fielmente para que possa compartilhar com os que estão em necessidade".[2]

PROPOSTA 2: NÃO EXAGERE O QUE A BÍBLIA DIZ SOBRE O POBRE E A JUSTIÇA SOCIAL

Assim como alguns crentes estão em perigo de reagir fortemente contra a justiça social, outros crentes, em um esforço de serem proféticos, correm o risco de fazer a Bíblia dizer mais sobre o pobre e a justiça social do que ela realmente diz. Eis alguns exemplos de exagero.

A amenização da pobreza não é o principal assunto da história bíblica. Alguns crentes falam como se a Bíblia fosse quase totalmente sobre o pobre, como se a história de Gênesis a Apocalipse fosse a história de Deus tomando o lado dos pobres, em um esforço de aumen-

---

[1] Tim Keller, "The Gospel and the Poor", *Themelios* 33, n. 3 (December, 2008), 8-22.
[2] Ver a entrada Lord's Day 42, em Kevin DeYoung, *The Good News We Almost Forgot* (Chicago: Moody, 2010), 198-201.

tar o salário mínimo e prover recursos de saúde para todos. Como tentamos mostrar antes, a narrativa bíblica é principalmente a respeito de como um Deus santo pode habitar com um povo impuro. É verdade que um dos aspectos de ter uma vida santa é tratar o pobre com compaixão e praticar justiça. Todavia, isso dificilmente faz da pobreza o tema central da Bíblia. Se nossa história não se centraliza em Jesus Cristo, e a história de Jesus Cristo não se centraliza em sua morte e ressurreição pelo pecado, entendemos mal toda a história.

De modo semelhante, temos de lembrar que os "pobres" nas Escrituras são geralmente os piedosos pobres. Eles são os justos pobres, o povo de Deus oprimido pelos seus inimigos, mas ainda dependente de que ele venha e aja em favor deles (ver, por exemplo, Salmos 10, 69, 72, 89). Isso não significa que a palavra "pobres" deve ser destituída de seu componente econômico.[3] Afinal de contas, os piedosos pobres são muito frequentemente aqueles que estão em pobreza material. Mas significa que os pobres que Deus favorece não são os pobres preguiçosos (Pv 6.6-11; 2 Ts 3.6-12) ou os pobres desobedientes (Pv 30.9), e sim os pobres humildes que esperam em Deus (Mt 5.3; 6.33).

Devemos notar que quase todas as referências bíblicas sobre cuidar dos pobres são referências aos pobres dentro da comunidade da aliança. Como vimos no capítulo anterior, "estes pequeninos", em Mateus 25, são

---

3   Estas duas últimas sentenças ecoam George Eldon Ladd, *A Theology of the New Testament*, rev. ed. (Grand Rapids: Eerdmans, 1993), 243.

nossos irmãos em Cristo, muito provavelmente missionários itinerantes em necessidade de hospitalidade. Paulo se esforçava por ajudar os pobres (Gl 2.10), mas seu interesse era a igreja necessitada de Jerusalém. Não é correto alguém dizer: "A Bíblia é clara, desde o Antigo até ao Novo Testamento, em mostrar que o povo de Deus sempre teve a responsabilidade de cuidar para que todos os membros da sociedade fossem atendidos em suas necessidades básicas".[4] Você pode apresentar bons argumentos para defender a ideia de que a igreja tem a responsabilidade de cuidar que todos de sua comunidade *eclesiástica* local sejam assistidos, mas não pode apresentar um bom argumento para defender a ideia de que a igreja tem que ser o curador social de todas as pessoas em sua comunidade. Os cristãos são exortados a fazer o bem a todas as pessoas, mas a prioridade é "aos da família da fé" (Gl 6.10). Quando não podemos fazer toda coisa boa que desejamos fazer, este versículo em Gálatas nos diz o que devemos fazer primeiro.

Justiça, como uma categoria bíblica, não é sinônimo para toda e qualquer coisa que achamos que será boa para o mundo. Dizem-nos frequentemente que o cuidar da criação é uma questão de justiça, a distância entre ricos e pobres é uma questão de justiça, defender um "salário digno" é uma questão de justiça. Contudo, um exame dos principais textos bíblicos sobre justiça social mostrou que justiça é uma categoria muito mais prosaica nas Escrituras. Fazer

---

4   Richard Stearns, *The Hole in Our Gospel* (Nashville: Nelson, 2009), 123.

justiça significa não mostrar parcialidade, não roubar, não trapacear, não aproveitar-se dos fracos porque eles são muito desinformados ou desunidos demais para impedir você. Ousamos dizer que a maioria dos cristãos nos Estados Unidos não são culpados dessas injustiças, nem devem ser levados a sentirem-se culpados delas. Não estamos interessados em pessoas que se sentem más apenas para sentirem-se más ou em pessoas que pensam haver elevada base moral em confessar, em altos brados, quão más elas se sentem a respeito de si mesmas. Se somos culpados de injustiça individual ou coletivamente, devemos ser fortemente repreendidos. Além disso, se somos culpados de acumular nossos recursos e de não mostrar generosidade, devemos nos arrepender, receber perdão e mudar. Mas, no que concerne a fazer o bem em nossas comunidades e no mundo, não devemos transformar toda possibilidade em uma responsabilidade e toda oportunidade em uma obrigação. Se queremos ver nossos irmãos e irmãs fazendo mais pelos pobres e aflitos, iremos muito além disso e estaremos em solo firme, se usarmos a graça, e não a culpa, como nosso principal motivo.

PROPOSTA 3: ACEITE AS COMPLEXIDADES DE DETERMINAR UMA TEOLOGIA BÍBLICA DE RIQUEZA, POBREZA E POSSESSÕES MATERIAIS

O ponto de vista bíblico quanto à pobreza e possessões materiais não é simples. Por um lado, parece que eram os pobres, e nos ricos, que se sentiam mais seguros ao redor de Jesus. Mas, por outro lado, vemos em toda a Bíblia exemplos de pessoas ricas que amavam a Deus (Jó, Abraão, mulheres prósperas que seguiam a Jesus, José de Arimateia).

Por um lado, riquezas são uma bênção de Deus (como vemos nos patriarcas, na aliança mosaica, em Provérbios e nos relatos sobre os reis nos livros dos Reis e Crônicas). Mas, por outro lado, não há nada que nos coloque mais em perigo espiritual do que o dinheiro ("É difícil um rico entrar no reino dos céus" é como Jesus expressa isso).

Por um lado, Jesus e os profetas tinham pouca coisa positiva a dizer sobre os ricos e simpatizavam mais com os pobres. Por outro lado, Deus colocou o primeiro homem e a primeira mulher em um paraíso de plenitude, e a visão dos novos céus e da nova terra é uma visão de opulência, celebração e prosperidade.

E temos a famosa passagem da "classe média":

> Afasta de mim a falsidade e a mentira; não me dês nem a pobreza nem a riqueza; dá-me o pão que me for necessário; para não suceder que, estando eu farto, te negue e diga: Quem é o SENHOR? Ou que, empobrecido, venha a furtar e profane o nome de Deus (Pv 30.8-9).

É impossível apresentarmos uma sentença única de resumo da perspectiva bíblica sobre o dinheiro.[5]

---

5 Os quatro parágrafos anteriores procedem, levemente alterados, de DeYoung, *The Good News We Almost Forget*, 200-201.

Sempre que tentamos absolutizar uma linha de ensino bíblico sobre o dinheiro, nos metemos em problemas. Se você apenas examinar, no Antigo Testamento, as promessas de bênção da aliança, acabará ficando com o evangelho da prosperidade. Se tomar o Magnificat e nada mais, você pode acabar virando um marxista revolucionário. Não estamos sugerindo que a Bíblia ensine um pouco de evangelho da prosperidade e um pouco de marxismo. O que estamos sugerindo é que temos de entender passagens individuais dentro de uma narrativa mais ampla.

Deus é um Deus de satisfação cósmica. A boa vida é apresentada nas Escrituras como uma vida de segurança e prosperidade, uma vida de abundância com Deus como o centro e a fonte de nosso deleite. A pobreza não é o ideal. A prosperidade é.

Mas... mas, as bênçãos de riqueza da aliança são transportadas, no Novo Testamento, a um plano espiritual mais elevado (Ef 1.3). Nossa herança gloriosa nos aguarda na vida por vir (1.11-14). Sem dúvida, esta herança incluirá coisas materiais. Todavia, este novo mundo, com toda a sua prosperidade material, não se realizará plenamente neste mundo caído. Parte do problema é que vivemos no proverbial já e ainda não. O céu será abundância plena, mas ainda estamos na terra. Portanto, o gozo dos dons de Deus tem sempre de ser temperado com a chamada de compartilharmos com os outros que estão em necessidade.

No entanto, por outro lado – você sabia que havia outro lado –, a chamada à simplicidade nunca deve silenciar as boas novas de que Deus nos dá todas as coisas para que as desfrutemos ricamente (1 Tm 4.3-4). O Senhor toma, mas também dá (Jó 1.21). Os justos aceitam as duas metades da equação. Estamos em perigo se não as aceitamos. Como diz John Schneider: "Se os cristãos radicais e os que simpatizam com sua abordagem simplificam demais o relacionamento moral, expresso na Bíblia, entre a riqueza e o mal, os advogados do evangelho da prosperidade simplificam demais o relacionamento entre a riqueza e o bem moral".[6] Em outras palavras, nem a riqueza nem a austeridade – a abundância ou o ascetismo – é virtuosa por si mesma.

Talvez Gilbert Meilaender, o respeitado eticista cristão, seja quem melhor resume a tensão:

> Portanto, os cristãos não podem adotar e recomendar uma atitude única para com as possessões. Quando eles tentam entender sua vida no mundo da narrativa bíblica, são apanhados no duplo movimento de gozo e renúncia. Nem a metade do movimento, tomada por si só, é a maneira cristã de viver. *Crer* é a maneira cristã de viver. Para crer, a renúncia é necessária, para não imergirmos totalmente nas coisas que possuímos, tentando segurar e manter o que precisamos para ficar seguros. Para

---

6 John R. Schneider, *The Good of Affluence: Seeking God in a Culture of Wealth* (Grand Rapids: Eerdmans, 2002), 5.

crer, gozo é necessário, para que a renúncia não se torne uma rejeição ética da criação por meio da qual Deus atrai nosso coração a ele mesmo.[7]

Ser um cristão é receber os dons de Deus e desfrutá-los ao máximo, precisar deles no mínimo e dá-los livremente.

PROPOSTA 4: SEJA CUIDADOSO COM A EXPRESSÃO "JUSTIÇA SOCIAL"

Já usamos a expressão "justiça social" inúmeras vezes. E você deve ter notado que não apresentamos nenhuma definição para ela. É porque não existe realmente uma definição. Usamos a expressão como ela é frequentemente entendida, ou seja, como algo ambiguamente conectado com pobreza e opressão. Seria melhor não usarmos a expressão de maneira alguma. Contudo, ela está tão arraigada no discurso popular, que não achamos que podemos ficar sem ela.

No entanto, se vamos usar a expressão, pelo menos gostaríamos de incentivar os cristãos a serem mais cuidadosos com ela. Livros inteiros foram escritos sem definir o que torna social a justiça ou o que torna justa uma sociedade. Como Michael Novak argumenta:

---

[7] Gilbert Meilaender, "To Throw Oneself into the Wave: The Problem of Possessions", em *The Preferential Option for the Poor*, ed. Richard John Neuhaus (Grand Rapids: Eerdmans, 1988), 85.

[Justiça social] é algo que paira no ar como se todos pudessem reconhecer uma instância dela, quando ela aparece. Esta imprecisão parece indispensável. No momento em que alguém começa a definir justiça social, incorre em dificuldades que causam embaraços intelectuais. Torna-se, muito frequentemente, uma expressão de arte cujo significado operacional é: "Precisamos de uma lei contra isso".[8]

Para muitos cristãos, justiça social envolve tudo desde alívio da fome, combate ao tráfico sexual até a redução da emissão de carbono. Se algo pode ser taxado de questão de "justiça social", isso espanta oposição, porque quem, em seu pleno juízo, favorece a injustiça social? Sobre o que estamos realmente falando quando advogamos a justiça social?

Pelo que sabemos, a expressão foi usada pela primeira vez em 1840, por um sacerdote siciliano, e recebeu

---

[8] Michael Novak, "Defining Social Justice", First Things (December 2000): 11-13; disponível online em http://www.firstthings.com/article/2007/01/defining-social-justice-20. John Goldingay, em seu livro sobre ética do Antigo Testamento, também ressalta este problema de definição: "A noção de justiça social é uma noção obscura. Ela se parece com palavras tais como comunidade, intimidade e palavras relacionais cujo significado pode parecer autoevidente e cujas categorias admitimos serem óbvias na Bíblia; mas, na realidade, elas são indefinidas e relativas à cultura". Depois de discutir a origem da expressão "justiça social" no pensamento católico romano do século XIX, Goldingay explica como a expressão chegou a ser usada posteriormente: "Justiça social transmite a ideia de uma sociedade justa, uma sociedade em que indivíduos diferentes e grupos na sociedade têm uma "parte justa" em seus benefícios. Mas os cristãos discordam sobre o que constitui uma sociedade justa e como a atingimos (por exemplo, até onde por intervenção governamental para realizar a redistribuição de renda, até onde por forças de mercado e o incentivo à filantropia...) O significado da expressão *justiça social* se tornou impreciso no decorrer dos anos, à medida que ela se tornou uma expressão ostentosa". Goldingay, *Old Testament Theology, vol. 3, Israel's Life* (Downers Grove, IL: InterVarsity, 2009), 50.

proeminência por um filósofo italiano, em 1848, e por John Stuart Mill em sua obra *Utilitarismo*, alguns anos depois.[9] As raízes do conceito remontam ao livro *Enquiry Concerning Political Justice* (1793), de William Godwin. Neste livro, Godwin argumenta que todo indivíduo em uma sociedade tem o direito de compartilhar da riqueza produzida pela sociedade. Portanto, a atitude dos ricos em dar de sua riqueza para ajudar os pobres não é uma questão de caridade, e sim de justiça. [10] No pensamento posterior, "justiça social" significa frequentemente alguma forma de economia social em que a classe governante supervisiona uma distribuição igual dos recursos da sociedade. Os cristãos de certa tendência têm seguido esta visão de igualdade econômica como uma questão de justiça, enquanto outros crentes têm receado nesta visão a erosão da responsabilidade pessoal e da liberdade individual. Justiça social talvez pareça como o céu para uns, mas ela parece o alarme para outros.

A fim de esclarecer o significado de "justiça social", um autor diferençou o que ele chamou de visão natural e visão controlada de justiça.[11] Na visão natural, justiça é um *resultado* tal que, onde as pessoas não obtêm a sua "parte justa" ou não têm tanto quanto os outros, ali há injustiça. Muitas pessoas adotam essa visão natural quando falam em justiça social. Por exemplo, a Igreja

---

9   Ibid.
10 Ver Thomas Sowell, A Conflict of Visions: Ideological Origins of Political Struggle, rev. ed. (New York: Basic Books, 2007), 212-17.
11 Ibid., 192-229.

Reformada na América (a denominação de Kevin), em um de seus materiais de estudo oficiais, inclui um glossário que define justiça como "o tratamento justo, moral e imparcial de todas as pessoas, especialmente na lei. Inclui conceitos de relacionamentos corretos e distribuição igual de recursos". Por essa definição, a desigualdade de oportunidades, de receitas e despesas é considerada uma injustiça, uma situação que, em e por si mesma, é pecaminosa. Ela incrimina todos nós (ou a maioria) da sociedade e exige correção imediata. Na visão natural, a sociedade tem uma massa de recursos, e, se esses recursos não são compartilhados de maneira rigidamente igual, não temos justiça social.

Na visão controlada, por contraste, a justiça é um *processo* em que as pessoas são tratadas com justiça (a primeira metade da definição da Igreja Reformada na América). O alvo não é a redistribuição forçada, pois ninguém distribuiu os recursos, em primeiro lugar, e ninguém é bastante sábio para reparti-los visando o bem de todos. Nesta visão, justiça é sustentada pelo governo da lei, um sistema legal justo e tratamento igual de todas as pessoas, apesar da diversidade natural.

Parece-nos que a visão controlada está mais próxima da maneira como a Bíblia fala de justiça. Em um mundo caído, justiça não é uma igualdade de resultado, e sim um tratamento igual sob o poder de uma lei justa. Isso não significa que na visão controlada não devemos cuidar dos pobres ou que simplesmente nos mostramos indiferentes e dizemos: "Oh! que bom!", quando vemos pessoas lutando pela vida com menos oportunidades e recursos do que o restante de nós.

Afinal de contas, aqueles que "têm", eles o têm, pelo menos em parte, por causa das circunstâncias favoráveis que, na maioria, estão fora do controle deles (onde vivem, a família a que pertencem, os recursos a que têm acesso, os erros e as virtudes que lhes serviram de modelo, etc.). Seria um engano pensar que a classe média não é pobre apenas porque eles trabalham arduamente e obedecem às regras. Contudo, embora queiramos muito uma sociedade de oportunidades iguais, nenhum ser humano ou instituição humana pode fazer isso acontecer. Alguns sempre nascerão mais espertos, mais ricos, mais bonitos, mais atléticos, com melhores conexões, etc. A porta de oportunidade se abrirá amplamente para alguns, e outros terão de abri-la com empenho.

Em face desta realidade, a busca por justiça universal parece ser uma busca nobre, mas temos de fazer a nós mesmos perguntas difíceis: como determinamos que oportunidades devem ser igualadas? Qual é o custo de tentarmos corrigir este desequilíbrio? Quem tem o poder ou o conhecimento de fazer isso com benevolência e competência? Uma coisa é admitir que algumas pessoas têm mais vantagens do que outras. Outra coisa é insistir em que a justiça exige tentativas patrocinadas pelo Estado para garantir que as oportunidades sejam igualadas.

O cristão será generoso e compassivo para com os que sofrem e os necessitados, compreendendo que tudo que temos é um dom de Deus e que devemos compartilhar a imagem de Deus com os pobres. Mas, na visão controlada, este cuidado é uma questão de amor e compaixão, e não automaticamente uma questão de justiça.[12]

O fato é que nem todos queremos dizer a mesma coisa quando falamos em "justiça social"; por isso, devemos ser cuidadosos em definir o que pretendemos dizer quando usamos esta expressão. Devemos explicar nossa ideia de justiça social e esforçar-nos para demonstrar por que essa ideia é apoiada pelas Escrituras, em vez de apenas admitirmos um sentido vago de que "Eu desejava que as coisas não fossem assim". No mínimo, seria bom reconhecermos que não há proveito algum em usarmos uma expressão ambígua como "justiça social" para promover nossa causa ou defender nosso lado, sem entendermos sobre o que cada lado está realmente falando.

PROPOSTA 5: APROPRIE-SE DO CONCEITO DE PROXIMIDADE MORAL

O princípio de proximidade moral é bem simples, mas é frequentemente ignorado: quanto maior a ne-

---

[12] Entendemos que alguns evangélicos formularam uma definição mais ampla. Por exemplo, Tim Keller diria que a justiça, em seu aspecto mais básico, significa equidade (*Generous Justice: How God's Grace Makes Us Just* [New York: Dutton, 2010], 3). Mas justiça também "significa viver de uma maneira que gera uma comunidade forte na qual os seres humanos podem prosperar" (177). Em última análise, concordamos com Keller no fato de que uma pessoa justa viverá das maneiras que ele apresentou em seu livro, mas pensamos que somos mais concordantes com a evidência se dizemos que justiça significa tratar as pessoas com igualdade. Os reis de Israel e de Judá eram injustos porque eram enganadores, e não tanto porque fracassaram em desenvolver comunidades fortes.

cessidade, tanto maior a obrigação moral de ajudar. Proximidade moral não se refere à geografia, embora possa fazer parte da equação. Proximidade moral se refere à maneira como nos conectamos com alguém por conta de familiaridade, parentesco, espaço ou tempo. Portanto, em termos de proximidade moral, Greg está mais próximo de outras igrejas da Convenção Batista do Sul, na cidade, do que da 1ª Igreja Presbiteriana em Whoville. Mas a distância física não é a única consideração. Ainda, em termos de proximidade moral, Kevin está mais próximo do seu cunhado que mora na Austrália do que um estrangeiro que mora no outro lado de Lansing.

Você pode perceber aonde isso vai. Quanto maior é a proximidade moral, tanto maior é a obrigação moral. Ou seja, se uma igreja em Whoville fosse atingida por raios e se incendiasse, a igreja de Greg, em Kentucky, poderia ajudar aqueles irmãos, mas a obrigação seria menor se isso acontecesse com uma igreja em Louisville. De modo semelhante, se um homem em Lansing perdesse seu emprego, Kevin poderia enviar-lhe algum dinheiro, mas, se isso acontecesse com seu cunhado que vive no outro lado do mundo, ele teria muito mais obrigação de ajudar.

Isso não significa que podemos ser indiferentes para com todos, exceto para com nossos amigos, parentes íntimos e pessoas que moram perto de nós. Contudo, isso significa que o que *temos de* fazer numa situação é o que *podemos* fazer em outra. A proximidade moral torna a obediência possível por lembrar-nos que, antes de Paulo haver dito: "Façamos o bem a todos", ele disse: "Enquanto tivermos oportunidade" (Gl 6.10).

O princípio de proximidade moral tem outro precedente bíblico. No Antigo Testamento, por exemplo, a maior responsabilidade estava ligada aos da própria família; depois, à tribo; depois, aos compatriotas israelitas e, por fim, às outras nações. Com base nas leis do Jubileu concernentes aos parentes resgatadores, o ideal era que a família fosse a primeira a ajudar. Eles tinham a maior obrigação. Afinal de contas, como Paulo disse, se você não cuida da sua família, quando pode, você é pior do que um incrédulo (1 Tm 5.8). Se a família não pode ajudar, o círculo se expande. Aqueles que são mais próximos da pessoa ou da situação devem reagir antes que as pessoas ou organizações de fora o façam.[13] A razão por que o rico é tão deplorável, em Lucas 16, é a mesma razão por que o sacerdote e o levita, em Lucas 10, são tão embaraçadores: eles tinham uma necessidade bem diante de si, e tinham poder para ajudar, e não fizeram nada.

Obviamente, este princípio de proximidade moral se torna enganador rapidamente. Com a comunicação e as viagens modernas, temos milhões de necessidade bem diante de nós. Portanto, não estamos sob a obrigação de ajudar em toda instância? A resposta tem de ser não, pois, do contrário, todos nós viveríamos sob um peso de culpa esmagador. A intensidade de nossas obri-

---

13 Às vezes, isto é chamado de "subsidiário", especialmente no pensamento social católico.

gações morais depende de como conhecemos as pessoas, quão relacionados somos com elas e se aqueles que estão mais próximos da situação podem ou não podem ajudá--las primeiramente.

Não há respostas fáceis, nem mesmo levando em conta o princípio da proximidade moral. Todavia, sem esse princípio, a chamada de Deus à compaixão parece uma brincadeira cruel. Talvez não possamos atender a toda pessoa que nos pede dinheiro. Não podemos contribuir para toda organização que ajuda os pobres. Alguns cristãos tentam fazer-nos ver isso como se toda pessoa pobre que vive na África fosse semelhante a um homem que está morrendo à porta de nossa igreja e como se ignorar crianças famintas na Índia fosse o mesmo que ignorar nosso filho que está se afogando bem diante de nós. Dizem-nos que qualquer diferença em nossa reação emocional ou nossa resposta tangível mostra quão pouco nos importamos com o sofrimento no mundo. Esta retórica é manipuladora e moralmente dúbia. Não funciona – não a longo prazo. Algums cristãos, em resposta à lógica de que toda criança moribunda deve ser igual a meu próprio filho, agirão com empenho máximo e farão o que lhes for possível, pelo menos por um tempo. No entanto, muitos cristãos acabam desistindo de fazer uma coisa porque as exigências são muitas. Sem o conceito de proximidade moral, acabamos colocando o "ajudar os pobres" na coluna de desobediência e começamos a pensar em futebol.

Temos de fazer distinção entre generosidade e obrigação, entre uma chamada ao amor sacrificial e uma chamada a pararmos de pecar. Em 1 Jo 3.17, o apóstolo pergunta: "Ora, aquele que possuir recursos deste mundo, e vir a seu irmão padecer necessidade, e fechar-lhe o seu coração, como pode permanecer nele o amor de Deus?" É claro que o fracasso em dar, neste caso, é um pecado grave. Todavia, em 2 Coríntios 8 e 9, as demandas de Paulo são muito menos exigentes. A diferença é a proximidade moral. Em 1 João 3, há uma referência a irmãos em Cristo que, entre eles, eram carentes e necessitados de alívio, e não uma referência a algum irmão em um lugar qualquer. Portanto, se uma família de membros de sua igreja perde tudo em uma inundação e não tem seguro para repor a maior parte do que perderam, você tem a obrigação de fazer algo por eles. Se você os deixa passar fome e dormir na rua, você não tem o amor de Deus. Mas, se a mesma coisa acontece a um grupo de famílias de uma igreja em um estado bem ao norte, ajudá-las seria generoso de sua parte, mas a obrigação não é a mesma.

O princípio de proximidade moral não é uma desculpa para ignorarmos o nosso próximo em necessidade. Também não exclui o impulso apropriado que alguns de nós precisamos para agir fora de nossos seguros círculos de proximidade moral. Quase todo princípio ético pode ser distorcido para causar maus efeitos. Mas o conceito é importante. Ele nos lembra que não podemos ser o mesmo tipo de próximo para todas as pessoas do mundo, nem devemos. Contribuir para a diminuição da AIDS na África é uma coisa maravilhosa que podemos fazer, mas deixar de fazer isso não transforma, automaticamente, uma igreja em uma igreja egoísta e sem o evangelho. Mas, se essa igreja não faz nada para ajudar pessoas quando elas são vítimas de uma enchente, os membros dessa igreja não entendem o amor de Cristo. A proximidade moral não deve nos tornar mais cavalheiros para com os pobres. Mas deve nos libertar da culpa desnecessária e tornar-nos mais cuidadosos para com aqueles que contam muito conosco.

PROPOSTA 6: CONECTE BOAS INTENÇÕES COM ECONOMIA SÃ

Se, como cristãos, temos de ajudar os pobres, e não apenas ajudar a nós mesmos a sentir-nos melhores, temos de nos armar com mais do que boas intenções. Às vezes, cristãos bem-intencionados fazem pouco ou mesmo têm um efeito negativo para as pessoas que eles estão tentando ajudar porque não entendem as realidades econômicas básicas. Entendemos que poucas pessoas adquiriram este livro na esperança de ler uma cartilha de economia, mas vamos, pelo menos, salientar três realidades econômicas básicas que os cristãos não podem ignorar.[14]

---

14 Quanto a um livro, com uma perspectiva cristã, sobre princípios econômicos básicos e a legitimidade do capitalismo democrático, ver Jay W. Richards, *Money, Greed, and God: Why Capitalism Is the Solution and not the Problem* (New York: HarperOne, 2009); Victor V. Claar e Robin J. Klay, *Economics in Christian Perspective: Theory, Policy and Life Choices* (Downers Grove, IL: InterVarsity, 2007); e Michael Novak, *The Spirit of Democratic Capitalism* (Lanham, MD: Madison, 1991). A obra de Wayne Grudem *Business*

Rico mais pobre não é igual a zero

Primeiramente, riqueza no mundo moderno não é uma soma cujo resultado é zero. A maioria das pessoas imagina que as transações econômicas, em micro ou em macro escala, sempre envolvem um ganhador e um perdedor. Portanto, se alguém fica cinquenta mil dólares mais rico neste ano, outra pessoa tem de ficar cinquenta mil dólares mais pobre. A soma de todas as transações econômicas juntas é igual a zero. Os vencedores são compensados pelos perdedores.

A suposição embutida neste mito é que há uma quantidade fixa de riqueza da qual todos têm de compartilhar. Portanto, se você chega a possuir duas partes dessa quantidade total, outra pessoa não possui nada. Mas a realidade econômica é que a riqueza pode ser criada. A quantidade de riqueza se torna maior. A recessão ocorre quando a economia de um país (medida pelo produto interno bruto) se retrai por dois trimestres consecutivos. Recessões são um grande problema, porque elas não acontecem com frequência; e isso nos diz que a economia, com um todo, está constantemente crescendo. Através do aumento da produtividade, inovação tecnológica e investimento sábio, a riqueza não é transferida, ela cresce.

---

for the Glory of God: The Bible's Teaching on the Moral Goodness of Business (Wheaton, IL: Crossway, 2003) é uma pequena cartilha sobre por que realizar negócios é compatível com os princípios cristãos. Quanto a um impressionante relato de como o amor se mostrou eficaz na pobreza e como as boas intenções ingênuas se tornaram desastrosas, ver Marvin Olasky, *The Tragedy of American Compassion* (Washington DC: Regnery, 1992). Ver também os materiais disponíveis do Acton Institute (www.acton.org).

Por consequência, os ricos não têm de ficar mais ricos à custa dos pobres. Os cristãos se preocupam frequentemente com a disparidade crescente entre os que têm e os que não têm, mas uma disparidade crescente não significa necessariamente um problema crescente. Nas últimas poucas décadas, tanto nos Estados Unidos como ao redor do mundo, os ricos se tornaram mais ricos, mas os pobres também se tornaram mais ricos. Segundo uma estimativa, de 1970 a 2006, a pobreza caiu por volta de 86% no Sul da Ásia, 73% na América Latina, 39% no Oriente Médio e 20% na África. Embora ainda haja sofrimento horrível, a tendência global tem sido boa nas últimas décadas. A porcentagem da população do mundo que vive em pobreza absoluta (pessoas que vivem com menos de um dólar por dia) caiu de 26,8% em 1970 para 5,4% em 2006.[15]

Visto que a riqueza pode ser criada, é enganador sempre falar de países (ou indivíduos) ricos que "controlam" certa porcentagem de riqueza ou "consumem" certa quantidade de dinheiro que poderia ser destinado à saúde pública, como se os ricos pegassem o pote de biscoitos primeiro e não deixassem nada para os pobres. Os maiores consumidores de bens e recursos são também os mais produtivos criadores de empregos e riqueza.

Neste mesmo pensamento, uma das capacidades do capitalismo é que ele desestimula o acúmulo. Isso não

---

15 Os dados são de VOX Research, "Parametric Estimations of the World Distribution of Income", http://www.voxeu.org/index.php?q=node/4508.

sugere que as pessoas são agora menos dadas à avareza do que sempre o foram. Mas, enquanto no mundo antigo o miserável avarento podia estocar grão para si mesmo e ninguém mais (ver Lc 12), hoje os ricos investem suas riquezas em ações, ou colocam seu dinheiro em empresas que estão começando e florescendo, ou pelo menos colocam seu dinheiro nos bancos, que, por sua vez, emprestará o dinheiro a outras pessoas. Há pouco incentivo para alguém esconder sua riqueza debaixo do colchão ou não fazer nada com sua colheita, exceto construir celeiros maiores para acumular o produto colhido. Todavia, há muito incentivo para se empregar o dinheiro de novo para movimentar a economia. Mesmo quando os ricos gastam seu dinheiro em coisas que podem ofender as sensibilidades da classe média, o consumo deles está proporcionando empregos para o fabricante de iates, para o estilista de roupas finas e o vendedor de veículos de luxo, sem falar no construtor, no paisagista e no mantenedor de piscinas.

Um ponto precisa ser esclarecido antes de prosseguirmos para a segunda realidade econômica. A caridade sozinha não é a solução para a pobreza no mundo. Doações diretas e momentâneas funcionam bem como uma forma de alívio, mas como um meio de desenvolvimento econômico os resultados são incertos. Isso não significa que não devemos doar. Mas significa que os problemas de fome, desnutrição e pobreza gritante não serão resolvidos por maior que seja a doação financeira por parte das nações ricas, quer por indivíduos, quer por nações inteiras. Depois de 50 anos e mais de um trilhão de dólares em ajuda para a África, os resultados ainda não são inspiradores.[16] Isso acontece porque a pobreza é superada somente quando se cria riqueza, e a criação de riqueza exige certas condições.[17] O império da lei tem de vigorar, o capital social (isto é, a confiança) tem de ser aumentado, e os direitos de propriedade têm de ser respeitados.[18] Na maioria dos casos, as nações pobres não são pobres porque os ocidentais são ricos, nem porque os seus trabalhadores são menos diligentes e menos capazes do que os do Ocidente. Elas são pobres porque vivem e trabalham em um sistema (geralmente corrupto) que não têm estruturas social, política, legal e social apropriadas que permitam as habilidades, inteligência e ingenuidade dos pobres desencadear o mesmo processo de criação de riqueza que vemos no Ocidente. Onde essas medidas têm sido colocadas no devido lugar, nações têm se tornado ricas. Assim é a graça comum oferecida a todos em um sistema de mercado. Como ressaltaram o economista cristão Victor Claar e Robin Klay: "Os mercados são, em geral, usados providencialmente para realizar o que nenhuma quantidade de caridade cristã

---

16 Ver Dambisa Moyo, *Dead Aid: Why Aid Is Not Working and How There Is a Better Way for Africa* (New York: Farrar, Straus and Giroux, 2009); William Easterly, *White Man's Burden: Why West's Efforts to Aid the Rest Have Done So Much Ill and So Little Good* (New York: Penguin, 2006).

17 Ver David S. Landes, *The Wealth and Poverty of Nations: Why Are Some So Rich and Some So Poor* (New York: Norton, 1998).

18 Quanto a uma discussão detalhada sobre isto, ver Hernando DeSoto, *The Mystery of Capital: Why Capitalism Triumphs in the West and Fails Everywhre Else* (New York: Basic Books, 2003).

ou de ativismo político poderia realizar".[19] Ou, como um gracejador já disse, Bill Gates tem feito mais para aliviar a pobreza na Índia do que Madre Teresa.[20]

Pensando além do estágio 1

Uma segunda realidade econômica é que temos sempre de considerar a lei das consequências não intencionais. Em seu clássico *Economics in One Lesson* (Economia em uma lição), Henry Hazlitt resume toda a economia em uma única sentença: *"A arte da economia consiste em olhar não somente para o imediato, mas também para os efeitos mais longínquos de qualquer ato ou política pública; consiste em determinar as consequências dessa política não apenas para um grupo, mas para todos os grupos"*.[21] Lembrar essa única lição – a lei das consequências não intencionais – pode ajudar os cristãos a pensarem com mais cuidado sobre toda uma série de questões.

Talvez todos nós não concordemos em qual é a melhor política econômica (porque estas questões exigem julgamentos prudentes nos quais os cristãos podem diferir legitimamente), mas devemos concordar, pelo

---

19 Claar e Klay, *Economics in Christian Perspective*, 161.
20 Esperamos que você leia esta nota antes que esta sentença esteja na internet. É claro que esta afirmação mede apenas os efeitos econômicos. Ela não julga o coração. Portanto, não estamos dizendo que Bill Gates é mais virtuoso e mais digno de elogios do que Madre Teresa – dizemos apenas que, indubitavelmente, suas ações como empresário contribuíram mais para o bem-estar material da Índia como um todo.
21 Henry Hazlitt, *Economics in One Lesson* (1946; repr. San Francisco: Laissez Faire: 1996), 5; ênfase original.

menos, em que boas intenções não são suficientes. Por exemplo, talvez pareça uma boa ideia distribuir gratuitamente mosquiteiros na África, mas a experiência com esta maneira de agir tem mostrado que, quando uma coisa é gratuita, as pessoas não a valorizam e não a usam. É melhor colocar um preço simbólico. Construir casas para os pobres em outros países ou comprar remédios para eles pode parecer uma boa ideia, mas isso pode criar padrões de dependência ou privá-los da dignidade que acompanha o cuidarem de seus próprios problemas.[22] Protestar contra a "exploração do trabalho" em outros países, onde os trabalhadores ganham uma pequena fração do que um trabalho semelhante poderia render no Ocidente, talvez pareça nobre, até que você compreenda que estes podem ser os trabalhos mais desejáveis que eles têm, mesmo com salários que nos parecem injustos.

Em nosso próprio país, as leis de salário mínimo podem parecer uma grande maneira de ajudar os pobres que trabalham, mas, na realidade, elas tornam os empregadores menos propensos a criar novos empregos para recém-formados e mais propensos a eliminar totalmente certos trabalhos. De modo semelhante, isso pode contribuir para que os plantadores nacionais de beterraba açucareira imponham uma tarifa pesada sobre o açúcar de outros países, mas não ajuda aqueles que trabalham na fábrica de balas quando esta se muda para outro país, a fim de evitar as elevadas tarifas do açú-

---

22 Ver o excelente livro *When Helping Hurts: How to Alleviate Poverty Without Hurting the Poor and Yourself* (Chicago: Moody, 2009), escrito por Steve Colbert e Brian Fikkert.

car.[23] Subsidiar uma indústria que fracassa pode ajudar os trabalhadores naquele campo, mas também retarda o inevitável realinhamento das forças de trabalho e apoia práticas desvantajosas por meio dos lucros de outros. O comércio justo do café pode ser uma maneira de ajudar os agricultores do Terceiro Mundo a venderem seus grãos por um preço mais alto, mas também distorce artificialmente os preços do mercado, fazendo os agricultores dependerem da boa vontade de outros para a sua subsistência e desencorajando-os a fazer as inovações e modernizações necessárias que os tornarão mais produtivos e, a longo prazo, mais proveitosos. Poderíamos citar mais exemplos, mas o ensino deve ser claro: não olhe apenas para o que você espera realizar por um grupo; olhe para o que o incentiva a criar e como tudo mais será afetado, não intencionalmente.

Problemas reais, soluções reais

Em terceiro, a economia acontece no mundo real, e o mundo real nunca será uma utopia. Isso significa que não podemos simplesmente descartar um sistema porque ele não faz tudo que desejamos. Temos de considerar se as coisas seriam melhores ou piores em um sistema diferente. Talvez queiramos que a riqueza seja distribuída com mais igualdade. E, como cristãos, deve-

---
23 Ver Claar e Klay, *Economics in Christian Perspective*, 38-39.

mos estimular a generosidade. Todavia, a redistribuição se torna algo totalmente novo quando não é mais voluntária. Não somente a generosidade é destituída de sua virtude moral, mas também precisamos levar em conta se alguém ou algum grupo tem a habilidade necessária para presidir tal redistribuição. Quem possui a sabedoria onisciente para decidir que trabalho é digno ou qual deve ser o valor dos bens e dos recursos? Quem decidirá se leite a um preço acessível é mais importante do que um viver melhor para os produtores de leite? Quem determinará se salários mais baixos para engenheiros e operários será uma boa troca em favor de automóveis mais baratos? Preços e salários transmitem informação inestimável sobre o que é necessário e onde. Nenhum governante iluminado, ou diretor, ou administrador pode, talvez, gerenciar milhões de pessoas com tanto conhecimento como o mercado pode gerenciar.

Ainda que esse conhecimento pudesse ser obtido, a quem entregaríamos o poder de executar nossa visão de justiça social? A História nos ensina que as pessoas que sacrificam a liberdade em troca de qualidade acabam sem nenhuma das duas coisas. Em lugar delas, o que você tem são facções rivais e grupos de interesse que clamam por favores daqueles que administram o dinheiro. Pense em lobistas e concorrência. Uma economia baseada em competição e cooperação, por meio de troca voluntária, pode não aliviar todos os efeitos da Queda que desejamos sejam aliviados, porém é muito mais eficiente em produzir riqueza e muito mais protetora da dignidade pessoal do que um sistema que segue sua visão universal de justiça por meio da força coerciva e da concentração de poder.

PROPOSTA 7: AME O SEU PRÓXIMO COMO A SI MESMO

Em muitas maneiras, a discussão sobre justiça social seria menos controversa e mais proveitosa se parássemos de falar em justiça e começássemos a falar em amor. Não é injusto existir pobreza em meio a tanta riqueza no mundo? Incorremos em injustiça porque vivemos numa sociedade que tem inúmeras pessoas que não possuem o essencial? É uma obrigação moral, uma questão de *justiça*, uma igreja em Spokane fazer algo a respeito da AIDS em Uganda? Isso é duvidoso. Mas, devemos amar intensa, sacrificial e criativamente aqui, lá e em todos os lugares? Com certeza.

Muito do que é promovido em nome de justiça social é sobremodo virtuoso. Mais pessoas interessadas em servir no exterior, mais pessoas cavando poços, mais pessoas doando seu dinheiro, mais pessoas adotando crianças, mais pessoas se interessando por sua vizinhança – tudo isso são sinais estimulantes de vida na igreja evangélica. O problema é que a justiça social tem sido muito frequentemente promovida com condenação por implicação e com a poderosa mão do dever. Parece muito melhor apenas incentivar as igrejas e os cristãos individuais a amar. É como se o evangelicalismo tivesse sido despertado para interesses sociais e agora queremos ferir a consciência dos outros enquanto estamos engajados nesses interesses. É muito fácil usar "justiça social" como um porrete para golpear cristãos da classe média que dão o dízimo, oram, trabalham muito, tratam os outros com justiça e servem fielmente na igreja local, mas não têm tempo para contribuir e se envolver em toda causa. Se precisamos de cinquenta horas todos os dias para sermos obedientes, estamos dizendo mais do que a Bíblia diz. É difícil provar que a maioria dos evangélicos são culpados de graves injustiças para com os pobres. Não devemos fomentar a culpa onde ela não existe.

Por outro lado, não é difícil provar que há mais que podemos fazer para amar. Miquéias 6.8 e Mateus 25 talvez não solucionem definitivamente todas as questões retóricas deste assunto, como gostaríamos, mas já temos o "façam o bem a todos", o sejam "sal e luz" e o "amem o seu próximo" para nos dar um bom fundamento. Se desejamos que cada igreja vá à cidade, beba café de comércio justo, se focalize em acabar com a fome no mundo e seus membros se sintam como opressores culpados, quando não fazem essas coisas, teremos muita dificuldade em apoiar isso com as Escrituras. No entanto, se queremos que toda igreja olhe para fora de si mesma, exercite o amor além de suas portas e dê generosamente para aqueles que estão necessitados (em especial, os necessitados que fazem parte de sua lista de membros), teremos muito apoio das Escrituras.

Tudo isso significa que, à medida que vemos as necessidades físicas ao nosso redor, devemos motivar uns aos outros por mostrarmos *oportunidades* "sal e luz", em vez de irmos além do que a Bíblia garante e envergonharmos uns aos outros com uma lista de *responsabilidades* "faça isto ou você estará pecando". Faríamos bem se nos focalizássemos menos nos anúncios proféticos de "justiça social" e mais no antigo amor. Ame com criatividade. Ame com intensidade. Ame apesar dos perigos. Não ignore tudo que a Bíblia diz sobre viver com retidão e viver com justiça. Leia um livro como *Generous Justice* (Justiça Generosa), de Tim Keller, e procure compreender versículo após versículo do coração de Deus para os fracos, os vulneráveis e os oprimidos. Não ignore estes versículos. Não suspeite de todo aquele que está preocupado com "justiça social". Devemos realmente amar a todos, nem todos da mesma maneira, mas devemos amar quando pudermos, onde pudermos, como pudermos.

CAPÍTULO 8

Buscando a Shalom
Entendendo os Novos Céus e a Nova Terra

VOCÊ JÁ SE PERGUNTOU por que está se tornando popular – em certa subcultura do evangelicalismo – as pessoas terminarem seus e-mails não com "amor", "sinceramente" ou "bênçãos", mas, antes, com a palavra hebraica *shalom*? Isso não significa que o número de cristãos de contexto judaico está aumentando em nossos círculos normais. De fato, a maioria das pessoas que nos desejam "Shalom", no final de seus e-mails, são americanos e gentios como nós.

Shalom é uma palavra maravilhosa, revestida de um significado teológico e bíblico. Numa definição bem simples, ela significa "paz". E, no que concerne ao pensamento cristão, ela significa a paz que agora temos com Deus, por meio de Jesus Cristo, *e* a paz que nos aguarda na eternidade – nos novos céus e na nova terra. É maravilhoso meditarmos em *shalom* – quer sugerida no final de um e-mail, quer como um dos temas mais encorajadores da narrativa bíblica.

Há um antigo ditado que diz: um cristão pode "ter uma mente tão celestial que não será nenhum bem terreno". E essa crítica pode se aplicar legitimamente a algumas pessoas. Cremos, porém, que a realidade mais frequente é que os cristãos se veem em problemas exatamente *porque* não pensam bastante na eternidade.[1] Eles não meditam por muito tempo ou com intensidade suficiente no que Deus pretende fazer por eles e com eles quando esta era acabar. Por isso, as suas circunstâncias, suas prioridades e, até, seus sofrimentos não são vistos pelas lentes da eternidade. E o que deve acontecer é que, quando o mundo olha para a vida de um cristão, muito do que as pessoas veem não faz sentido, porque os olhos do cristão estão fixos em algo no futuro, em algo que o não cristão não pode nem mesmo começar a ver. A eternidade – o fim do jogo, o fim da pintura, os novos céus e a nova terra – devem determinar tão profundamente a trajetória da vida de um cristão, que a sua vida quase não faz sentido quando o mundo olha para ela. Essa é a razão por que shalom – paz – é um conceito importante. Ela descreve em uma única palavra o que Cristo fez e o que ele realizará totalmente e para sempre, no final, quando esta era acabar.

---

1 Observe a perspectiva de C. S. Lewis: "Se você ler a história, descobrirá que os cristãos que fizeram mais pelo mundo presente foram aqueles que pensavam mais no mundo por vir". *Mere Christianity*, 3rd. ed. (New York: HarperOne, 2001), 134.

Neste capítulo, queremos gastar um pouco de tempo pensando sobre a shalom, conforme ela é referida na Bíblia, e, em última análise, sobre os novos céus e a nova terra como o lugar em que a shalom reina finalmente. Há vários tópicos que precisamos considerar:

- O que é shalom?
- Como devemos entender os novos céus e a nova terra que Deus prometeu?
- O mandato cultural não nos *ordena* a interessar-nos pela obra de criar um novo mundo?
- Quanta continuidade haverá entre a *velha* terra e a *nova* terra?

Todas estas perguntas influenciam a questão: qual é a missão da igreja? De fato, um bom número de livros recentes expressam a conclusão de que é a missão da igreja prover cuidados na área da saúde, restaurar casas em favelas, plantar árvores, financiar pesquisas de doenças e limpar as ruas. Em resumo, a missão da igreja consiste em trabalhar pelos novos céus e a nova terra, perfeitos e cheios de paz, que Deus planeja que existam no final. Às vezes, isso é referido como "edificar o reino"; outras vezes, como "reunir os materiais de edificação do reino"; e outras vezes, como "trazer o céu à terra". Contudo, o âmago de todas estas expressões é a crença de que a obra de edificar o que existirá no final dos tempos é nossa, pelo menos em parte. Entendido em certa maneira de pensar, isso faz bastante sentido. Mas, se você entende essas coisas em uma maneira diferente – que Deus, e não nós, edificará os novos céus e a nova terra – bem, isso muda tudo.

O QUE É REALMENTE SHALOM?

Como já vimos, *shalom* é uma palavra hebraica comum que significa, essencialmente, "paz". Todavia, essa paz é muito mais do que mera ausência de hostilidade. *Shalom* significa algo mais, como "inteireza, completude, sanidade, bem-estar". Em seu aspecto mais robusto, a palavra indica uma situação em que a autoridade e o governo de Deus são absolutos, em que suas criaturas – incluindo os seres humanos – vivem em relacionamentos corretos com ele e uns com os outros e em que não há separação entre Deus e o homem por causa do pecado.

No entanto, shalom não tem sempre essas conotações eternas. De fato, a palavra tem um grande âmbito de significado, e não podemos entendê-la como "paz eterna" em todas as ocorrências com que nos deparamos na Bíblia. Por exemplo, *shalom* pode referir-se apenas à prosperidade material, como lemos nestas palavras do salmista:

> Eu invejava os arrogantes, ao ver a prosperidade [*shalom*] dos perversos (Sl 73.3).

Ela pode se referir também à segurança física, como no caso de Davi quando lembrava a bondade de Deus para com ele:

Em paz [*shalom*] me deito e logo pego no sono, porque, SENHOR, só tu me fazes repousar seguro (Sl 4.8).

Às vezes, a palavra é usada de modo semelhante à maneira como usamos a palavra paz hoje – referindo-se à ausência de lutas ou, talvez, ainda mais apropriadamente, a uma aliança – como no caso em que a Escritura nos diz: "Havia paz [*shalom*] entre Hirão e Salomão; e fizeram ambos entre si aliança" (1 Rs 5.12).

Às vezes, a palavra é usada simplesmente para indagar sobre o bem-estar de alguém, como no momento em que José a usou para saber a respeito de seu velho pai, Jacó, quando seus irmãos apareceram no Egito: "Ele lhes perguntou pelo seu bem-estar e disse: Vosso pai, o ancião de quem me falastes, vai bem [*shalom*]? Ainda vive?" (Gn 43.27). Às vezes, este mesmo significado de "bem-estar" é aplicado a uma cidade inteira ou a um país (Sl 122.6-9).

É claro que em certos contextos a palavra assume um significado muito mais espiritual, referindo-se à paz ou bem-estar entre Deus e os homens. No Pentateuco, alguns sacrifícios são chamados de "sacrifícios de *shalom*" ou "sacrifícios pacíficos". Nenhuma ocasião específica é definida para eles, mas a intenção é clara. A hostilidade que existe entre Deus e o seu povo é trazida ao fim – ou, pelo menos, a um "cessar fogo" temporário, se você assim quiser – por meio do sangue derramado do "sacrifício de *shalom*". Veja, por exemplo, estas descrições em Levítico 3.1-2:

Se a oferta de alguém for sacrifício pacífico, se a fizer de gado, seja macho ou fêmea, oferecê-la-á sem defeito diante do SENHOR. E porá a mão sobre a cabeça da sua oferta e a imolará diante da porta da tenda da congregação; e os filhos de Arão, os sacerdotes, aspergirão o sangue sobre o altar, ao redor.

Devemos observar várias coisas nesta passagem. Primeiramente, até a necessidade de um "sacrifício pacífico" fala da hostilidade que existe entre os seres humanos e Deus por causa do pecado. O autor de Hebreus nos diz que os sacerdotes faziam esses sacrifícios pacíficos pelos pecados do povo (Hb 5.3). Também, qualquer paz entre Deus e o homem é muito mais do que uma parte ou outra "perdoando e esquecendo". Um custo elevado é exigido para conseguir essa paz, um custo de sangue e vida. Como o Senhor explica em Levítico 17.11: "Porque a vida da carne está no sangue. Eu vo-lo tenho dado sobre o altar, para fazer expiação pela vossa alma, porquanto é o sangue que fará expiação em virtude da vida". No jardim do Éden, o custo do pecado foi a morte do pecador – a vida e o sangue do pecador. Portanto, era a vida, a vida somente, que traria paz entre Deus e o homem.

Por tudo isso, o povo de Israel nunca conheceu a verdadeira paz. Os sacrifícios apenas retardavam o julgamento; não colocavam um fim no julgamento. Não traziam paz final e completa. Os sacrifícios nunca removeram totalmente o pecado. A lei era apenas uma sombra das coisas boas que estavam por vir (Hb 10.1-4). Por causa disso, os israelitas começaram a olhar para frente, para a vinda dAquele que *traria* realmente paz final e completa para o povo de Deus. Essa esperança recebeu expressão plena nos profetas e se cumpriu na vinda daquela criança – o Príncipe da Paz, Jesus Cristo (Is 9.6-7; Mt 1.21-23). Por isso, Zacarias disse a respeito de seu filho ainda não nascido, João Batista: ele dirigirá "os nossos pés pelo caminho da *paz*" (Lc 1.79). E os anjos declararam com alegria, na noite em que Jesus nasceu:

> Glória a Deus nas maiores alturas, e *paz* na terra entre os homens, a quem ele quer bem (Lc 2.14).

Não é surpreendente que, depois de sua ressurreição, a bênção repetida do Senhor Jesus ressuscitado tenha sido "Paz seja convosco!" (Jo 20.19, 21, 26; Lc 24.36).

A shalom que estivera em falta entre Deus e os homens, por tanto tempo – a shalom que os sacrifícios haviam apenas remediado, a shalom final e completa que os profetas anunciaram de antemão – fora finalmente obtida por meio da morte e da ressurreição do Messias, Jesus. Por isso, Paulo disse em Romanos 5.1: "Justificados, pois, mediante a fé, temos *paz* com Deus por meio de nosso Senhor Jesus Cristo". E não foi por acaso que Paulo começou cada uma de suas cartas com uma forma de expressão da bênção "graça a vós outros e paz, da parte de Deus, nosso Pai, e do Senhor Jesus

Cristo".[2] Pela graça de Deus para conosco, em Jesus Cristo, conhecemos agora *a paz* com Deus.

Paremos um pouco e consideremos algumas coisas nesta altura. Primeiramente, qualquer shalom entre Deus e o homem – qualquer integridade duradoura ou bem-estar do homem – é obtida por meio da morte e da ressurreição de Jesus Cristo. A shalom que o Antigo Testamento oferecia vinha somente por meio de sacrifícios – os quais, é claro, acharam seu cumprimento na morte vicária e sacrificial de Jesus – e da promessa de um "Príncipe da Paz" vindouro, que é uma profecia da vinda de Jesus, aquele que seria não apenas o Messias, mas também o Messias sofredor (Is 9, 11, 40, 42, 53). Como todos os outros temas bíblicos, a shalom passa diretamente pela cruz do Gólgota. Sem a cruz, não há qualquer shalom entre Deus e o homem. E devemos ter cuidado para não dar a entender o contrário.

E não somente isso. Também vale a pena lembrar que nem sempre a shalom tem um significado eterno e final. Às vezes, ela pode se referir a algo tão simples como a saúde ou o bem-estar de outra pessoa. Quando José falou sobre a "shalom" de seus irmãos e seu pai, ele não queria saber se eles eram suficientes submissos à autoridade de Deus e se estavam gozando da eterna bem-aventurança dos novos céus e da nova terra. José queria saber: ele "ainda vive?" (Gn 43.27). Queria saber se seu pai estava bem e com saúde. De modo semelhan-

---

2 Ver Rm 1.7; 1 Co 1.3; 2 Co 1.2; Gl 1.3; Ef 1.2; Fp 1.2; Cl 1.2; 1 Ts 1.1; 2 Ts 1.2; Fm 3; Tt 1.4. A palavra "misericórdia" é acrescentada em 1 Tm 1.2 e 2 Tm 1.2.

te, a Bíblia não quer dizer que havia bem-aventurança eterna entre Hirão e Salomão (1 Rs 5.12). Ela quer dizer apenas que havia uma paz – no máximo, uma aliança – acertada entre eles como poderes contemporâneos.

BUSCANDO A SHALOM

É importante manter em mente este significado menos abrangente e final de shalom quando chegamos a passagens como Jeremias 29.7, na qual Israel é exortado nestes termos: "Procurai a paz [*shalom*] da cidade". Se pensamos que shalom sempre se refere à paz final e eterna, entenderemos mal esta passagem e pensaremos que ela está dizendo que os israelitas deviam procurar a paz final e eterna da Babilônia. E isso, por sua vez, poderia nos levar a pensar que a Bíblia nos dá, como cristãos – o "Israel de Deus" (Gl 6.6; cf. Rm 9.6) – a missão de procurar a paz final e eterna de Chicago, East Lansing, Louisville e Bucksnort (Tennessee). Mas esse não parece ser o ensino de Jeremias 29.7, de maneira alguma. Pelo contrário, a carta que Jeremias enviou aos exilados parecia dizer algo mais material:

- Estabeleçam-se. Edifiquem casas... não tendas (29.5)
- Plantai pomares... com plantas perenes (v. 5).
- Tenham famílias... não é bom demorar a fazer isso (v. 6).
- Não ouçam aqueles que lhes dão falsas esperanças de voltarem para casa. Vocês ficarão aí por um

tempo (vv. 8-10, 28).

Em essência, o Senhor estava dizendo a seu povo, por meio de Jeremias: "Vocês precisam buscar o bem-estar da Babilônia. Vocês ficarão aí por poucas gerações. O destino de vocês está preso ao destino da Babilônia. Se as coisas saírem bem para ela, as coisas sairão bem para vocês. Se a Babilônia decair, vocês decairão. Se ela enriquecer, vocês enriquecerão. Se ela for invadida, vocês serão invadidos. Se ela sofrer fome, vocês sofrerão fome. Se a Babilônia morrer, vocês morrerão. Embora isso pareça muito difícil, não quero que vocês trabalhem contra a Babilônia. Cuidarei deles no devido tempo, mas este é o tempo de trabalhar *com* a cidade e a *favor* da cidade, e não contra ela".

Era por isso que os israelitas deviam procurar a shalom da Babilônia – não porque eles deviam "edificar o reino" lá, mas para o seu próprio bem-estar. "Na sua paz vós tereis paz". (Jr 29.7). Os exilados israelitas não estavam procurando uma paz de longo prazo da cidade, muito menos uma paz eterna e final. De fato, a esperança crucial deles para a Babilônia não era que ela ficaria em paz, e sim que ela seria totalmente destruída (Jr 50.2, 29). Nos capítulos 51 e 52, Jeremias profetizou a queda da Babilônia, não somente como um fato real, mas como algo que os exilados israelitas deveriam *ansiar* e *esperar*. Toda a profecia termina com estas palavras:

> Escreveu, pois, Jeremias num livro todo o mal que havia de vir sobre a Babilônia, a saber, todas

as palavras já escritas contra a Babilônia. Disse Jeremias a Seraías: Quando chegares a Babilônia, vê que leias em voz alta todas estas palavras. E dirás: Ó SENHOR! Falaste a respeito deste lugar que o exterminarias, a fim de que nada fique nele, nem homem nem animal, e que se tornaria em perpétuas assolações. Quando acabares de ler o livro, atá-lo-ás a uma pedra e o lançarás no meio do Eufrates; e dirás: Assim será afundada a Babilônia e não se levantará, por causa do mal que eu hei de trazer sobre ela; e os seus moradores sucumbirão. Até aqui as palavras de Jeremias.

Em face de tudo isso, é simplesmente impossível sustentar o significado de Jeremias 29.7 – "Procurai a paz da cidade" – que muitos dos autores modernos querem atribuir-lhe: que ela é uma afirmação no Antigo Testamento da missão do povo de Deus, ou seja, que devemos trabalhar em favor da bem-aventurança eterna das cidades em que vivemos, por engajar-nos em suas estruturas sociais. Esse entendimento deste versículo específico fracassa totalmente em compreender o principal ensino do que Jeremias estava ordenando. A esperança crucial dos israelitas não estava em seus esforços para "trazer a paz à cidade"; antes, estava em Deus, que traria, de fato, àquela cidade algo bem diferente da paz, no devido tempo. E, nesse ínterim, eles deviam se estabelecer e procurar o bem-estar de seus dominadores – não primariamente por causa da Babilônia, mas por causa deles mesmos.

James Davison Hunter vê Jeremias 29.7 como um bom exemplo do povo de Deus tendo uma "presença fiel no meio" de uma cultura decaída. A ordem não era uma chamada a que trabalhassem em favor da bênção eterna da Babilônia ou mesmo da sua ascendência temporal; também não era uma chamada para um "desafio profético e radical aos poderes existentes" ou a "uma aceitação passiva da ordem estabelecida". Pelo contrário, "o povo de Israel estava sendo chamado a entrar na cultura em que eles foram colocados *como povo de Deus* – refletindo em suas práticas diárias sua identidade distinta como aqueles que haviam sido escolhidos por Deus".[3] Entender a passagem desta maneira pode nos capacitar a ver sua importância para nós, como cristãos. Como os israelitas na Babilônia, somos designados "peregrinos" no mundo e "forasteiros" (1 Pe 1.1, 17; 2.11). E, por isso, devemos procurar o bem de nossa sociedade. Essa é a razão por que Pedro nos diz que devemos ser zelosos em praticar "o que é bom" (1 Pe 3.17), e Paulo, repetidas vezes, nos diz que devemos fazer o "bem" (Gl 6.10; 1 Ts 5.12; 2 Ts 3.13; 1 Tm 6.18). Essas não são chamadas a procurarmos a bem-aventurança eterna da cidade. São apenas chamadas para que o povo de Deus se engaje na cultura em que fomos colocados *como povo de Deus*, refletindo, em nossa vida, nossa identidade distinta como

---

[3] James Davison Hunter, *To Change the World: The Irony, Tragedy, and Possibility of Christianity in the Late Modern World* (New York: Oxford University Press, 2010), 278.

crentes em Cristo.
COMO DEVEMOS ENTENDER OS NOVOS CÉUS E A NOVA TERRA?

Quando a Bíblia fala realmente sobre a shalom no sentido eterno, quase sempre ela está apontando para aquele dia em que Deus criará novos céus e uma nova terra. É verdade que desfrutamos de paz com Deus agora, sendo justificados pela fé por meio de Jesus Cristo (Rm 5.1). Contudo, a consumação final dessa paz acontecerá somente no último dia.

Há apenas quatro passagens bíblicas que usam especificamente a expressão "novos céus e nova terra", embora haja outras que falam da mesma realidade sem usar essa terminologia. Seria proveitoso abrir a sua Bíblia e separar um tempo para ler estas quatro passagens – Isaías 65.17-25; 66.22-23; 2 Pedro 3.13; Apocalipse 21.1–22.5 – para que você seja capaz de seguir as observações que fazemos sobre elas.

Primeiramente, observe como o conceito de shalom permeia todas estas quatro passagens. Isaías 65.25 diz que ninguém fará mal nem dano algum no monte santo de Deus – uma invocação básica do conceito de paz. Todavia, ainda mais significativo é o fato de que todas as bênçãos que vêm ao povo de Deus neste novo paraíso fluem do fato de que Deus exultará "por causa de Jerusalém" e se alegrará em seu povo. A hostilidade acabará, e o que reinará será um relacionamento certo entre Deus e seu povo – shalom, no sentido pleno da palavra.

E não somente isso. Em Isaías 66.23, o Senhor diz que "virá toda a carne a adorar perante mim". Em outras palavras, os homens se submeterão corretamente a ele como Senhor, e assim a shalom reinará. Pedro identifica os novos céus e a nova terra como o lugar onde "habita justiça" (2 Pe 3.13), ou seja, onde todas as coisas se conformam com Deus e com seus padrões, onde tudo está finalmente em shalom. E, por último, em Apocalipse 21 e 22 o lugar de habitação de Deus é, de novo, com os homens, nenhum mal entrará na cidade, e o trono de Deus e do Cordeiro estará ali. Em todas estas passagens, os novos céus e a nova terra estão ligados estritamente ao conceito teológico da shalom.

Em segundo, é fascinante e instrutivo ver quão passivo o povo de Deus é realmente na criação e edificação dos novos céus e da nova terra. Em cada uma destas passagens, está claro que a obra de "trazer o céu à terra", por assim dizer, é de Deus e não nossa. Ele diz: "*Eu* crio novos céus e nova terra" (Is 65.17). Diz também: "Os novos céus e a nova terra, que [*eu*] hei de fazer, estarão diante de mim" (Is 66.22). E, conforme 2 Pedro 3.13, nós não edificamos os novos céus e a nova terra, nem mesmo contribuímos para sua edificação. Em palavras bem simples, Pedro diz: "Nós... *esperamos* novos céus e nova terra". Por fim, em Apocalipse 21.2, a nova Jerusalém desce "do céu, da parte de Deus"; ela não é edificada por homens. É "aquele que está assentado no trono" que faz "novas todas as coisas" (Ap

21.5-6).

É claro que ninguém argumenta que nós, cristãos, recebemos a tarefa de edificar os novos céus e a nova terra de baixo para cima. Isso seria impossível e ridículo. Mas existem muitas pessoas que têm argumentado que nós, como cristãos, temos pelo menos uma parte na criação dos novos céus e da nova terra – que somos parceiros de Deus na sua missão de restaurar o cosmos. Embora isto seja bastante motivador, não expressa a maneira como a Bíblia fala sobre os novos céus e a nova terra. Há o testemunho evidente das passagens que acabamos de examinar, mas há também o fato de que a terra em que o povo de Deus habita – quer seja a Terra Prometida, quer seja a nova terra – é sempre descrita como um *dom* de Deus para o seu povo.

Quando o povo de Deus tomou posse da Terra Prometida, não a mereceram, nem a edificaram; *receberam*-na como uma dádiva. Essa verdade é clara em toda a narrativa do Antigo Testamento. "Apareceu o SENHOR a Abrão e lhe disse: *Darei* à tua descendência esta terra" (Gn 12.7; ver também 13.14-15; 15.7; 15.18 e muitos outros). Sim, eles tinham de ir e *possuir* a terra que Deus lhes estava dando. Ela não viria até eles por si mesma, nem se moveria para onde eles estavam. Mas o ensino principal, afirmado muitas vezes tanto por palavra como por exemplo, era que o próprio Senhor lutaria nas batalhas que eles teriam de realizar e as venceria por eles (Js 1.9-13; 6.2, 16). Veja esta extraordinária passagem de

Deuteronômio 6.10-12:

> Havendo-te, pois, o SENHOR, teu Deus, introduzido na terra que, sob juramento, prometeu a teus pais, Abraão, Isaque e Jacó, te daria, grandes e boas cidades, que tu não edificaste; e casas cheias de tudo o que é bom, casas que não encheste; e poços abertos, que não abriste; vinhais e olivais, que não plantaste; e, quando comeres e te fartares, guarda-te, para que não esqueças o SENHOR, que te tirou da terra do Egito, da casa da servidão.

O mesmo parece ser verdade quando consideramos a nova criação, que é o cumprimento da Terra Prometida.[4] Os novos céus e a nova terra não são algo que edificamos por nós mesmos a partir das ruínas deste mundo caído. São um dom de Deus ao seu povo redimido. Os cristãos não edificam a cidade santa, a nova Jerusalém, de baixo para cima. Ela não surge das cinzas da Babilônia (Ap 18-19). Pelo contrário, ela *desce* do céu (Ap 21.2), um dom de Deus para seu povo. É "a cidade que tem fundamentos, da qual Deus é o arquiteto e edificador" (Hb 11.10). Portanto, é aquele que está sentado no trono que recebe a glória por esta nova criação. Ele

---

4 Todas as bênçãos prometidas a Abraão – terra, descendência e bênçãos universais – devem se cumprir nos novos céus e na nova terra. Ver Isaías 66.22-23: *terra* – "Porque, como os novos céus e a nova *terra*, que hei de fazer..."; *descendência* – "Assim há de estar a vossa *posteridade*..."; *bênção* – "Virá toda a carne a adorar perante mim". Parece evidente que a "nova terra", com sua segurança, paz, harmonia e pureza de relacionamento entre Deus e o homem, é o cumprimento final da promessa de Deus feita a Abraão, a promessa de lhe dar "a terra das [suas] peregrinações", que era em si mesmo uma figura da terra do jardim do Éden em que aquela pureza existia no princípio.

declara: "Eis que faço novas todas as coisas" (Ap 21.5).

Colossenses 1.15-20 também formula este ensino, dizendo que Deus se agradou em reconciliar "consigo mesmo todas as coisas, quer sobre a terra, quer nos céus", fazendo "a paz pelo sangue da sua cruz" (v. 20). Estes são versículos gloriosos, uma das linguagens mais elevadas, na Bíblia, sobre reino universal e cósmico do Senhor Jesus Cristo ressurreto. O fato de que Deus tenciona reconciliar "consigo mesmo todas as coisas" não sugere uma doutrina de universalismo; antes, enfatiza o escopo amplo dos propósitos de Deus. "Nada menos do que uma nova criação total é visualizada."[5] Frequentemente, estes versículos são interpretados no sentido de que a "morte de Cristo começou um processo de redenção cósmica do qual somos chamados a participar"[6] ou que "o derramamento do sangue de Cristo começou uma obra restauradora que afeta as coisas eternas do céu, bem como os eventos aqui e agora, na terra", dos quais "os cristãos são chamados a participar", para que sejamos "canais para ele trazer cura à terra e aos seus habitantes".[7]

Afirmações como essa estão parcialmente corretas, mas dão alguns passos que vão muito além do que as passagens realmente dizem. Estão certas em ressaltar o

---

[5] N. T. Wright, *Colossians and Philemon: An Introduction and Commentary*, Tyndale New Testament Commentaries (Downers Grove, IL: InterVarsity, 1986), 81.
[6] Jonathan Merritt, "Creation Care: As Much as God Is", *Christianity Today* (June 2010). Disponível online em: http://www.christianitytoday.com/ct/2010/june/26.46.html.
[7] Gabe Lyons, *The Next Christians: How a New Generation Is Restoring the Faith* (New York: Doubleday, 2010), 55.

propósito de Deus de refazer o universo e corrigir todas as coisas neste universo – quer por redenção, quer por julgamento. Mas é importante notar que é *Deus* quem faz a reconciliação. Em Cristo, habita toda a plenitude de Deus, diz Paulo, e por meio dele Deus reconcilia todas as coisas, mediante o seu sangue derramado. Não há aqui nenhuma chamada a "sermos sócios" de Deus nessa obra, nem de "participarmos" com ele, nem mesmo de sermos um "canal" dessa obra reconciliadora. Quando Paulo diz em 2 Coríntios 5 que Deus lhe deu um "ministério de reconciliação", esse ministério tem um significado específico: "persuadir" os outros (v. 11) das boas novas de que "Deus estava em Cristo reconciliando consigo o mundo, não imputando aos homens as suas transgressões" (2 Co 5.19). Se em Colossenses 1 "reconciliar" tem referência a todo o cosmos, aqui em 2 Coríntios 5 este verbo se refere especificamente a pecadores perdidos, pois está relacionado a pessoas que são perdoadas de seus pecados. *Esse* é o ministério de reconciliação que Paulo entendia Deus lhe havia dado – "exortar" os pecadores perdidos e "rogar"-lhes que se reconciliassem "com Deus" (v. 20). Não era um ministério de ser parceiro de Deus em sua obra de renovar o cosmos por confrontar os problemas sociais. Todo o propósito de Colossenses 1.19-20 é, de fato, louvar a Deus porque *somente ele* tem feito e está fazendo essa obra.

Falar como se os cristãos estivessem de algum modo contribuindo para a edificação dos novos céus e da nova terra parece estar bem distante do testemunho bíblico. É a mesma ideia que consideramos antes em referência ao reino. Assim como é Deus, e não nós, quem estabelecerá seu reinado sobre o mundo, assim também é Deus, e não nós, quem criará os novos céus e a nova terra nos quais aquele reinado será exercido. De fato, essa é realmente a coisa gloriosa no evangelho de Jesus. Tudo que temos (e tudo que *teremos*) é-nos dado. Não o teremos merecido; não o teremos construído. Apenas o teremos *recebido*. Quando a eternidade finalmente chegar, viveremos em uma terra que foi feita e criada *para nós*, num reino que foi conquistado e estabelecido *para nós*, por um Salvador que morreu e ressuscitou *por nós*. Em palavras simples, o evangelho é as boas novas de uma salvação que é, em todas as suas partes, *para nós*, e não, no menor de seus aspectos, *por nós*.

O MANDATO CULTURAL

O mandato cultural não nos *manda* envolver-nos na obra de criar um novo mundo? Os mandamentos que Deus deu a Adão, em Gênesis 1 e 2 – ou seja, de que ele deveria "frutificar e multiplicar-se", de que deveria "dominar" e de que deveria "cultivar" o jardim e cuidar dele – são frequentemente usados para argumentar que, visto que Adão recebeu a tarefa de edificar o mundo de Deus, nós, cristãos, um nova humanidade redimida, temos agora essa tarefa. Nós, como Adão, temos de nos envolver no "funcionamento" do mundo ao nosso redor, no melhoramento e no aperfeiçoamento do mundo. Alguns vão mais além e argumentam que isso é a missão da igreja, envolver-se na obra de "fazer a cultura" ou, pelo menos, "renovar a cultura".

De novo, esse é um pensamento empolgante. Mas não temos certeza de que se mantém de pé quando examinamos com atenção a narrativa bíblica para averiguar como funcionou originalmente o mandato cultural de Adão, o que aconteceu com esse mandato depois que Adão pecou e como ele se relaciona conosco agora.

Consideremos com atenção o mandato que Deus deu a Adão, nos primeiros capítulos de Gênesis. Esse mandato consiste realmente de dois papéis que Adão tinha de cumprir no mundo de Deus.

O primeiro papel foi dado imediatamente após Deus haver criado Adão e Eva: "Deus os abençoou e lhes disse: Sede fecundos, multiplicai-vos, enchei a terra e sujeitai-a; dominai sobre os peixes do mar, sobre as aves dos céus e sobre todo animal que rasteja pela terra" (Gn 1.28). O primeiro papel que Deus planejou que Adão e Eva cumprissem foi o de serem vice-regentes na terra, "dominando" ou "governando" todas as outras coisas vivas na terra. O domínio de Adão não era completo, no momento em que ele foi criado. Ele teria de trabalhar nele. Adão e Eva teriam de "multiplicar-se" e "encher a terra", e o alvo deles era "sujeitar" a terra e mantê-la em submissão ao seu governo dado por Deus.

Depois, no jardim do Éden, Deus deu a Adão outro papel a cumprir. Conforme Gênesis 2.15, Deus colocou Adão no jardim para "o cultivar e o guardar". A princípio, esses mandamentos parecem bastante claros. Contudo, há algo mais acontecendo. A palavra traduzida por "cultivar", *abad*, significa que Adão deveria ser o administrador do jardim, cultivá-lo e promover seu crescimento em maturidade e beleza. A palavra traduzida por "guardar", *shamar*, significa muito mais do que apenas conservar o jardim e mantê-lo apresentável. Significa que Adão deveria "proteger" o jardim, garantindo que nada mal ou impuro entrasse ali, e, se isso acontecesse, ele tinha de julgar o mal e expulsá-lo. A coisa mais importante a notarmos é que estas duas palavras – *abad* ("cultivar") e *shamar* ("guardar") – são a descrição precisa do trabalho não somente de Adão, mas também dos sacerdotes no templo/tabernáculo de Israel. Quando Deus ordenou a Moisés que trouxesse a tribo de Levi para dar-lhes suas instruções, ele disse sobre os levitas: "*Terão cuidado [shamar]* de todos os utensílios da tenda da congregação e *cumprirão* o seu dever [*shamar*] para com os filhos de Israel, no ministrar [*abad*] no tabernáculo" (Nm 3.8). Depois, quando o Senhor descreveu para Arão os deveres dos levitas (Nm 18.1-7), as duas palavras aparecem repetidas vezes, quando Deus lhe ordena realizar o ministério (*abad*) do tabernáculo e cuidar (*shamar*) dele. Esta conexão com o sacerdócio não é coincidente. O jardim do Éden era, em sua própria essência, um templo perfeito.[8] Era o lugar da habitação de Deus

---

8 Ver G. K. Beale, *The Temple and the Church's Mission: A Biblical Theology of the Dwelling Place of God*, New Studies in Biblical Theology (Downers Grove, IL: InterVarsity, 2004); e T. D. Alexander, *From Eden to the New Jerusalem: An Introduction to Biblical The-*

com o homem, o lugar onde o homem e Deus se encontravam. Assim como os sacerdotes trabalhariam (*abad*) no tabernáculo e no templo e guardariam (*shamar*) esses lugares, Adão faria *o mesmo* no templo do jardim do Éden. Ele seria não somente rei, mas também sacerdote no mundo de Deus.

Adão falhou totalmente na tarefa. Ele fracassou em ambos os papéis que Deus lhe deu. Em vez de cumprir seu dever como um "guardião" sacerdotal do templo de Deus – julgando a serpente e expulsando-a do jardim – Adão se rendeu e permitiu que o pecado entrasse. Além disso, em vez de cumprir o seu mandato real de governar o mundo, sob a autoridade de Deus, ele se uniu à serpente na rebelião contra Deus e tentou tomar a coroa para si mesmo.

Com essa história trágica em mente, o que devemos pensar sobre o mandato original de Adão em relação aos cristãos? Por um lado, parece claro, com base nas Escrituras, que o mandato original de Adão não permaneceu intacto após a Queda. Todo mandamento incluído no mandato é submetido à tristeza severa pela maldição que Deus pronuncia em Gênesis. Sim, Adão e Eva continuarão a frutificar e a multiplicar-se, mas essa reprodução será muito frustrante e acompanhada de sofrimento (Gn 3.16). Adão continuará a trabalhar no solo, mas isso acontecerá "em fadigas" e "no suor do [seu] rosto" (Gn 3.17-19). E, quanto ao "domínio" de Adão, sim, ele

---

ology (Grand Rapids: Kregel, 2009).

continua sendo a imagem de Deus (Gn 9.6; Tg 3.9), mas o seu governo é agora cruelmente irônico. A terra não será mais submissa à sua mão; agora, ela produzirá relutantemente os frutos. E, em vez da terra ser submissa a Adão, agora ele se submeterá a ela:

Porque tu és pó e ao pó tornarás (Gn 3.19).

Por fim, Deus expulsou Adão do jardim que ele devia "guardar" e colocou, na entrada do jardim, um anjo com uma espada flamejante para "guardar [shamar] o caminho da árvore da vida" (Gn 3.24). Se o vice-regente sacerdotal não guardará (shamar) o jardim, então, o Rei Supremo fará, ele mesmo, o trabalho. O ensino de tudo isso é que o objetivo final do mandato de Adão – o subjugar o mundo ao homem e, em última análise, a Deus – não é mais atingível por ele. Sim, a humanidade continuará a realizar algumas das prescrições desse mandato original, mas o fará agora somente com grande frustração e sem qualquer esperança de cumprir realmente a incumbência de Adão de subjugar a terra.

Este fato é magnificado quando consideramos a reafirmação do mandato cultural de Deus para Noé, depois do Dilúvio. Esse mandato, registrado em Gênesis 9.1-7, reflete claramente o mandato original dado em Gênesis 1 e 2, mas também é óbvio que algo deu terrivelmente errado, porque ele difere do mandato de Adão em alguns aspectos importantes. O mandato de ser frutífero, multiplicar-se e encher a terra ainda está lá, mas já sabemos que a reprodução é agora marcada por "dor" multiplicada (Gn 3.16). Além disso, o "domínio" de Adão sobre os animais é reafirmado, mas agora eles não virão mansamente até Adão para receber seus nomes. Em vez disso, os animais ficarão cheios de "pavor e medo" dele. O governo de Adão não é mais um "domínio" piedoso, e sim um domínio cheio de medo. Há também uma instituição nova e necessária de um governo que usa a espada, um governo que terá o poder de tirar a vida humana, quando sangue humano for derramado (9.6). Podemos ver aqui os vestígios do mandato original – multiplicação, domínio e trabalho – mas as coisas não são mais as mesmas. Talvez a diferença mais importante seja que as palavras "sujeitai-a" estão nitidamente ausentes de todo este mandato: o alvo do mandato original não é mais atingível. Diferentemente do mandato de Adão, esta versão dada a Noé não é uma questão de *progresso* rumo ao paraíso, mas, antes, de *preservação* em um mundo caído.

Também é importante observar que, à medida que a história bíblica se desenvolve, o papel de reassumir o mandato fracassado de Adão e de completá-lo *não* é nosso. Esse papel é assumido pelo último Adão, o Senhor Jesus Cristo (ver Rm 5). Em cada particularidade, ele completa o que Adão deixou de completar: como Rei e como Sacerdote, Jesus obtém sucesso onde Adão falhou. Veja, por exemplo, Hebreus 2.6-8. Nesta passagem, o autor de Hebreus cita Salmos 8, que louva a Deus por seu cuidado dos homens e fala sobre a sua exaltação do homem acima de toda a criação – ou seja, o seu governo. O salmo é realmente um comentário dos primeiros dois capítulos de Gênesis. Mas é importante notar sobre quem se diz que o domínio de Adão recai. É Jesus quem vemos "coroado de glória e de honra" (Hb 2.9). Interpretado pelo autor de Hebreus, o mandato de governar a terra dado a Adão é cumprido não por nós, mas pelo último Adão, Jesus. Onde Adão fracassou como rei, Jesus foi bem sucedido. O mesmo é verdade quanto ao papel sacerdotal de Adão. Onde Adão fracassou para proteger o jardim e condenar a serpente, Jesus também foi bem sucedido. Essa era a promessa de Gênesis 3.15 e fui cumprida por aquele que amarra "o valente" (Mt 12.29; Mc 3.27), que vence a besta (Ap 19.20) e manda prender no abismo "o dragão, a antiga serpente, que é o diabo, Satanás" (Ap 20.1-3), e, por fim, esmaga a cabeça de Satanás, por lançá-lo no lago de fogo, onde ele é atormentado "de dia e de noite, pelos séculos dos séculos" (Ap 20.7-10).

Assim, Jesus, o último Adão, faz o que o primeiro Adão falhou tão miseravelmente em fazer; ele reina como Rei, coloca todas as coisas em sujeição a si mesmo (Ef 1.22; Hb 2.8) e, por fim, a Deus (1 Co 15.24) e completa sua obra como Sacerdote, por destruir a Serpente de uma vez por todas.

Em palavras simples, tudo isso significa que não somos pequenos Adãos que se esforçam para realizar a obra original de Adão. Não, essa obra foi reassumida e completada por nosso Senhor Jesus. Nós apenas compartilhamos dos frutos de sua vitória e, até, de seu reino (Ef 2.6). Mas também é crucial reconhecer que nosso reino com Cristo ainda não se consumou. Sim, reinamos com ele agora, mas reinaremos com ele em plenitude somente naquele tempo. O trono é nosso em Cristo, *agora*, mas exerceremos sua plena autoridade somente no último dia (Mt 19.28; 2 Tm 2.11-12). Até àquele tempo, continuaremos em um mundo em que a maldição ainda permanece; ainda viveremos na era da versão do mandato cultural dada a Noé. O parto ainda envolve dores; o trabalho ainda envolve suor; os animais ainda fogem de nós, por medo; e a criação ainda está sujeita à corrupção.

QUANTA CONTINUIDADE HAVERÁ ENTRE A VELHA TERRA E A NOVA TERRA?

Outra pergunta que influencia a resposta de alguém para essas questões está relacionada a como devemos entender o relacionamento deste mundo com o novo mundo que Deus criará. Eles são completamente distintos, significando que o mundo atual será destruído e substituído? Ou são mais contínuos, significando que podemos estar relativamente certos de que as nossas obras culturais, no presente, serão "transportadas" à era por vir?

Temos ouvido essas perguntas serem respondidas com grande confiança por pessoas de ambos os lados da questão. O fato é que ambos os lados defendem ideias legítimas, visto que a Bíblia tem passagens que ensinam tanto a continuidade substancial como a descontinuidade radical. Não podemos ler toda a Bíblia e sair pensando que não há qualquer continuidade entre este mundo e o por vir. Também não podemos ler a Bíblia e sair pensando que o mundo por vir será uma perfeita continuidade. Consideremos algumas passagens que são importantes nesta discussão.

Descontinuidade radical

Primeiramente, as Escrituras transmitem uma forte ideia de uma descontinuidade radical entre este mundo e o por vir. Isaías diz que os céus desaparecerão como fumaça e a terra envelhecerá como um vestido (Is 51.6). Salmos 102.6 diz que os fundamentos da terra perecerão e a ordem criada será mudada como uma veste (vv. 25-26; ver também Hb 1.10-12). E o próprio Jesus nos diz: "Passará o céu e a terra, porém as minhas palavras não passarão" (Mt 24.35; Mc 13.31; Lc 21.33).

Há também a famosa passagem de 2 Pedro 3.10, em que o apóstolo escreveu: "Virá, entretanto, como ladrão, o Dia do Senhor, no qual os céus passarão com estrepitoso estrondo, e os elementos se desfarão abrasados; também a terra e as obras que nela existem serão atingidas". Há algum debate em torno do significado da palavra "atingidas" (no grego, *heurethēsetai*), no final do versículo. Algumas traduções usam as palavras "serão queimadas", porque alguns manuscritos gregos têm a palavra *katakaēsetai*. Contudo, "serão expostas", ou "serão desnudadas", ou "serão descobertas" talvez seja a melhor tradução. Portanto, em vez de ensinar que a terra e as obras que nela existem "serão queimadas" e se tornarão nada, a passagem talvez ensine que, ao raiar o último dia, nada ficará oculto. Tudo ficará descoberto diante daquele que julga.

No entanto, a passagem ainda contém um tom forte de descontinuidade. Ainda que Pedro tivesse dito "expostas" e não "queimadas", ele também disse que os céus serão "incendiados" e "desfeitos" e que "os *stoicheia* [os elementos que constituem o universo][9] abrasados se derreterão" (2 Pe 3.12). E, muito significativamente, ele se uniu a Jesus, aos salmos e a outros apóstolos (Mt 24.35; Mc 13.31; 1 Co 7.31; 1 Jo 2.17) em afirmar que o mundo "passará". E isso tem de significar algo como *desaparecer* (Jó 6.15-17), *cessar* (1 Co 13.8), ir embora (Am 6.7), *morrer* (Jó 34.20), *perecer* (Sl 102.26).

Não importando o que entendemos sobre os novos céus e a nova terra, não podemos pensar que existe uma continuidade plena e idêntica entre este mundo e o novo mundo que Deus criará. Este mundo passará, e haverá uma descontinuidade radical entre este mundo e o por vir.

Continuidade genuína

Apesar de tudo isso, há outras passagens das Escrituras que ensinam que haverá algum tipo de conti-

---

9 Ver Thomas R. Schreiner, *1, 2 Peter, Jude*, The New American Commentary (Nashville: B&H, 2003), 384; Douglas J. Moo, *2 Peter, Jude*, The NIV Application Commentary (Grand Rapids: Zondervan, 1997), 190.

nuidade entre este mundo e o mundo por vir. Romanos 8.18-25 é talvez a passagem mais importante a considerarmos aqui. Paulo diz, sem ambiguidade, que nesta era a criação está "sujeita à vaidade", mas em certa esperança de que, no último dia, "a própria criação será redimida do cativeiro da corrupção, para a liberdade da glória dos filhos de Deus". Dizer que a criação "será redimida do cativeiro da corrupção" e que obterá "a liberdade da glória dos filhos de Deus" é uma imagem gloriosa, uma imagem que fala da recusa de Deus em deixar que o fracasso do homem em suas obrigações seja a palavra final.

Ao pensar sobre esta ideia, Charles Spurgeon visualizou a criação como uma grande orquestra, posicionada com seus arcos esticados, seus malhos levantados, seus dedos nas cordas dos violoncelos e dos violinos, sua boca aberta como se estivessem prontos para cantar – mas totalmente em silêncio, cobertos com teia de aranha e incapazes de realizar a tarefa para a qual se reuniram. O problema? O maestro faltou; ele, como toda a humanidade, não deu os passos para subir à plataforma e reger a sinfonia da criação; e, por isso, agora a criação espera, tanto em frustração como em ansiosa expectativa, que o maestro chegue e comece a música. Essa é uma bela e cativante figura do que Paulo falou exatamente em Romanos 8. No último dia, quando os filhos de Deus forem revelados e receberem "a liberdade" de sua glória, eles seguirão finalmente o seu Senhor até à plataforma. Os arcos se moverão, os malhos cairão, as vozes se erguerão, e a música começará. A criação será liberta de sua escravidão e restaurada ao seu propósito original – o louvor ilimitado e exultante a Deus.

É claro que a imagem da criação restaurada, liberta e livre do cativeiro é bem diferente da imagem de uma criação que "passará". No entanto, ambas são ensinadas na Bíblia, e, por isso, ambas são verdadeiras. Como? Como o mundo tanto "passará" como será "redimido do cativeiro da corrupção"? É importante que não nos inclinemos tanto em uma direção que anulemos a outra. Não devemos enfatizar tanto a continuidade que neguemos que haverá um fim catastrófico para esta era e, até, para o céus e a terra atuais. A transição para a eternidade não será uma transição suave. Por outro lado, não devemos enfatizar tanto a *des*continuidade que acabemos dizendo que este mundo não importa. As Escrituras nos dizem que há, de fato, algum tipo de continuidade entre este mundo e o vindouro; a catástrofe não é total.

Como harmonizamos estas duas ideias? Talvez a melhor maneira seja pensar que a criação experimentará um tipo de morte e de ressurreição mais ou menos análogas à morte e à ressurreição que nós mesmos experimentaremos. Há certamente uma continuidade entre o meu corpo como ele é agora e o corpo ressurreto que um dia eu terei. Em 1 Coríntios 14, Paulo compara esse relacionamento com a continuidade entre uma semente e o grão maduro (v. 37). Mas também haverá uma descontinuidade radical entre meu corpo como ele é agora e o corpo de ressurreição que terei. Será algo crucialmente diferente. Como Paulo diz: "Pois assim também é a ressurreição dos mortos. Semeia-se o corpo na corrupção, ressuscita na incorrupção. Semeia-se em desonra, ressuscita em glória. Semeia-se em fraqueza, ressuscita em poder. Semeia-se corpo natural, ressuscita corpo espiritual. Se há corpo natural, há também corpo espiritual" (vv. 42-44). Talvez devamos entender que a própria criação experimentará algo semelhante. Talvez ela "passará" em um tipo de morte e, depois, será "redimida do cativeiro da corrupção" em um tipo de ressurreição. Morte e ressurreição. Descontinuidade *e* continuidade.[10]

Implicações de continuidade e descontinuidade no mundo por vir

Tudo isso deve levar-nos a muita humildade em nossas afirmações a respeito do que estamos realmente conseguindo com nossas realizações culturais. De fato, podemos indicar alguns tipos de continuidade com grande confiança. Por exemplo, embora Jesus tenha ressuscitado dos mortos em um corpo glorificado, ele ainda era Jesus. Portanto, nós também seremos na eternidade o mesmo tipo de pessoa que somos agora. Greg será Greg. Kevin será Kevin, e você será você. Já vimos

---

10 Em uma seção bastante proveitosa, Herman Bavinck traça a analogia com a pessoa que agora é "nova criatura" em Cristo: "Assim como aquele que está em Cristo é uma nova criação, e nele a velha criação passou, e tudo se tornou novo (2 Co 5.17), assim também este mundo passará em sua forma atual, para que, de seu sepulcro, ante a palavra do poder de Deus, dê origem e existência a um novo mundo. Assim como no caso de um ser humano individual, assim também, no fim do tempo, acontecerá um renascimento do mundo (Mt 19.28)". Herman Bavinck, *Reformed Dogmatics*, vol. 4, *Holy Spirit, Church, and New Creation* (Grand Rapids: Baker, 2008), 717.

que haverá alguma continuidade entre nosso corpo atual e nosso corpo de ressurreição. Também parece que o mundo será contínuo em sua substância física. O mundo não está destinado a ser aniquilado e refeito a partir do zero. Pelo contrário, como já vimos, o mundo está destinado a ser redimido "do cativeiro da corrupção".[11] A comparação com o Dilúvio, em 2 Pedro 3.5-7, é uma analogia proveitosa nesta altura. O texto diz que a terra "pereceu" no Dilúvio (v. 6). Mas sabemos que a terra não foi totalmente destruída. De modo semelhante, talvez tudo será queimado no final da História. A terra será destruída, mas o planeta ainda existirá, ainda a mesma terra pronta, como uma fênix, a renascer das cinzas. A forma presente do mundo passará (1 Co 7.31), mas isso não significa que todo o universo será aniquilado. Passaremos a eternidade aqui, na terra. Não será o mesmo mundo, mas não será um mundo totalmente diferente. Será um novo mundo, um mundo purificado, um mundo renascido. E não somente isso. Apocalipse 7 parece indicar que haverá alguma continuação de nossa identidade étnico-linguística. Quando João se virou para ver a grande multidão que estava em pé diante do trono, ele compreendeu imediatamente que as pessoas eram "de todas as nações, tribos, povos e línguas" (Ap 7.9).

---

11 Como Bavinck argumenta fortemente: "As passagens que são admitidas como se ensinassem [a destruição da substância do mundo] descrevem, em termos vívidos, a mudança que se introduzirá depois do dia do Senhor, mas elas não significam a destruição da substância do mundo... A honra de Deus consiste precisamente no fato de que ele redime e renova a mesma humanidade, o mesmo mundo, o mesmo céu e a mesma terra que foram contaminados e corrompidos pelo pecado" (ibid., 716-17).

E quanto às nossas realizações e produtos culturais? É possível que obras culturais "passarão" para a eternidade? Bem, talvez. Contudo, não temos nada nas Escrituras que nos promete isso, e, por isso, não devemos falar como se tivéssemos. Sendo exato, há nas Escrituras algumas imagens que parecem indicar que certos aspectos da cultura humana "passarão" para a eternidade. Isaías 60, por exemplo, diz que no último dia "as riquezas das nações" serão levadas a Jerusalém e que "navios" chegarão até aos portos. No entanto, estamos lidando com figuras poéticas, e, além disso, Apocalipse não diz que o mar não existirá (ou isso é apenas uma figura apocalíptica, também)?

Você pode perceber o que estamos dizendo. Se quisermos usar essa linguagem, devemos estruturá-la em termos de uma implicação possível, e não como uma certeza definitiva, sendo cuidadosos para não irmos além do que está escrito. Poderíamos realmente dizer: "Temos certeza bíblica de que os navios de Társis estarão lá; talvez eles compartilharão o porto com um iate de competição americano e uma belíssima canoa entalhada de madeira de vidoeiro"?[12] A conclusão é que não podemos saber isso com qualquer certeza e, portanto, não devemos ser tão ousados a ponto de insistir em que nossos esforços de renovação cultural terão impacto na terra renovada. Isso seria como insistir em que, se levanto pesos com meu corpo atual, estou de algum modo garantindo

---

12 Andy Crouch, *Culture Making* (Downers Grove, IL: InterVarsity, 2008), 170.

um bíceps maior em meu corpo ressurreto! Não diríamos tal coisa sobre o corpo ressurreto. Então, por que pensamos que podemos dizer isso, tão confiantemente, sobre a renovação da terra?

Não, a nossa tarefa é, como sempre o foi para o povo de Deus, vivermos nesta era passageira com fidelidade. Temos de nos esforçar por uma "presença fiel" em um mundo caído. Essa é para com o mundo uma postura mais refinada – e muito mais bíblica, pensamos – do que uma afirmação de que estamos, de algum modo, formando a cultura para a eternidade e de que nós, de algum modo, esperamos que nossas obras culturais ou sociais "passem" pelo julgamento. O fato é que a Bíblia não nos dá bastante informação sobre isso. O que sabemos é que haverá um julgamento catastrófico (Ap 11.19; 16.17-21). Este mundo e seus desejos passarão – e também sabemos que, do outro lado desse julgamento, a criação será liberta de sua escravidão de corrupção. Mas enganamos a nós mesmos se pensamos que podemos definir os detalhes do que acontece no meio.

CONCLUSÃO

Esta é uma área da teologia bíblica que poderia exigir erudição. Muito frequentemente a discussão recua ou avança entre fortes afirmações de extremos – continuidade, descontinuidade – sem um reconhecimento sábio de que a Bíblia ensina realmente ambas as coisas. Este capítulo ofereceu uma proposta inicial e cautelosa a respeito de como podemos expressar essas duas ênfases juntas, mas há muitas outras perguntas que poderiam ser feitas, respondidas e aplicadas a questões importantes de nossa vida e doutrina, como cristãos.

É claro que devemos observar novamente que, se abandonarmos os aspectos técnicos desta discussão, nos veremos de volta no ponto principal que estamos nos esforçando por defender neste livro. A coisa mais importante que podemos dizer sobre a shalom e sobre os novos céus e a nova terra é que elas são obtidas somente por aqueles que foram redimidos por meio do sangue do Senhor Jesus ressurreto. Portanto, ainda que *pudéssemos* envolver uma cidade inteira na shalom e a trouxéssemos às portas da eternidade, os cidadãos dessa cidade não entrariam na eternidade com a shalom se não tivessem ouvido, de nossos lábios, o evangelho do Senhor Jesus e crido nele.

PARTE 3
Entendendo o que fazemos e por que o fazemos

CAPÍTULO 9

Zelosos de Boas Obras
Por que e Como Fazemos o Bem, Como Pessoas e Como Igrejas

QUANDO PESSOAS OUVEM ou leem argumentos como os que apresentamos aqui, elas respondem, frequentemente, em termos mais ou menos assim: "Mas eu penso que as boas obras são importantes. Devemos fazer coisas boas para as pessoas que vivem ao nosso redor, até para os não cristãos que vivem à nossa volta".

Por favor, sublinhe, circule ou ponha uma estrela ao lado disto: concordamos com essa resposta! Concordamos plenamente, de todo coração, sem reservas e sem a menor oposição! Temos a forte opinião de que a Bíblia ensina que os cristãos devem ser um povo tanto de declaração como de demonstração e que nossas igrejas devem ser comunidades tanto de declaração como de demonstração. Deus nos redimiu de toda iniquidade e nos tornou um povo exclusivamente seu, zeloso de boas obras (Tt 2.14). Nossa esperança, neste livro, não tem sido, de modo algum, desestimular as boas obras, mas, antes, *incentivá*-las por sermos bastante claros a respeito de onde e como as boas obras se encaixam na teologia cristã e na vida cristã.

Então, como fazemos o bem? Se o "edificar o reino", o "proclamar o evangelho sem palavras" e o "unir-nos a Deus em sua obra de fazer novas todas as coisas" não são os motivos corretos para as boas obras, quais são? Por que devemos fazer boas obras se essas motivações não têm base bíblica? Na verdade, a Bíblia nos dá razões abundantes para fazermos boas obras, e não são razões insignificantes. Não queremos deixar ninguém com o pensamento desestimulante de que removemos o apoio bíblico ao dever e ao desejo cristão de não nos cansarmos "de fazer o bem" (Gl 6.9). Eis, portanto, algumas das motivações que as Escrituras nos *dão* realmente para vivermos uma vida cheia de boas obras.

FAZEMOS BOAS OBRAS PARA OBEDECER A DEUS, QUE AMAMOS

É claro que há mais a dizer sobre isso, mas o fundamento de tudo é obedecer a Deus motivado por amor. Em última análise, Deus nos manda, em sua Palavra, fazer boas obras e levar vidas exemplares. "Este é o amor de Deus: que guardemos os seus mandamentos; ora, os seus mandamentos não são penosos" (1 Jo 5.3). Afinal de contas, "nós amamos porque ele nos amou primeiro" (1 Jo 4.19).

FAZEMOS BOAS OBRAS PORQUE AMAMOS NOSSO PRÓXIMO

Jesus disse que o maior de todos os mandamentos é este: "Amarás o Senhor, teu Deus, de todo o teu coração, de toda a tua alma e de todo o teu entendimento". E o segundo mais importante, ele disse, é este: "Amarás o teu próximo como a ti mesmo" (Mt 22.36-40). E não somente isso, mas também ele anulou as restrições que os fariseus haviam colocado na definição de um "próximo":

> Ouvistes que foi dito: Amarás o teu próximo e odiarás o teu inimigo. Eu, porém, vos digo: amai os vossos inimigos e orai pelos que vos perseguem; para que vos torneis filhos do vosso Pai celeste, porque ele faz nascer o seu sol sobre maus e bons e vir chuvas sobre justos e injustos (Mt 5.43-45).

Se a definição de "amar o próximo" inclui orar até por nossos *inimigos*, ela inclui todos! Parte da razão é que cada um de nós, do menor ao maior, é uma pessoa criada à imagem de Deus (Gn 1.27). Portanto, em amar os nossos próximos, mostramos que valorizamos o fato de que eles também são obras e criaturas de Deus semelhantes a nós. Por isso, nós, cristãos, devemos ser um povo caracterizado e identificado por amor não somente àqueles que são como nós, ou àqueles que estão em nossas igrejas, ou àqueles que fazem parte de nosso grupo social específico, mas a todos.

Em outra parte deste livro, argumentamos que a maneira exata *como* esse amor é manifestado é uma questão que exige muita sabedoria e sensibilidade ao fato de que não podemos fazer tudo. Somos criaturas finitas, e, por isso, é importante que não nos fustiguemos com culpa indevida porque não podemos mostrar amor pleno, ilimitado, ativo e atenuante de sofrimentos para todos os habitantes de nosso planeta. Mas também não podemos usar nossa limitação para construir paredes ao nosso redor e justificarmos a falta de amor para com aqueles que estão perto de nós, numa "proximidade moral". Como cristãos, devemos ser caracterizados por uma postura de amor e generosidade para com nossos próximos, e isso inclui, de acordo com Jesus, todas as pessoas, desde os nossos melhores amigos até os nossos piores inimigos.

FAZEMOS BOAS OBRAS PARA MOSTRAR AO MUNDO O CARÁTER E A OBRA DE DEUS

Jesus disse aos seus seguidores: "Assim brilhe também a vossa luz diante dos homens, para que vejam as vossas boas obras e glorifiquem a vosso Pai que está nos céus" (Mt 5.16). Quando vivemos no mundo com uma postura de amor e generosidade, nossas boas obras proporcionam uma confirmação poderosa de nossa declaração de que "Deus é amor". Elas mostram ao mundo que nós vivemos o que falamos e tornam muito mais plausível o fato de que Deus existe e de que sua influência em nossa vida é real, poderosa e diferente de qualquer outra coisa no mundo.

Isto é, pelo menos, parte do que Jesus disse quando falou aos seus seguidores: "Vós sois o sal da terra" (Mt 5.13). O sal era conhecido por fazer muitas coisas. Preservava, limpava e melhorava o sabor. Mas reconhecer o que o sal fazia não é o essencial – talvez, todas essas coisas foram sugeridas pelas palavras de Jesus. O essencial é que o sal faz todas essas coisas precisamente porque há algo nele que o torna *diferente* da coisa em que ele é polvilhado. Se você polvilhar brócolis em brócolis, não terá feito muita coisa. Sal é útil, disse Jesus, exatamente porque ele é sal. E, se o sal perde a sua salinidade, ele não é diferente daquilo em que é polvilhado – assim, não tem proveito nenhum. O mesmo é verdade a respeito da luz: sua utilidade está no fato de que ela não é trevas. É diferente, e, se você obstrui a sua "luminosidade", por colocá-la debaixo de um balde, ela não é boa para nada.

Você percebe o ensino? Nós, cristãos, devemos ser evidentes em nosso seguir o Rei Jesus. Devemos fazer boas obras como um testemunho de que Deus fez em nós algo diferente do que éramos antes e do mundo não redimido ao nosso redor. Como povo do reino, devemos ser sal e luz em um mundo caído, ou seja, devemos ser *diferentes*. E, por meio dessas boas obras, juntamente

…om nossas palavras verdadeiras, devemos dar testemunho do caráter de Deus.

FAZEMOS BOAS OBRAS PORQUE ELAS SÃO O FRUTO DA OBRA DO ESPÍRITO EM NÓS

Em palavras simples, maçãs nascem em macieiras, laranjas nascem em laranjeiras, e boas obras nascem nos cristãos. É assim que o mundo funciona. Jesus foi bastante claro sobre isto:

> Pelos seus frutos os conhecereis. Colhem-se, porventura, uvas dos espinheiros ou figos dos abrolhos? Assim, toda árvore boa produz bons frutos, porém a árvore má produz frutos maus. Não pode a árvore boa produzir frutos maus, nem a árvore má produzir frutos bons. Toda árvore que não produz bom fruto é cortada e lançada ao fogo. Assim, pois, pelos seus frutos os conhecereis (Mt 7.16-20).

As boas obras não são a *raiz* da árvore; não são a coisa que faz da árvore o que ela é. Elas não são o alicerce ou a base de nossa posição diante de Deus. Mas, se somos verdadeiramente redimidos, pelo sangue de Cristo; se o Espírito habita verdadeiramente em nós, seremos pessoas que produzirão o fruto de boas obras. Nossa vida será marcada pelo que Paulo chamou de "o fruto do Espírito... amor, alegria, paz, longanimidade, benignidade, bondade, fidelidade, mansidão, domínio próprio" (Gl 5.22-23). E, se esses frutos não estão presentes em nós, Jesus diz, temos razão para questionar se a árvore é realmente boa.

Tiago provavelmente evocou esta figura de uma árvore produzindo frutos quando disse que "a fé sem obras é morta" (Tg 2.26). O que ele pretendia dizer era que uma fé viva, uma fé que tem a seiva da vida do Espírito fluindo dentro de si, produzirá fruto inevitavelmente. Produzirá uma vida que é marcada por boas obras. A fé de Abraão era desse tipo de fé: produziu o bom fruto de obediência a Deus, mesmo quando a ordem de Deus foi para que ele sacrificasse seu próprio filho. A fé de Raabe também era uma fé viva: produziu obediência a Deus por meio de sua proteção aos espias israelitas, ainda que o custo de sua desobediência poderia ter sido a sua própria vida (Tg 2.21-25).

"Toda árvore boa produz bons frutos", disse Jesus (Mt 7.17). Se afirmarmos que somos cristãos, estamos afirmando que somos "árvores boas" e, por isso, devemos produzir "bons frutos"; porque somos feitura dele, criados em Cristo Jesus para boas obras (Ef 2.10).

FAZEMOS BOAS OBRAS PARA GANHAR AUDIÊNCIA PARA O EVANGELHO

Às vezes, argumenta-se que os cristãos, ao fazerem coisas boas para outras pessoas e, depois, compartilharem o evangelho com elas, usaram uma tática de engano.

so pode ser verdade, especialmente se o cristão está pensando em sua evangelização como um meio de mostrar seu sucesso religioso. Nem as suas boas obras, nem o seu cristianismo seriam alicerçados no cuidado pela outra pessoa. Suas boas obras seriam alicerçadas em um desejo de ir à evangelização, e a evangelização seria alicerçada em um desejo pessoal de fazer-se parecer bom. O amor não está presente nisso, de maneira alguma.

No entanto, essa é uma maneira tremenda de pensar na evangelização. Evangelizar é o ato de falar às outras pessoas sobre a miséria em que estão e como podem ser salvas dela. Compartilhar as boas novas de Jesus Cristo é um ato de amor e compaixão profundos pela pessoa evangelizada. Portanto, o argumento de que um ato de amor e compaixão (evangelização) não pode ser acompanhado legitimamente por outros atos de amor e compaixão, menos importantes, não é coerente. Os cristãos, como já vimos, devem amar toda a pessoa; por isso, é perfeitamente lógico que amemos alguém por dar-lhe comida e, ao mesmo tempo, o amemos de maneira diferente, mais elevada, por dar-lhe o evangelho. Não há nenhum engano nessa atitude; isso é apenas compaixão holística – compaixão por toda a pessoa, e não apenas por parte dela.[1]

---

[1] Se este fosse um tipo de livro diferente, este seria um bom lugar para falarmos sobre o dilema que muitos missionários enfrentam em relação a ajudar os pobres. Por exemplo, eles não querem que as pessoas para as quais ministram se tornem "cristãos do arroz", aqueles que confessam Cristo porque sabem que terão comida se fizerem isso ou sentem-se obrigados a confessar Cristo depois de terem recebido comida. Os missionários também precisam levar em conta a dinâmica de criar dependências do dinheiro

Entendendo isso, podemos também ver um perigo oposto para aqueles que sustentam o argumento de tática de engano. O fato é que eles satisfarão compassivamente as necessidades físicas e emocionais, mas, por temor de caírem num cenário de engano, deixarão de satisfazer compassivamente as necessidades espirituais das outras pessoas, por compartilharem o evangelho com elas. Em outras palavras, eles mostrarão compaixão às pessoas somente no nível mais básico. E poderíamos questionar legitimamente se isso é verdadeira compaixão. A realidade é esta: tanto para as pessoas que cometem este erro quanto para aqueles que veem o evangelho como um meio de exibir sucesso, a evangelização é um mero ato de compaixão. Eles veem o evangelho como algo que estão tentando vender e não querem "corromper" sua compaixão por recorrerem a técnicas de venda.

Se entendermos a evangelização em si mesma, como um ato de amor profundo por outra pessoa, evangelizaremos mais frequentemente (porque não desejaremos ter o estranho sentimento de que estamos apenas vendendo algo) e faremos isso com *motivos corretos* (amor às pessoas, em vez de consideração por nós mesmos). De fato, se somos cristãos de cujo amor e compaixão são despertados não apenas por necessidades físicas e emocionais, mas também por necessidades espirituais, então, compartilhar o evangelho estará, sempre, entre os principais de

---

do Ocidente. Quanto a sugestões práticas a respeito de como ajudar sem prejudicar, ver Steve Corbett e Brian Fikkert, *When Helping Hurts: How to Alleviate Poverty Without Hurting the Poor and Yourself* (Chicago: Moody, 2009), especialmente p. 161, 218.

nossos pensamentos. Quando amarmos as pessoas, nos moveremos pronta e naturalmente à evangelização.

Isto significa que as boas obras não acompanhadas de apresentação do evangelho são, de algum modo, ilegítimas ou não devem ser feitas? É claro que não! Devemos fazê-las! Você pode fazer uma doação para instituições de caridade, ou apanhar uma sujeira na rua, ou plantar uma árvore quando ninguém está vendo, ou comprar um sanduíche para alguém, quando você já está atrasado para o trabalho, sem lhe dizer palavra alguma. E, quando você faz isso, está fazendo uma coisa boa, algo que é motivado por seu status como ser humano e como um cristão que dá frutos sob o governo amoroso de Jesus Cristo. Entretanto, quando você faz essas coisas, precisa também saber e admitir que não está cumprindo parte da missão da igreja, não está "expandindo as fronteiras do reino", não está "compartilhando o evangelho sem palavras". Você está apenas fazendo coisas que seres humanos redimidos fazem. Está vivendo como um ser humano que foi salvo e regenerado pela graça de Deus. E quem sabe? Talvez, na próxima vez que compre um sanduíche para alguém, terá tempo para explicar por que está fazendo isso em primeiro lugar!

UMA NOVA CATEGORIA ENTRE INSIGNIFICANTE E CRUCIALMENTE IMPORTANTE

Nossa geração tende a pensar sobre motivação em apenas duas categorias, apenas duas: há as coisas que são da maior importância e as coisas que não têm nenhuma importância. Não há meio-termo. Essa é uma das razões por que toda esta conversa sobre missão da igreja é tão difícil. Logo que começamos a argumentar que boas obras não são *da maior importância*, as pessoas nos acusam de dizer que as boas obras não têm nenhuma importância. O pensamento parece ser que as boas obras têm de ser motivadas pelas razões mais elevadas que podemos imaginar: estamos edificando para o reino! Estamos *fazendo* o evangelho! Estamos nos unindo a Deus em sua missão! Estamos disseminando a shalom! Do contrário, as pessoas acham que as boas obras não são importantes, de maneira alguma.

Precisamos de outra categoria. Precisamos de uma categoria que esteja entre *da maior importância* e *de nenhuma importância*. Algo como *realmente importante* satisfaz esta necessidade. O fato é que nós, cristãos, temos uma porção de coisas em nossa agenda. Há muitas coisas que o Senhor nos chama a fazer que não são da maior importância, no sentido de que não mudam o mundo, não edificam o reino e não contribuem para a eternidade. No entanto, elas são realmente importantes, e somos chamados a mostrar fidelidade no fazê-las. Se somos honestos conosco mesmos, já temos esta categoria e a usamos em todo o tempo. Pense no casamento, por exemplo. Nosso casamento não passará para a eternidade; não é algo *da maior importância* (Mt 22.30). Contudo, o nosso casamento é realmente importante e lhe dedicamos muito de nossa vida, nosso amor, nossas energias. Não cometemos o erro de dizer que, por não ser da maior importância, ele não tem nenhuma importância.

Então, por que estas devem ser nossas únicas opções no que diz respeito às boas obras, ministério social, edificar a cultura, nossas ocupações e todo o resto? Por que não podemos contentar-nos em dizer que fazemos essas coisas, e as fazemos bem, motivados por amor e obediência a Deus? Parece-nos que esse entendimento, esse conjunto de motivações, seria não somente mais fiel às Escrituras, mas também seria melhor em estimular as boas obras a longo prazo, porque não queremos ser desestimulados a fazê-las, mesmo quando nossas cidades não mudam durante uma década ou duas. Seremos suficientemente motivados por amarmos a Deus e as pessoas e sermos "fielmente presentes", enquanto esperamos a volta do Senhor.

E QUANTO À IGREJA?

Temos argumentado neste livro que a missão da igreja é melhor definida não por uma responsabilidade de engajar as estruturas sociais do mundo em um esforço para edificarmos o reino ou unir-nos a Deus em sua obra de refazer o mundo, e sim pela Grande Comissão que Jesus deu a seus seguidores antes de sua ascensão – ou seja, o testemunho verbal sobre ele e o fazer discípulos. Entretanto, ao mesmo tempo em que argumentamos que tarefas como fazer discípulos, proclamação do evangelho, plantação de igreja e estabelecimento de igreja constituem a missão da igreja, tentamos ser equilibrados para não insinuar que qualquer outro tipo de obra – ou seja, obra humanitária, obra de justiça, obra de amor – não é cristão. Por favor, por favor, *por favor*, não é isso que estamos dizendo. Qualquer livro que aparece contendo a sugestão de que amar nosso próximo é, de algum modo, subcristão, tal livro é realmente sem valor.

Procurando ser criteriosos neste assunto, descrevemos a missão de fazer discípulos com palavras como *central, prioridade, foco* e ênfase. Como Tim Keller argumentou, embora "concebida em sentido mais amplo, é obra dos cristãos no mundo ministrar em palavras e obras e se unirem para promover a justiça"; e, ainda, é "melhor falar que a 'missão da igreja', no sentido restrito, é a proclamação da Palavra".[2] Mas talvez você pergunte: o que isto realmente significa? Se abençoar os não crentes em nossa comunidade, por satisfazer as suas necessidades físicas, não é uma coisa má, e sim uma coisa boa, que diferença faz se a Grande Comissão é a missão, o foco ou a prioridade da igreja, ou o outro nome que você queira dar?

---

2   Timothy Keller, *Generous Justice: How God's Grace Makes Us Just* (New York: Dutton, 2010), 216, n. 128. De modo semelhante, Keller afirma (parece que aprovando-o): "Em última análise, Strange ["Evangelical Public Theology"], Carson [*Christ and Culture Revisited*] e Hunter [*To Change the World*], todos eles recomendam uma abordagem disciplinada que envolve a cultura, mas sem o triunfalismo do transformacionismo. Todos eles também insistem em que a prioridade da igreja institucional tem de ser a pregação da Palavras, e não 'mudar a cultura'" (223, n. 153).

Há uma diferença entre uma igreja e um grupo de cristãos?

Para começar, precisamos ter em mente que há uma diferença entre a igreja considerada como um grupo de cristãos e a igreja entendida como uma instituição – como uma organização de cristãos que podem e, realmente, *devem* fazer algumas coisas que cristãos individuais não podem fazer e não *devem* fazer. Talvez possamos falar sobre essas duas entidades diferentes como "a igreja orgânica" e "a igreja institucional".

Quando um grupo de cristãos decide se tornar uma igreja, eles se comprometem juntos a assumir certas responsabilidades. Assumem, por exemplo, a responsabilidade de garantir que a Palavra está sendo pregada regularmente entre eles, de garantir que as ordenanças – batismo e Ceia do Senhor – estão sendo praticadas com regularidade, de garantir que a disciplina está sendo praticada entre eles, até ao ponto de entregar um de seus membros a Satanás, por excluí-lo da comunhão da igreja (1 Co 5.5).

E não somente isso, mas também você pode ver a diferença entre a igreja e um cristão individual apenas por considerar a maneira como a Escritura fala sobre cada um deles – ou seja, por considerar os mandamentos que ela dá. Há alguns mandamentos dados à igreja local aos quais um cristão individual não deve tentar obedecer. Um cristão individual, por exemplo, não pode excomungar outro cristão, mas a igreja local é ordenada a fazer isso em certas situações. Também nenhum cristão deve tomar a Ceia do Senhor por iniciativa própria; isto é uma atividade que a igreja local deve fazer quando os crentes se reúnem (1 Co 11.17-18, 20, 33-34). De modo semelhante, há mandamentos dados ao cristão individual que, evidentemente, não foram planejados para a igreja local como um grupo organizado. O marido cristão é ordenado a dar "à esposa o que lhe é devido", mas é melhor a igreja institucional não tentar fazer isso! Há uma diferença entre o cristão individual e a igreja local. Por isso, não podemos dizer que tudo que vemos como uma ordem para o cristão individual é também uma ordem para a igreja local.

Sendo mais específico, se eu sou ordenado a fazer justiça, isso significa, *ipso facto*, que fazer justiça é a missão da igreja? De modo semelhante, se eu sou ordenado a amar minha esposa como a meu próprio corpo, isso significa que é missão da igreja amar minha esposa como ama seu próprio corpo? Isto faria sentido? Nosso objetivo é apenas dizer que definir a missão da igreja institucional não é tão simples como identificar todos os mandamentos bíblicos dados ao cristão individual e afirmar: "Pronto, *essa* é a missão da igreja". A missão da igreja, como temos argumentado em todo este livro, parece ser algo mais restrito do que o conjunto de mandamentos dados ao cristão individual – é proclamar, testemunhar e fazer discípulos (que inclui ensinar tudo que Jesus mandou). Essa é apenas outra maneira de dizer que dar testemunho de Cristo é responsabilidade única da igreja, de uma forma que fazer filmes ou consertar carros ou plantar árvores não é, embora todas estas coisas possam ser exemplos de maneiras pelas quais um cristão individual segue a Jesus.

Então, o que devemos fazer como igrejas?

Se isso é verdade, o que podemos dizer sobre a igreja institucional no que se refere a coisas como ministério de justiça e ação social? Parece-nos que há duas perguntas que devemos considerar: a igreja institucional *pode* gastar seu tempo e recursos fazendo essas coisas? A igreja institucional *tem de* gastar seu tempo e recursos fazendo essas coisas?

Consideremos a segunda pergunta em primeiro lugar. A igreja institucional *deve* realizar ministérios sociais? Ela *tem de* fazer isso? A resposta para essa pergunta depende, em essência, da maneira como você entende a missão da igreja, não é? Se você pensa que a missão da igreja é construir um mundo melhor e mais justo, é claro que a igreja tem de envolver-se, de uma maneira ou de outra, em promover o bem-estar social, econômico e político dos cidadãos de sua cidade (bem como dos cidadãos de seu país e dos habitantes do mundo). Se você crê nisso, você está realmente negligenciando a missão da igreja se não faz coisas que cooperam para esse objetivo. Mas, se você entende (como temos argumentado) que a missão da igreja é, de fato, a proclamação do evangelho e fazer discípulos, então, melhorar a condição social da cidade e do mundo se torna, no máximo, uma maneira menos direta de promover essa missão, e, por isso, ela está muito longe de ser uma *obrigação* universal para a igreja local.

No entanto, isso nos traz de volta à primeira pergunta: a igreja local *pode* fazer essas coisas? Fazer essas coisas pode não ser *bom* para a igreja local? É claro que esta pergunta é discutível para aqueles que entendem que a missão da igreja é a transformação social do mundo. Para esses cristãos, a resposta é que a igreja *pode*, exatamente porque ela *tem de*. Mas, para aqueles que entendem que a missão da igreja é a proclamação do evangelho e fazer discípulos, essa é uma pergunta genuína. É *ilegítimo* a igreja fazer qualquer outra coisa que não seja evangelização? Não pensamos assim.

Imagine uma empresa cuja missão é fazer e vender pequenos dispositivos eletrônicos. Para essa empresa, seria *ilegítimo* gastar alguns de seus recursos na realização de um piquenique para seus empregados? Não. De fato, os dirigentes da empresa poderiam decidir que um piquenique promoveria a missão da empresa – vender pequenos dispositivos eletrônicos – por elevar o ânimo corporativo, fomentar o trabalho em equipe e assim por diante. É claro que o piquenique promove a missão da empresa mais *indiretamente* do que comprar espaço para veicular uma propaganda de seus produtos, mas apesar disso, o piquenique ainda promove a missão. De modo semelhante, cremos que uma igreja local pode muito bem decidir que adotar uma escola local e gastar tempo e recursos melhorando essa escola é realmente uma boa maneira – embora seja uma maneira indireta – de promover sua missão de dar testemunho de Jesus e fazer discípulos. Talvez isso eleve a imagem da igreja ou ganhe audiência para o evangelho entre as pessoas da cidade. Pelas mesmas razões, outra igreja local pode decidir dar apoio a um serviço local de refeições para os desamparados. Isso é uma demonstração de amor que pode ajudar a desfazer as ideias erradas sobre a igreja, frustrar os mecanismos de defesa das pessoas contra os cristãos e abrir a porta para que o evangelho seja ouvido. Outra igreja pode decidir apoiar e promover sua missão por organizar viagens com um grupo para cavar poços em países pobres, além de fazer doações para o projeto – não porque eles pensam necessariamente que estão instaurando o reino, ou edificando para o reino, ou participando com Deus na obra de refazer o mundo, mas, antes, porque, com o passar do tempo, eles estão fazendo amigos e destruindo barreiras para que as boas novas de Jesus Cristo sejam ouvidas e aceitas.

Afirmando isso em termos de um princípio, sugerimos que uma igreja local deve inclinar-se à realização de atividades e gastar seus recursos em projetos que promovem mais *diretamente*, e não menos *diretamente*, sua missão central. De novo, isso não significa que a igreja só fará atividades que são um cumprimento *direto* de sua missão. (Pense outra vez na empresa de dispositivos eletrônicos e seu piquenique.) A verdade é que há, de fato, uma missão dada à igreja, por seu Senhor, que é mais restrita do que "tudo que poderíamos fazer". E, por isso, os líderes da igreja têm de pensar nestas questões o tempo todo: qual é a nossa missão e o que promoverá essa missão?

Além disso, os líderes da igreja devem estar sempre perguntando: o que *melhor* promove a nossa missão? Devem fazer isso porque os nossos recursos são limitados. Não temos uma infinita quantidade de dinheiro, tempo e energia para gastar em todas as coisas boas em que podemos pensar. Portanto, nós temos de tomar decisões sobre que ideias promoverão *melhor* a missão da igreja. Um dos problemas em toda essa discussão sobre o que a igreja pode e tem de fazer é que a discussão muito frequentemente permanece no abstrato. As perguntas seguem as linhas de: seria errado uma igreja fazer isto ou aquilo? Uma igreja *poderia* fazer isto ou aquilo? E, no abstrato, a resposta para essas perguntas é geralmente: "É claro que uma igreja pode fazer essas coisas!" Mas qualquer líder de igreja não desejará responder essas perguntas no abstrato. Ele pensará sobre o fato de que a igreja não pode fazer tudo. Decisões têm de ser tomadas; escolhas têm de ser feitas. Você tem de decidir não somente se determinada atividade promoverá a missão da igreja, mas também *quão diretamente* ela fará isso e, portanto, se vale a pena realizá-la quando há outras boas ideias na mesa.

É claro que não podemos dizer-lhe, em um livro como este, que decisões sua igreja deve ou não deve tomar. Não temos uma fórmula para o que mantém no foco o fazer discípulos. Também não podemos lhe oferecer um conjunto rígido de prioridades, o qual afirmaria que sustentar um missionário é sempre uma decisão melhor do que aprimorar uma escola. Entretanto, podemos dizer que, *em geral*, achamos que a melhor maneira de os líderes de igreja definirem estas coisas é por inclinarem-se a favorecer aquelas coisas que apoiam *mais* diretamente a missão que o Senhor Jesus deu à igreja, acima daquelas coisas que a apoiam *menos* diretamente.

Como isso opera em uma igreja local depende da sabedoria da liderança da igreja local. Algumas igrejas podem decidir apoiar somente aqueles missionários e ministérios que se focalizam explicitamente em tipos de atividades centradas na Grande Comissão. Outras igrejas podem apoiar missões médicas e agrícolas, tendo em vista a evangelização e fazer discípulos onde for possível. Outras igrejas podem comprometer alguns recursos em socorro de catástrofes apenas porque isso mostra o amor de Cristo. Entretanto, mesmo neste caso, é melhor fazermos parceria com igrejas locais da vizinhança para podermos dar continuidade aos contatos que fizermos durante o ministério de socorro. O fato é que, se o discipulado é central, sempre perguntaremos como as boas obras que realizamos podem nos dar oportunidade de testemunhar a respeito de Jesus Cristo.

CONCLUSÃO: MANTENDO A COISA PRINCIPAL COMO A COISA PRINCIPAL

Talvez a coisa mais importante que desejamos ressaltar é que nós devemos estar, como um novo livro missional afirma, "mudando o placar em favor da igreja".[3] Esse livro termina com um exemplo final do "renascimento missional em pleno vigor". O exemplo do autor é o "Souper Bowl of Caring"[4], um movimento de caridade que levanta fundos para combater a fome e a pobreza local. "Todos os elementos [missionais necessários] estão presentes", ele diz. "Você tem um movimento que envolve a colaboração de domínios que se cruzam para atacar um enorme problema social. Não somente os esforços dos participantes beneficiam os outros, mas também os próprios participantes crescem por satisfazer suas próprias necessidades fundamentais, como seres humanos, para servir aos outros". Além disso, o evento é conduzido por "um verdadeiro líder norteado pelo reino que levanta seu próprio sustento".[5] Isto é um modelo para a igreja missional. É o tipo de obra que vale no placar missional.

Outra vez, quem é contra o combater a pobreza e a fome? Ninguém, mas este modelo não é apenas uma afir-

---

3 Ver Reggie McNeal, *Missional Renaissance: Changing the Scorecard for the Church* (San Francisco: Jossey-Bass, 2009).
4 Nota do Editor: Souper Bowl of Caring (http://www.souperbowl.org/) é uma organização de assistência social norte americana. O nome da organização faz um trocadilho com a famosa final do futebol americano, o Super Bowl.
5 Ibid., 178.

mação de elogio por combater a fome. Supõe-se que é um dos melhores exemplos de ser a *igreja* missional. Contudo, não há no exemplo nenhuma menção de pecado ou do evangelho, nem mesmo de Cristo. Falando com justiça, sabemos que este autor também quer estas coisas, mas este é o exemplo de conclusão que ele escolheu. Se o "renascimento missional em pleno vigor" não tem de incluir discipulado, ou proclamação do evangelho, ou outras categorias, então, esse renascimento não é o tipo correto de ação. Negligencie ou manipule os assuntos fundamentais – a cruz de Cristo, a justificação de pecadores, a santidade de Deus, a pecaminosidade do homem, a necessidade de arrependimento –, e os frutos definharão.

A figura de um placar é uma boa figura. Se você está jogando futebol, atacar é importante, defender é importante, driblar adversários é importante – mas, se você fizer tudo isso muito bem e não fizer gols, não vencerá as partidas. O placar lembra ao time o que é mais importante. Esta analogia também é inapropriada para a igreja. Quando melhoramos nossas escolas, promovemos o bem-estar das pessoas, limpamos os parques, plantamos árvores na vizinhança, mas não buscamos fazer discípulos, podemos "abençoar" comunidades, mas não estamos cumprindo a missão da igreja.

Em última análise, se a igreja não prega a Cristo crucificado, se a igreja não planta, nutre e estabelece mais igrejas, se a igreja não ensina as nações a obedecerem a Cristo, ninguém mais e nada mais o fará. E, apesar disso, muitos outros *satisfarão* as necessidades físicas das pessoas. Como Christopher Little escreveu em seu artigo desafiante "What Makes Mission Christian?" (O que Torna Cristã a Obra de Missões?): "Não há nada especificamente cristão na obra humanitária, em primeiro lugar. Por exemplo, Bill Gates, Oprah Winfrey, as Nações Unidas, USAID, Oxfam, a Cruz Vermelha e o Crescente Vermelho, etc. estão, todos, se esforçando para aliviar os males da humanidade por razões basicamente filantrópicas".[6]

Na atmosfera cultural de nossos dias, onde os elogios vêm rapidamente para aqueles que têm estratégias humanitárias e o opróbrio recai sobre aqueles que possuem interesses evangelísticos, é ainda mais imperativo que mantenhamos a coisa principal como a coisa principal. O perigo é real. Se não compartilharmos o evangelho – com palavras! – a história não será contada. E tão ruim quanto isso é o fato de que, se as nossas prioridades refletirem os Objetivos de Desenvolvimento do Milênio, seremos redundantes. Gilbert Meilaender disse bem: "A igreja corre, de fato, o risco de irrelevância quando em sua vocação, dada por Deus, torna central a preferência pelos pobres e não o favor de Deus para com os pobres de espírito".[7] Nosso placar ainda é o mesmo que sempre foi. Aquele que possui toda a autoridade no céu e na terra nos chama a fazer discípulos de todas as nações.

---

6   *International Journal of Frontier Missions* 25, n. 2 (2008): 68. Ver também, no mesmo exemplar, "Responses to Christopher Little's 'What Makes Mission Christian?'", 75-85.
7   Gilbert Meilaender, "To Throw Oneself into the Wave: The Problem of Possessions", em *The Preferential Option for the Poor*, ed. Richard John Neuhaus (Grand Rapids: Eerdmans, 1988), 74.

CAPÍTULO 10

A Missão da Grande Comissão
O que Significa e por que É Importante

ESTE LIVRO É ESCRITO ao redor de uma única pergunta: qual é a missão da igreja? Argumentamos, dizendo-o de modo sucinto, que a Grande Comissão é a missão da igreja. Ou, de modo um pouco mais extenso: *a missão da igreja é ir ao mundo e fazer discípulos, por anunciar o evangelho de Jesus Cristo, no poder do Espírito, e reunir estes discípulos, para que adorem e obedeçam a Jesus Cristo agora e na eternidade, para a glória de Deus, o Pai.* Em contraste com as tendências recentes, tentamos demonstrar que missão não é tudo que Deus está fazendo no mundo, nem a transformação social do mundo ou de nossa sociedade, nem tudo que fazemos em obediência a Deus.

Talvez isso pareça mera semântica, mas não é. Em um mundo de recursos finitos e tempo limitado, a igreja não pode fazer tudo. Não seremos eficazes em nossa missão se tudo é missão. De modo semelhante, não cumpriremos nossa missão se não sabemos o que ela é. Se nossa missão é discipulado, isto nos colocará numa trajetória diferente da que seguiríamos se nossa missão fosse tornar a terra mais parecida com o céu. Portanto, definições são importantes, porque foco é importante. E, como disse Köstenberger, "a igreja deve estar *focalizada* no entendimento de sua missão. Suas atividades devem ser motivadas pelo que ajuda os outros a crer que Jesus, o Filho de Deus, é o Messias".[1]

ALGO PIOR, ALGO MELHOR

Em última análise, a Grande Comissão tem de ser a missão da igreja por duas razões muito básicas: há algo pior do que a morte, e há algo melhor do que a prosperidade dos homens.

Há algo pior do que a morte[2]

Nunca compreenderemos a Bíblia, a missão da igreja ou a glória do evangelho se não entendemos este aparente paradoxo: a morte é o último inimigo, mas não é o pior.

---

1 Andreas J. Köstenberger, *The Missions of Jesus and the Disciples according to the Fourth Gospel: With Implications for the Fourth Gospel's Purpose and the Mission of the Contemporary Church* (Grand Rapids: Eerdmans, 1998), 219.

2 Esta seção apareceu originalmente em um jornal eletrônico do ministério 9 Marks (www.9marks.org). Usada com permissão.

Evidentemente, a morte é um inimigo, o último inimigo a ser destruído, Paulo nos diz (1 Co 15.26). A morte é o resultado trágico do pecado (Rm 5.12). Ela deve ser odiada e rejeitada. Deveria suscitar a nossa ira e indignação lamentosa (Jo 11.35, 38). A morte tem de ser vencida.

No entanto, por outro lado, a morte não deve ser temida. Repetidas vezes, as Escrituras nos dizem que não devemos temer a morte. Afinal de contas, o que a carne pode fazer contra nós (Sl 56.3-4)? O nome do Senhor é uma torre forte; o justo se acolhe nela e fica seguro (Pv 18.10). Portanto, ainda que sejamos entregues às mãos de nossos inimigos, não se perderá nem um cabelo de nossa cabeça sem a determinação de Deus (Lc 21.18). Como cristão, vemos pela palavra de nosso testemunho, e não por nos apegarmos ao fôlego de vida (Ap 12.11). De fato, não há nada mais fundamental ao cristianismo do que a fé segura de que a morte será lucro para nós (Fp 1.21).

Portanto, não temamos a morte. Em vez disso, temos "plena confiança, preferindo deixar o corpo e habitar com o Senhor" (2 Co 5.8).

As Escrituras testemunham coerentemente que a morte é horrível, mas está longe de ser o desastre final em que alguém pode cair. De fato, há algo pior do que a morte. Muito pior.

Temam isto

Em geral, Jesus não queria que os discípulos ficassem temerosos. Ele lhes disse que não temessem seus perseguidores (Mt 10.26), não temessem aqueles que matam o corpo (v. 28), não temessem por seu precioso cabelo em sua preciosa cabeça (v. 30). Jesus não queria que eles temessem muitas coisas, mas ele queria que os discípulos temessem o inferno. "Não temais os que matam o corpo e não podem matar a alma", Jesus advertiu, "temei, antes, aquele que pode fazer perecer no inferno tanto a alma como o corpo" (Mt 10.28).

Frequentemente, muitos falam de Jesus como se ele fosse incapaz de amedrontar os homens com cenas de julgamento. Mas essa atitude expõe um preconceito tolo, e não uma exegese cuidadosa. Jesus advertiu muitas vezes sobre o dia de julgamento (Mt 11.24; 25.31-46), falou sobre condenação (Mt 12.37; Jo 3.18) e descreveu o inferno em termos fortes e chocantes (Mt 13.49-50; 18.9; Lc 16.24). Precisamos apenas ler as suas parábolas sobre os lavradores maus, ou sobre as bodas, ou sobre as virgens, ou sobre os talentos, para compreendermos que Jesus motivava os seus ouvintes a atentarem à sua mensagem por adverti-los do juízo vindouro. Jesus era realmente capaz de amedrontar as pessoas para livrá-las do inferno.

É óbvio que não seria exato caracterizar Jesus e os apóstolos como nada mais do que propagandistas de rua fanáticos que tinham olhares inexpressivos e gritavam às pessoas que se arrependessem ou perecessem. Tornamos o Novo Testamento irreconhecível quando o vemos como um grande tratado sobre como salvar almas do inferno. Retratar Jesus e os apóstolos (não mencionando João Batista) como homens que rogavam, com amor intenso, às pessoas que fugissem da ira vindoura seria mais próximo da verdade do que imaginá-los a elaborar planos para uma renovação cósmica e a ajudar as pessoas em sua jornada espiritual. Qualquer um que lê, com mente aberta, os evangelhos, as epístolas e Apocalipse tem de concluir que a vida eterna após a morte é a grande recompensa que esperamos e a perdição eterna é o terrível julgamento que devemos querer evitar a todo custo. Desde João 3 a Romanos 1, 1 Tessalonicenses 4 e Apocalipse... bem, todo o Novo Testamento, quase não há um capítulo em que Deus não aparece como o grande Salvador dos justos e o justo Juiz dos ímpios. Há uma morte para os filhos de Deus que não deve ser temida (Hb 2.14-15), e para os ímpios há uma segunda morte que deve ser temida (Ap 20.11-15).

Estável enquanto prossegue

A doutrina concernente ao inferno, embora seja impopular e queiramos muito abrandar de seus aspectos desagradáveis, ela é essencial ao testemunho cristão fiel. A crença de que há algo pior do que a morte é, recordando a figura de John Piper, lastro para o navio de nosso ministério.

O inferno não é a estrela Polar. Ou seja, a ira de Deus não é a luz que nos guia. Ela não estabelece a direção para tudo que há na vida cristã, como, por exemplo, a glória de Deus na face de Cristo. O inferno também não é o leme da fé que guia o navio, nem o vento que nos impele avante, nem as velas que captam as brisas do Espírito. No entanto, o inferno não é uma doutrina casual neste navio que chamamos de igreja. Ele é o nosso lastro, e o lançarmos fora acarretará grande risco para nós mesmos e para todos os que se afogam no alto mar. Para aqueles que não são familiarizados com linguagem de navegação, lastro se refere aos pesos colocados geralmente no centro da parte de baixo do navio, para mantê-lo estável na água. Sem lastro, o navio não se assentará apropriadamente. Ele se desviará do curso ou será lançado pelas ondas mais facilmente. O lastro mantém o navio equilibrado.

A doutrina sobre o inferno é como isso para a igreja. A ira divina pode não ser a bandeira ou as flâmulas decorativas que erguemos em cada mastro. Essa doutrina pode estar por baixo de outras doutrinas. Pode até não ser vista. Mas a sua ausência será sentida.

Visto que o inferno é real, temos de ajudar uns aos outros a morrer bem, mais do que nos esforçamos para ajudar nosso próximo a viver confortavelmente. Visto que o inferno é real, jamais podemos pensar que aliviar os sofrimentos terrenos é a coisa mais amável que podemos fazer. Visto que o inferno é real, evangelização e discipulado não são apenas boas opções ou ministérios louváveis, são literalmente uma questão de vida e morte.

Se perdermos a doutrina sobre o inferno, por nos sentirmos muito embaraçados para mencioná-la ou muito sensíveis à cultura para afirmá-la, podemos estar certos disto: o navio irá à deriva. A cruz será despojada de propiciação, nossa pregação será destituída de urgência e poder, e nossa obra no mundo não mais se centralizará em chamar as pessoas à fé e ao arrependimento e em edificá-las para chegarem à maturidade em Cristo. Percamos o lastro do julgamento divino, e nossa mensagem, nosso ministério e nossa missão mudarão.

Permanecendo no curso

Toda a vida tem de ser vivida para a glória de Deus (1 Co 10.31). E devemos fazer o bem a todos (Gl 6.10). Não precisamos de pretextos para cuidar de nossas cidades, amar nosso próximo e trabalhar com dedicação em nossas férias. Estes também são "deveres". Mas, com a doutrina do inferno como lastro em nosso navio, jamais zombaremos dos velhos hinos que nos chamam a resgatar os que perecem, nem desdenharemos do salvar almas como se fosse nada mais do que um seguro de incêndio glorificado. Sempre haverá cínicos gentis que nos lembram prontamente que o alvo de missões é mais do que um "mero" livramento do inferno. "Bem", John Piper argumenta, "não há tal coisa como um 'mero' livramento do inferno. Resgatar do pior e mais longo sofrimento só pode ser chamado 'mero' por aqueles que não sabem o que ele é não creem que ele é real".[3]

Há algo pior do que a morte. E somente o evangelho de Jesus Cristo, proclamado por cristãos e protegido pela igreja, pode livrar-nos do que precisamos temer

---

3   John Piper, *Jesus: The Only Way to God: Must You Hear the Gospel to Be Saved?* (Grand Rapids: Baker, 2010), 14.

verdadeiramente. A doutrina sobre o inferno nos lembra de que a maior necessidade de cada pessoa não será satisfeita pelas Nações Unidas ou por organizações como Habitat for Humanity e United Way. É somente por meio do testemunho cristão, por meio da proclamação de Cristo crucificado, que a pior coisa em todo o mundo não recairá sobre todos os que estão no mundo.

Portanto, para todos os cristãos maravilhosos que se sacrificam, que assumem riscos por amarem a justiça, que cuidam dos que sofrem e anelam renovar suas cidades, Jesus diz: "Muito bem! Mas não esqueçam o lastro".

Há algo melhor do que a prosperidade humana

Assim como há algo pior do que a morte, há algo melhor do que a boa vida, algo melhor, por assim dizer, do que a prosperidade humana. Todo pensador evangélico missional concorda com esta afirmação, mas é fácil esquecê-la. Às vezes, ignoramos qual é o fim da história. Sim, haverá uma nova criação. Sim, o novo céu descerá à terra. Sim, haverá paz e prosperidade, segurança e abundância. Sim, tudo isto é parte do reino vindouro que já está em nosso mundo. Mas a shalom não é o fim da história, se não é a shalom que tem Deus no centro.

Dizendo a mesma coisa com outras palavras, a prosperidade humana não é prosperidade humana sem adoração em espírito e em verdade. Se pudéssemos, de algum modo, refazer o mundo agora mesmo, tornando-

-o um lugar de relacionamentos saudáveis, trabalho significativo, provisão adequada e tratamento igual para todos, um lugar em que os homens bons estariam no topo e os maus receberiam suas justas recompensas, ainda não estaríamos no céu. Teríamos a música Bedford Falls no final de It´s a Wonderful Life (A Felicidade Não se Compra) – um grande filme e uma história comovente, mas o céu ressoa temas melhores do que *Auld Lang Syne*.[4] A boa vida pode ser boa, mas, sem Cristo, ela não é o alvo da missão cristã.

Adoração é a tarefa fundamental daqueles que estão no céu. Os anciãos e os quatro seres viventes, em Apocalipse 4, estão adorando. Em Apocalipse 5, eles cantam, com os anjos, louvor a Deus e ao Cordeiro. Em Apocalipse 7, as nações estão reunidas diante do trono e clamam: "Ao nosso Deus, que se assenta no trono, e ao Cordeiro, pertence a salvação" (7.10). Em Apocalipse, quando toda a missão chega ao fim, "torna-se claro que a missão é um meio para um fim, e o fim é um foco total na adoração e na glória de Deus, em nosso Senhor Jesus Cristo".[5]

Adoração, e não prosperidade humana, é o fim do fim da história, porque um mundo redesenhado é nada sem o deleite em Deus. Isso significa que o alvo da missão cristã tem de ser, sempre, fazer adoradores, sustentá-los e esta-

---

4 Entendemos que as multidões cantam "Eis dos anjos a harmonia", mas o fazem motivadas mais por tradição cristã do que por terem a vida centrada em Cristo. O filme é certamente espiritual (retratando o anjo Clarence e tudo mais), mas está muito aquém da visão bíblica sobre o céu. Além disso, o filme termina com a canção *Auld Lang Syne* como o seu clímax.
5 Andreas J. Köstenberger e Peter T. O'Brien, *Salvation to the Ends of the Earth: A Biblical Theology of Mission* (Downers Grove, IL: InterVarsity, 2001), 262.

belecê-los. John Piper está certo: adoração é o combustível e o alvo de missões. "O alvo de missões é a alegria dos povos na grandeza de Deus."[6] E, se isto é o nosso alvo, nossa paixão, nosso gozo, então, o discipulado tem de ser nossa tarefa – a Grande Comissão tem de ser a nossa missão.

O FIM COMO NOSSO ALVO

O começo da história bíblica é sobre Deus com o homem. Somente em segundo plano, ela é sobre o mundo perfeito que eles compartilham. De modo semelhante, o fim da história bíblica é sobre Deus com o homem. Somente em segundo plano, ela é sobre o paraíso renovado no meio deles. O céu brilha intensamente porque a glória de Deus lhe dá luz, e sua lâmpada é o Cordeiro (Ap 21.23; 22.5). Se quisermos que as pessoas conheçam o céu, faremos o que pudermos para que elas conheçam a Deus.

Nunca devemos esquecer que, se pessoas devem desfrutar da recriação cósmica, elas têm de, primeiramente, experimentar a salvação pessoal. Romanos 8 deve ser lido com mais atenção. Paulo não disse que as pessoas serão redimidas quando todo o universo for redimido. Ele disse o contrário. A criação espera ardentemente pela revelação dos filhos de Deus. A criação será livre de sua escravidão à corrupção somente quando ela for introduzida na liberdade da glória dos filhos de Deus (Rm 8.19, 21).

---

6 John Piper, *Let the Nations Be Glad! The Supremacy of God in Missions*, 3rd ed. (Grand Rapids: Baker, 2010), 35.

A shalom universal virá, mas a redenção pessoal vem primeiro – primeiro, em sequência temporal, primeiro em causalidade teológica e primeiro em prioridade de missões. Deus fará novas todas as coisas, mas a nossa tarefa no mundo é ajudar as pessoas a acharem um novo relacionamento com Deus. Não somos chamados a levar um planeta caído à sua glória de criação. Devemos, porém, chamar pessoas caídas a voltarem ao seu Criador.

NOSSA RESPONSABILIDADE

Em 1933, nas profundezas da Grande Depressão e no auge do liberalismo teológico, J. Gresham Machen tentou responder à pergunta imperativa: qual é a responsabilidade da igreja nesta nova era? A sua resposta foi exata naquela época e não é menos verdadeira 75 anos depois:

> A responsabilidade da igreja na nova era é a sua mesma responsabilidade em todas as eras. É testemunhar que o mundo está perdido no pecado; que a extensão da vida humana – não, toda a dimensão da história humana – é uma ilha minúscula nas terríveis profundezas da eternidade; que há um Deus misterioso, santo e vivo, Criador de tudo, Sustentador de tudo, infinitamente além de tudo; que ele se revelou a nós em sua Palavra e nos ofereceu comunhão consigo mesmo por meio de Jesus Cristo, o Senhor; que não há outra salvação, para

indivíduos ou para nações, exceto esta, mas que esta salvação é plena e gratuita; e que todo aquele que a possui tem, para si mesmo e todos os outros para os quais ele possa ser instrumento de trazer a esta salvação, um tesouro no qual todos os reinos da terra – não, todas as maravilhas dos céus estrelados – são como a poeira das ruas.

Esta é uma mensagem impopular – uma mensagem impraticável, nos dizem. Mas é a mensagem da igreja cristã. Negligencie-a, e você terá a destruição. Dê-lhe atenção, e você terá a vida.[7]

Não é responsabilidade da igreja corrigir todo erro ou satisfazer toda necessidade, embora tenhamos motivos bíblicos para fazer um pouco de ambas coisas. No entanto, é nossa responsabilidade – nossa única missão e prioridade óbvia – que esta mensagem impopular seja anunciada, que o nosso próximo e a nossa nação saibam que Jesus é o Cristo, o Filho de Deus, e que, crendo, tenham vida eterna em seu nome.

---

7 J. Gresham Machen, "The Responsibility of the Church in Our New Age," em *J. Gresham Machen: Selected Shorter Writings*, ed. D. G. Hart (Phillipsburg, NJ: P&R, 2004), 376.

EPÍLOGO

Você Está Pensando em Começar um Novo Tipo de Igreja?
Conselho para o Jovem, Motivado e Missional

Conheça o pastor Chris. Ele não é uma pessoa real (embora eu tenha certeza de que há muitos pastores assim por aí; por isso, a nossa explicação). Sua história é fictícia, mas não é incomum. Pastor ou não, você talvez possa ouvir nesta história ecos de sua própria história.

Chris cresceu em um lar cristão, estável e, até certo ponto, rigoroso. Seu pai era o pastor de uma igreja batista de tamanho médio, no Sul. Quando ele tinha 12 anos, sua família mudou para uma cidade no Meio-Oeste. Seu pai assumiu um trabalho como o pastor principal de uma megaigreja nos arredores. A cidade era um pouco maior – bem, *muito* maior – do que a cidade a que Chris e suas duas irmãs mais novas estavam acostumados. De fato, a cidade era intimidante. Mas a escola cristã em que eles estudavam era um lugar agradável, que os ajudava, e os pais de Chris pareciam felizes.

De um ponto de vista geral, Chris era um bom rapaz. Ele transgrediu algumas poucas vezes a hora de recolher-se e foi pego bebendo uma vez, mas aprendeu prontamente suas lições e se mostrava disposto a agradar seus pais. Suas notas eram decentes. Ele era um bom atleta e um violonista incomum. Com o passar do tempo, ele começou a se sentir à vontade na Riverside Community Church, que tinha 3.500 pessoas. Chris fez amigos no grupo de jovens, ia à igreja todo domingo, tocava na banda de louvor e levava, conforme a opinião geral, a vida de um adolescente evangélico, talvez um pouco melhor do que a média.

NA FACULDADE

Depois de concluir o ensino médio, Chris mudou-se para um estado vizinho, ao norte, distante quase duas horas, para estudar em uma faculdade cristã liberal, bem respeitada. Inicialmente, ele queria ir para uma grande universidade estadual, mas seus pais estavam convencidos de que ele poderia se perder em uma grande universidade e teria de aturar uma porção de ensinos anticristãos. Se ele fosse para a pequena faculdade cristã, continuaria desenvolvendo uma cosmovisão cristã e poderia ser capaz de liderar a música na igreja.

Chris amou a faculdade. Por meio de um estudo bíblico para calouros, no campus, logo ele fez amizade com três rapazes, os quais eram, todos, sérios quanto à sua fé, mais sérios até do que Chris era a princípio. O tempo na faculdade foi, de muitas maneiras, bom para o andar de Chris com o Senhor. Pela primeira vez, ele se mostrou persistentemente comprometido com as devoções pessoais. Em todo o tempo, ele falava sobre a Bíblia e teologia com seus amigos. E aprendeu que havia muito mais a aprender sobre a fé cristã, muito mais do que ele já havia imaginado. No começo de seu terceiro ano de faculdade, ele resolveu que se especializaria em estudos bíblicos. Estava pensando em ir para um seminário e tornar-se o que ele nunca sonhara – um pastor.

No entanto, havia também algumas preocupações. Chris não era muito envolvido em uma igreja. Ele amava suas aulas, tolerava a capela e ia à igreja talvez duas vezes por mês. Achou que estava aprendendo tanto em suas aulas e, de qualquer maneira, tinha de ir à capela três vezes por semana. Por isso, um culto no domingo não era um dever para ele. Isso não era totalmente mal. Chris era um rapaz calmo e submisso, que estava crescendo e não queria desapontar seus pais. Mas a nova vantagem trazia seus problemas. Chris podia ser crítico, especialmente dos outros cristãos. Era autoconfiante a ponto de repelir as pessoas. Também era inteligente e impressionava seus professores e colegas com seu amor pelos estudos e intenso apetite por leitura. Isso, juntamente com a popularidade advinda de tocar violão uma vez por semana na capela, o tornou um pouco arrogante.

OS EFEITOS DA FACULDADE

Chris crescera com a fé elementar da Escola Dominical. Ele sabia muitas histórias da Bíblia, pediu a Jesus que entrasse em seu coração em um acampamento de verão, no segundo ciclo do ensino fundamental, entendia que ele era salvo tão somente pela graça, tentava evitar problemas, sentia-se culpado por não orar e evangelizar mais e nunca questionava os ensinos cristãos. Mas uma grande mudança ocorreu na faculdade. Chris não rejeitou completamente o cristianismo com o qual ele crescera, mas começava a vê-lo como simplista e mal orientado – bem intencionado, mas ingênuo. Interessou-se por administração ambiental e pela miséria dos pobres, assuntos que ele nunca ouvia serem discutidos em bairros residenciais. Também começou a ressentir-se de algumas coisas que havia no contexto de sua igreja – os videogames no grupo de jovens, a banda de louvor que parecia alegre demais para ser verdadeira, as novas acomodações sofisticadas e milionárias, terminadas pouco antes de ele ir para a faculdade.

O que realmente impressionou Chris foi o semestre que ele passou estudando no exterior, durante seu último ano de faculdade. Cris era estudante de espanhol e decidiu ir para a América Central, onde teve algumas aulas, viu alguns sítios históricos e desfrutou um pouco da cultura latina. Nos seus quatro meses no exterior, Chris teve várias oportunidades de ver, pela primeira vez, a pobreza na vida real. Ficou admirado com a fé vibrante que aqueles cristãos pobres tinham em meio a tanto sofrimento aparente. A pequena igreja que ele frequentara muitas vezes na América Central parecia muito mais viva do que as igrejas que conhecia em sua região nos Estados Unidos. A congregação adorava com vigor. A comunidade era bem integrada. A igreja – que contava com pouquíssimos recursos, em comparação com a megaigreja de sua cidade natal – operava um orfanato para crianças abandonadas.

Chris voltou aos Estados Unidos com uma paixão por um tipo de igreja diferente. Estava cansado de igreja grandes, cansado dos programas, cansado de igrejas que possuíam muitos recursos e faziam tão pouco. Suas paixões e frustrações acharam em seus professores um ouvido anuente. Eles o incentivaram a seguir sua visão e a não permitir que os opositores o incomodassem.

A VISÃO

Cinco anos depois. Chris, agora com 27 anos, graduara-se em um seminário. Não estava muito interessado em estudar mais. Parecia um desperdício de tempo em face de tantas pessoas sofrendo e morrendo no mundo. Contudo, ele não sabia nenhuma outra maneira de se tornar um pastor. Precisara de cinco anos para obter sua graduação, porque gastara vários verões na América Central, servindo à igreja urbana a que ele se unira enquanto estivera no seminário. Ele não sabia que uma igreja podia ser tão impressionante. Os membros dessa pequena comunidade tinham uma vida semimonástica juntos, na parte rústica da cidade, e Chris amava cada minuto que passava ali. De fato, essa igreja estava disposta a enviar Chris como um plantador de igreja em outra parte da cidade, onde ele poderia reproduzir o que havia experimentado nos cinco anos passados.

Com este chamado oficial, Chris foi ordenado pela denominação da qual fizera parte quando menino. Cinco anos antes, Chris não sabia realmente como ser ordenado, nem se importava muito; por isso, foi com o que sabia. Agora, ele era o pastor Chris, cheio de educação, cheio de frustrações, cheio de ideias, cheio de paixão. Poucos meses depois da graduação, Chris e outros cinco solteiros da igreja anterior se estabeleceram em uma parte reenobrecida da cidade, distante uns 20 quilômetros. Ali eles compartilhariam a maior parte de suas posses, renunciariam o sonho americano e buscariam a justiça para os "pequeninos". Esta igreja, Missio Dei, seria um tipo diferente de igreja, uma igreja que edificaria o reino, em vez de edificar programas, uma igreja que buscaria a shalom da cidade e ministraria todo o evangelho à pessoa toda. A visão deles era servir ao próximo e transformar a comunidade em nome de Jesus.

UM ENCONTRO CASUAL

Um mês antes de seu primeiro culto público de adoração, Chris decidiu fazer uma caminha de oração naquela parte da cidade. Depois de andar por doze quarteirões ou mais, ele se deparou com um prédio bonito e impressionante, que tinha um grande campanário e portas enormes. Chris reconheceu o nome da igreja. Era uma igreja histórica que tinha uma boa reputação na comunidade por seu ministério fiel. Era bem conhecida entre os cristãos por sua boa pregação.

Curioso, Chris foi até lá e marcou um encontro com o pastor, esperando fazer amizade com outras igrejas naquela área. No almoço do dia seguinte, Chris compartilhou sua visão com o pastor Tim. Falou sobre o seu passado, seu presente e seus sonhos para o futuro. Por alguma razão, ele confiava em Tim: talvez por que ele era duas vezes mais velho do que Chris. A barba talvez fizesse Chris lembrar seu pai. Por alguma razão, Tim parecia diferente dos pastores vangloriosos que Chris conhecera. Instintivamente, ele sentiu que tinha de aprender algo desse pastor.

UMA CONVERSA RELUTANTE

Quase uma hora depois, no longo almoço, Chris decidiu arriscar uma pergunta.

"Sei que acabamos de nos encontrar, e você não me conhece bem. Mas você está no pastorado há muito mais tempo do que eu. Bem, eu ainda nem comecei! Então, estava me perguntando se você teria um conselho para mim como pastor."

"Não sei, Chris. Você parece ter muitas ideias boas para a sua igreja. Há muitas coisas que eu poderia dizer, mas não tenho certeza de que seriam muito proveitosas."

"Então, diga apenas alguma coisa", Chris interpôs.

"Bem, a primeira coisa que eu diria é que estou realmente impressionado com sua paixão e seu compromisso. Vinte anos atrás, parecia que todos estavam deixando a cidade. Agora, jovens como você estão voltando ou vindo pela primeira vez, eu acho. Tenho visto mais igrejas plantadas nestes últimos cinco anos do que nos 25 anos anteriores. Alegro-me por você estar aqui."

"Obrigado, Tim. Aprecio isso. O que mais você quer dizer-me?"

"Eu lhe direi se você parar de interromper", replicou Tim. "Sou encorajado por ver sua disposição de sacrificar-se e sua compaixão por pessoas que sofrem. Também gosto de algumas de suas ideias sobre tornar a igreja mais centralizada em discipulado e menos focalizada em artifícios e jogos. Muitas igrejas parecem não levar realmente Deus a sério. Posso ver que você não cometerá esse erro."

Chris gostou do estímulo, mas queria um conselho. "Bem, você vê coisas boas na *Missio Dei*. Mas estou procurando aprender. A maioria dos pastores com os quais converso não tem uma sugestão, mas você parece diferente. Então, dê-me algumas pérolas de sabedoria ou algo assim. Estou em meus 20 anos. Você está em seus... não sei. Você está no pastorado há décadas. Eu ainda não tive o meu primeiro dia. Então, imagine que você está em meu lugar, apenas começando. O que você sabe agora que desejaria saber tempos atrás?"

AS COMPORTAS SE ABREM

"Muito bem, eu falarei", gracejou Tim. "É bondade sua pedir meu conselho. Hesito em abordar este assunto porque talvez eu tenha muito a dizer. Isto é realmente algo em que tenho pensado bastante, em parte porque cometi muitos erros e, em parte, porque tenho visto muitas novas igrejas surgirem aqui e não durarem. Ou, pior, elas se tornaram o tipo de igreja de que não precisamos mais. Então, se você está pronto, começarei a mostrar-lhe as minhas pérolas."

"Bela metáfora, Tim; estou pronto."

"Penso que a primeira coisa é: *lide com pessoas e não com estereótipos*. Quando alguém realiza um ministério urbano como este, é fácil pensar que pessoas de bairros nobres são boas e as da periferia são más ou achar que a classe média é corrupta e os pobres são legais. Não me entenda mal: as pessoas em bairros nobres julgam mal as pessoas pobres, os negros e todos os outros. Estou apenas dizendo: empenhe-se por conhecer as pessoas como elas são e não suponha que você sabe quem são os heróis. Há o bem e o mal em todos – classe média, pobres, ricos, etc. Não forme julgamento sobre as pessoas, ou grupos, ou partes da população até que você os conheça. E, mesmo quando as conhecer, esteja pronto para surpreender-se com quão admiráveis ou quão terríveis as pessoas podem ser.

"Uma das outras lições que tive de aprender foi quando ser grande e quando ser pequeno."

"E isso significa...?"

"Significa *que devo ser grande nos grandes princípios e não tão grande na aplicação específica*. Quando cheguei aqui no início dos anos 1980, eu queria que todos ouvissem as exigências radicais de Jesus."

"Sim, e o que há de errado nisso? Elas estão na Bíblia..."

"Nada de errado, é claro, e esse desejo é bastante correto. Mas as pessoas precisam ouvir as exigências de Jesus de maneira correta. Precisamos interpretar as Escrituras com as Escrituras e não transformar as hipérboles de Jesus em leis levíticas. Então, o que eu aprendi foi: seja grande e ousado nos princípios amplos – sem regras, sem admoestações. Mas, quando começamos a falar de coisas específicas – nos sermões, no aconselhamento, no discipulado – devemos ser um pouco mais sutis e cuidadosos.

"Veja, quando Jesus fez suas afirmações mais radicais, ele as fez para garantir que as pessoas que o seguiam entendiam realmente o que significava segui-lo. Ele estava tentando mandar embora as multidões inconstantes que não tinham considerado o custo de segui-lo. O radicalismo de Cristo dizia respeito à lealdade radical a ele mesmo. Portanto, o que se interfere nesta lealdade é um problema, seja a família, o dinheiro, o trabalho, o status, o prazer, a obediência a regras ou qualquer outra coisa. Então, não tenha medo de dizer às pessoas que Jesus precisa vir antes de todas essas coisas. Seja cuidadoso para ser específico demais em definir isso. Você precisará fazer algumas aplicações, mas não insista em que pessoas verdadeiramente espirituais terão muitos filhos ou nenhum filho, farão este tipo de trabalho e não aquele, viverão neste tipo de comunidade ou darão seu dinheiro desta maneira.

"Sei que parece mais profético afirmar a lei sobre pessoas preguiçosas. E algumas pessoas precisam que você faça isso. Mas não ceda à tentação de dizer a todos com o que a vida deles precisa parecer."

"Mas, os cristãos não devem ser diferentes do mundo?", perguntou Chris. "Não devemos ser uma comunidade alternativa? Acho que tenho receio de que, se não desafiarmos nosso povo diretamente, eles não abandonarão realmente seu materialismo e individualismo."

"Você está certo. Há uma necessidade de muitas exortações. E os cristãos devem formar um tipo de contracultura. Todos devemos ser caracterizados por amor, alegria, paz, longanimidade... você conhece a lista."

"Mas...", Chris sabia que havia mais a ser dito.

"Mas", Tim mordeu a isca, "temos de permitir que boas vidas cristãs não sejam idênticas. Pessoas têm diferentes chamados e seguirão vocações diferentes. A mulher que é muito interessada por questões de imigração pode seguir uma profissão jurídica que busque a justiça nesta área. O homem que opera um supermercado pode ter interesses diferentes. Resista ao apelo de fazer o corpo da igreja fazer tudo que você gostaria que partes do corpo estivessem fazendo."

"Espere – diga isso novamente."

"Não obrigue o corpo da igreja a fazer tudo que você gostaria que *partes* do corpo estivessem fazendo. Em outras palavras, há uma diferença entre a igreja reunida e a igreja separada. Alguns teólogos chamam isso de igreja como organização e igreja como organismo. Ajude as pessoas a serem discípulos fiéis, empreendedores e trabalhadores dedicados em seus empregos, em suas famílias, em suas comunidades. Sua tarefa consiste em equipá-los para o ministério, mas não faça um programa de igreja para cada boa obra que os cristãos podem fazer em nome de Cristo. Se você tem um membro de igreja que deseja realmente ver melhores equipamentos de playground no parque da cidade, você pode assumir essa ideia como igreja ou pode incentivar este irmão a liderar uma campanha para conseguir isso entre as famílias de sua vizinhança. Pode até mesmo ser uma oportunidade de evangelizar pessoas e poupar os membros da igreja de ficarem sobrecarregados e terem sentimento de culpa por não fazerem tudo.

"Enquanto falo isso, deixe-me dizer algo mais sobre culpa. Uma das tarefas mais importantes de um pastor é ajudar as pessoas a sentirem culpa quando são culpadas e a sentirem paz quando não são culpadas. Muitas vezes, pastores jovens, especialmente os impetuosos, anseiam por ver seu povo sentir-se culpado pela maioria das coisas. Sabemos que esta é uma das maneiras como lidamos com as pessoas. Agora, ouça, eu não sou um pregador de pensamento positivo "sinta-se bem todo o tempo". Não estou dizendo que você faz isso. Estou apenas dizendo a você para que não confunda oportunidades e responsabilidades. O fato de que *podemos* fazer algo não significa que *temos* de fazê-lo. Se você está pensando que oferecer um programa de atividades pós-aulas é o caminho a seguir, incentive as pessoas da igreja dizendo-lhes que este é um ministério valioso. Não vá a suas casas e tente convencê-las de que elas têm de fazer isso.

"Como eu disse, as pessoas são chamadas a fazerem coisas diferentes. A consciência delas é pungida de maneiras diferentes. Então, não espere que todos sejam a favor do que você é a favor ou que sejam contra o que você é contra. Por exemplo, eu não gosto de filmes. Acho a linguagem, a violência, o humor caseiro, o sexo e as insinuações todos ofensivos. Sinto-me impuro depois de assistir à maioria dos filmes. Por isso, desisti de filmes dez anos atrás. Foi uma decisão maravilhosa. Ora, minhas decisões se baseiam em alguns princípios bíblicos. Certamente, muitos cristãos assistem a porcarias e não se perturbam com isso. Mas aprendi a ser cuidadoso a respeito de projetar minhas escolhas de entretenimento sobre as outras pessoas. Lembro que C. S. Lewis disse algo assim: 'Uma das marcas de certo tipo de homem mau é que ele mesmo não pode desistir de uma coisa sem querer que outros também desistam dela'.[1] O que estou dizendo, Chris, é que, se você pegar cada uma de suas convicções e toda a sua paixão idealista e jogar sobre toda a sua congregação, você a fatigará ou a despedaçará."

"Bem, entendo isso." Chris estava entendendo *um pouco*. Embora ele quisesse ser respeitoso e humilde, não podia deixar de sentir-se um tanto defensivo. "Mas não é meu dever ajudar as pessoas a mudar? E como elas mudarão, se eu deixá-las adorar os mesmos ídolos?"

---

1 C. S. Lewis, *Mere Christianity*, 3rd ed. (New York: HarperOne, 2001), 78.

Tim se esforçou para ser paciente, algo em que ele não era bom, sempre. "Não estou dizendo que você deve deixá-las na idolatria. Há realmente um tempo para repreensões severas. Mas, como regra geral, você será capaz de inspirar mais as pessoas se agir com graça. Motive sua congregação com otimismo e graça, e eles farão mais, com maior perseverança. Você está totalmente certo quando diz que o verdadeiro discipulado é discipulado radical. Mas o verdadeiro discipulado, para que seja duradouro, tem de ser também discipulado *realista*. Precisamos nos guardar de fadiga autoimposta, de pensar que nunca estamos fazendo o suficiente e que as coisas estão sempre horríveis. De modo semelhante, precisamos ser cuidadosos para que o destaque de nossa pregação – o sabor, a ênfase – seja a mensagem da graça de Deus e não a mensagem do sacrifício radical. O sacrifício radical acontecerá, mas somente quando primeiramente as pessoas forem tomadas pelo sacrifício radical de Cristo em favor delas. Ajude seu povo a deleitar-se em Deus, regozijar-se em sua justificação e entender sua união com Cristo, e assim eles serão, a longo prazo, muito mais eficientes em missões. Também será mais fácil relacionar-se com eles.

"Novamente, como cristãos e como líderes, precisamos falar com franqueza. Precisamos confrontar a indolência. Mas não esqueça que a justiça e as coisas da comunidade em que você está interessado são apenas um aspecto da piedade. Pureza sexual, perdão, bondade, alegria, não tomar o nome do Senhor em vão, não ficar bêbado, não envolver-se em fofoca e calúnia – estas coisas, e uma centena de outras, são parte de sermos santos como Deus é santo. Não troque um desequilíbrio pelo outro. Esteja alerta quanto a todos os tipos de ídolos, e não somente quanto àqueles que pessoas em seus 20 anos podem identificar."

SEGUNDO TEMPO

Chris tomou um fôlego profundo e pediu outro café. Tim se desculpou educadamente e saiu por um pouco. Quando retornou, Chris estava pronto para continuar.

Chris começou justificativamente: "Sei que você é um homem ocupado, e não quero monopolizar o seu dia. Gostaria de ouvir mais, mas não quero impedi-lo de seu próximo compromisso".

"Eu faço apenas os compromissos que posso cumprir", Tim respondeu friamente.

"Ótimo."

"Deixe-me terminar minha linha de pensamento anterior. A razão por que continuo a falar sobre culpa, expectativas, vocação e responsabilidade é que me interesso pela igreja e me interesso por você. Quanto eu tinha a sua idade, poderia ter me beneficiado de um homem mais velho a dizer-me essas coisas. Chris, você não é o Cristo."

"Não teria sido estranho se ele o chamasse de Chris?"

"Uh!"

"Não se preocupe. Continue."

"De qualquer modo", Tim estava tentando orientar-se, "você precisa lembrar que não é o Messias. Você não tem de edificar o reino. Isso é obra de Deus. Você não tem de fazer expiação pelos pecados de outros. Jesus já cuidou disso. Sei que você tem grandes planos e sonhos. Isso é bom, realmente. Mas grandes planos são realizados somente depois de muitos dias e anos de pequenas coisas. O que estou tentando dizer é isto: ore pelo extraordinário, mas espere o ordinário. Não tente fazer muito imediatamente. Esta é uma grande cidade, em um grande país, em um grande mundo. Procure conhecer sua vizinhança. Invista em alguns líderes-chave. Trabalhe com dedicação em seus sermões e não se aflija a respeito das mudanças do planeta.

"Pratique a paciência. Muita paciência. E tenha um dia de folga a cada semana. Não esqueça isso.

"E não pense muito pouco das pessoas que você está tentando ajudar. Tudo é bem intencionado, eu sei, mas às vezes podemos ser complacentes para com as pessoas que vemos como fracas e necessitadas. Na realidade, todos somos fracos e necessitados, apenas de maneiras diferentes. Você não tem de ser o Salvador das pessoas. Seja apenas amigo, irmão e pastor delas. Às vezes, e isto parecerá contrário ao senso natural, a melhor coisa que você pode fazer pelas pessoas é esperar mais delas. Sei que você tem amor por aqueles que sofrem, aqui e ao redor do mundo. Espero que nunca perca isso. Mas as questões são complexas, e a dinâmica entre doador e recebedor é complicada.

Às vezes, é melhor ajudar os outros a aprenderem a ajudar a si mesmos. Não estou tentando justificar o fecharmos os olhos para o homem ferido e abandonado na estrada de Jericó, mas aprendi, de maneira difícil, que fazer tudo não é o antídoto para o fazer nada."

Nesta altura, Chris precisava esclarecer algumas coisas. "Eu gosto realmente do que você está dizendo. Faz sentido. Um de meus professores no seminário me disse uma vez que todas as minhas ideias o deixavam exausto. Ele me disse que não deveria me sentir tão preocupado com todos os problemas do mundo."

"Não é exatamente o que eu disse", replicou Tim.

"Mas eu sabia que ele estava certo. E sei que você está certo. Mas eis a minha questão: não acho que a maioria das pessoas se envolvem em problemas porque tentam fazer muito. Parece que a maioria dos americanos, tanto os cristãos como os demais, são preguiçosos e indiferentes. Não há sacrifício. Não há senso de urgência. Não há autorrenúncia. A maioria dos cristãos estão apenas vivendo a boa vida. Vivem a sua vida como em férias e não em guerra. Não se importam com nada, exceto com seus filhos, seu portfólio de aposentadoria e a próxima partida de futebol." Chris estava ficando agitado. "A maioria das igrejas estão falhando porque são isoladas e não poderiam se importar com os problemas dos outros. São clubes de campo interessados apenas em cuidar de seus próprios membros."

Tim teve dificuldade para saber como proceder. Finalmente, ele se apoiou em seus instintos de pregador.

"Ouvi o que você está dizendo. Tenho certeza de que você está certo quanto ao fato de que a maioria das igrejas e dos cristãos são assim. Mas, ao risco de iniciar um sermão, posso dar-lhe três pontos em resposta ao que acabou de dizer?"

"Com certeza, eu acho. Tenho ouvido sermões de três pontos em toda a minha vida!"

"Primeiro, você está certo quanto ao fato de que alguns cristãos são preguiçosos e indiferentes. Alguns deles são falsos, hipócritas e trapaceiros. Alguns estão fazendo o melhor que podem. Outros estão sofrendo de culpa. E outros têm muitos temores e preocupações para estarem pensando em libertar o Tibete. Não estou pedindo que você seja condescendente para com os preguiçosos. Mas, quando você ficar um pouco mais velho, verá que existem diferentes tipos de pessoas no mundo, e, às vezes, elas precisam ouvir capítulos diferentes da velha, velha história. Tenha cuidado para não incluir suas experiências e sua personalidade em cada texto e cada situação. Sua análise sobre a igreja é correta, mas outras análises também o são.

"Segundo, você talvez saiba que grande parte do ministério da igreja é cuidar de seus próprios membros. Pense em todos os outros "mandamentos recíprocos". Estes são mandamentos para a vida da igreja. Pense no ensino de Paulo sobre os dons espirituais. Os dons visam à edificação do corpo. Pense em Jesus. Ele disse que o mundo conheceria seus discípulos por seu amor – o seu amor uns pelos outros. Quando comecei no ministério, costumava dizer algo assim: a igreja é a única instituição que não existe para benefício de seus próprios membros. Eu dizia frequentemente à minha congregação: a igreja não existe para você, e sim para as pessoas que estão lá fora."

"Exatamente!", Chris interferiu.

"Espere um pouco. Meu coração estava no lugar certo. Eu estava tentando estimular as pessoas a evangelizar e se interessarem por seus vizinhos. Mas, depois de pregar a maior parte do Novo Testamento, compreendi que estas afirmações não eram verdadeiras. A igreja local é responsável unicamente por seus próprios membros. Os presbíteros têm de cuidar do seu rebanho, não da cidade toda. A igreja é um exército, mas é também uma arca. As pessoas precisam de segurança, cuidado e ensino nessa arca. Precisei de muito tempo para ver que repreender todos por amarem demais a igreja não era a maneira de fazer as pessoas se importarem com o mundo fora da igreja. *Somos* uma conglomeração santa. Mas também desfazemos a conglomeração e vamos ao mundo."

"Bem, já foram dois. E o que falta?"

"Tentarei ser breve."

"Duvido que você conseguirá."

"Sim, talvez eu não consiga. Mas eu vou tentar." Tim reuniu seus pensamentos. "Uma das coisas mais difíceis, como cristão, é compreender se as coisas boas da vida devem ser rejeitadas ou desfrutadas."

"Não sei se entendi."

"O que estou dizendo é que alguns cristãos falam sobre como Deus nos dá todos estes dons para desfrutarmos e como nossa vida deve ser maravilhosa. E outros cristãos falam sobre os perigos de amar as coisas mais do que a Deus e como nos tornamos muito acomodados e tranquilos. É claro que ambos os grupos de cristãos estão certos. É como a frase de G. K. Chesterton sobre o universo como sendo, ao mesmo tempo, um castelo de ogro a ser atacado e um casebre ao qual retornamos toda noite. O mundo é, ao mesmo tempo, uma luta e um dom. Chesterton disse que Deus deseja que tenhamos um intenso deleite e um intenso descontentamento com o mundo. Então, sim, precisamos estar dispostos a sacrificar tudo por Jesus. Mas também precisamos estar dispostos a aceitar as bênçãos de suas mãos. Não queremos que nosso povo pense que os cristãos mais sérios são sempre os mais sérios. Podemos estar em guerra, mas até os soldados têm sorvete, às vezes. Acho que estou tentando dizer que temos de ficar alertas contra a riqueza *e* o ascetismo. Ambos são evangelhos falsificados."

QUANDO O CAFÉ ESFRIA

Nesta altura da conversa, com mais de três horas passadas e muita cafeína, poucas coisas eram claras. Chris recebera mais do que esperava. Tim ainda tinha muito a dizer. E uma sugestão importante estava a caminho.

Apesar de algumas poucas conversas tensas, ambos os pastores estavam se apreciando mutuamente. Ambos os homens estavam também se preparando para sair. Você não pode conversar intensamente, por muito tempo, com alguém que lhe era, poucas horas antes, totalmente estranho. Mas Chris ainda não havia terminado.

"Quero agradecer-lhe muito pelo almoço e por separar tempo para conversar comigo. Desculpe por ter sido desagradável às vezes."

"Não percebi. Talvez eu que tenha sido desagradável. Estou feliz porque você fez tantas perguntas excelentes."

"Bem", Chris sorriu, "eu tenho mais uma".

"Tenho três minutos. Vamos lá!"

"Você me deixou com muitas coisas em que pensar. Sei que gosto de algumas das coisas que você falou. E algumas delas eu preciso deixar cozinhar por um tempo. Mas acho que estou um pouco confuso depois de conversar com você sobre a missão da *Missio Dei*. Tenho dito às pessoas que somos um tipo de igreja diferente, uma igreja que edifica o reino, em vez de edificar programas, uma igreja que buscará a shalom da cidade e ministrará a toda a pessoa. Nossa visão é servir nosso próximo e transformar a comunidade em nome de Jesus. Mas parece que esta não é exatamente a maneira como você a expressaria. Então, o que você acha que deveria ser a missão de nossa igreja?"

"Esta é uma pergunta muito importante. Tenho uma ideia revolucionária para você." Cris era todo ouvido. "Você está pronto?"

"Estou pronto. Mas algo me diz que você quer me surpreender."

"Não é uma surpresa – é apenas um reforço para algo que você já sabe. Eu creio que a missão da igreja – sua igreja, minha igreja, a igreja nos Estados Unidos, a igreja no Azerbaijão, a igreja em qualquer lugar – é fazer discípulos de Jesus Cristo, no poder do Espírito, para a glória de Deus".

"Uau! Você incluiu as três pessoas da Trindade."

"Obrigado! Tenho trabalhado nessa sentença."" Então, você está dizendo, basicamente, que a Grande Comissão é a única coisa que importa", Chris resmungou.

"Não, não a única coisa que importa. Mas você me perguntou sobre a *missão* de sua igreja. E estou dizendo que esta é a sua missão. Jesus enviou os apóstolos ao mundo para fazerem discípulos de todas as nações. Isto é o que Deus está enviando a *Missio Dei* a fazer no mundo. Fazer discípulos é a sua prioridade. Isso não significa que você tem de abandonar todos os seus planos de satisfazer as necessidades das pessoas. Mas significa que, em um mundo de tempo, energia e recursos finitos, sua igreja deve, acima de tudo, evangelizar os não cristãos, nutrir os crentes e estabelecer igrejas saudáveis.

"Sei que você quer fazer a diferença. E, em minha experiência, a melhor maneira de fazer a diferença é ensinar a Bíblia e dar testemunho de Jesus em meus sermões, no ônibus, no aconselhamento, na mesa de jantar e onde quer que haja oportunidade. Acredite em mim: a Palavra de Deus é mais do que capaz de fazer a obra de Deus."

ATÉ NOS ENCONTRARMOS DE NOVO

Então, enquanto se levantavam da mesa para seguirem seus caminhos distintos, Tim olhou para seu novo amigo mais uma vez e falou-lhe com uma ternura paternal que surpreendeu a ambos. "Chris, mantenha a coisa principal como a coisa principal, e tudo lhe irá bem".

"Obrigado! Isso significa muito."

"Eu lhe devo agradecer por tão agradável e profunda interrupção. Esta foi uma maneira gloriosa de passar a tarde."

Chris concordou e ficou com a expectativa de que haveria outras tardes assim. "Então, Tim, você estaria disposto a devorarmos um almoço, de novo, na próxima semana?"

"Seria um prazer."

"Seria ótimo. Acho que posso aprender muito com você."

"E estou certo de que há várias coisas que eu também poderia aprender com você."

FIEL
MINISTÉRIO

O Ministério Fiel tem como propósito servir a Deus através do serviço ao povo de Deus, a Igreja.

Em nosso site, na internet, disponibilizamos centenas de recursos gratuitos, como vídeos de pregações e conferências, artigos, e-books, livros em áudio, blog e muito mais.

Oferecemos ao nosso leitor materiais que, cremos, serão de grande proveito para sua edificação, instrução e crescimento espiritual.

Assine também nosso informativo e faça parte da comunidade Fiel. Através do informativo, você terá acesso a vários materiais gratuitos e promoções especiais exclusivos para quem faz parte de nossa comunidade.

Visite nosso website

www.ministeriofiel.com.br

e faça parte da comunidade Fiel